Jens Petersen

Die mündliche Prüfung im ersten juristischen Staatsexam

De Gruyter Studium

Jens Petersen

Die mündliche Prüfung im ersten juristischen Staatsexamen

Zivilrechtliche Prüfungsgespräche

6. Auflage

DE GRUYTER

Dr. iur. *Jens Petersen*,
Professor für Bürgerliches Recht, Deutsches und Internationales Wirtschaftsrecht
an der Universität Potsdam

ISBN 978-3-11-161406-9
e-ISBN (PDF) 978-3-11-161424-3
e-ISBN (EPUB) 978-3-11-161443-4

Library of Congress Control Number: 2025936547

Bibliografische Information der Deutschen Nationalbibliothek
Die Deutsche Nationalbibliothek verzeichnet diese Publikation in der Deutschen Nationalbibliografie;
detaillierte bibliografische Daten sind im Internet über http://dnb.dnb.de abrufbar.

© 2025 Walter de Gruyter GmbH, Berlin/Boston, Genthiner Straße 13, 10785 Berlin
Einbandabbildung: FatCamera / E+ / Getty Images

www.degruyterbrill.com
Fragen zur allgemeinen Produktsicherheit:
productsafety@degruyterbrill.com

Vorwort

Das Erscheinen der ersten Auflage dieses Buches liegt genau 20 Jahre zurück. Im Laufe dieser beiden Jahrzehnte weitete sich entsprechend den Anforderungen innerhalb der mündlichen Prüfung in den unterschiedlichen Bundesländern nicht nur der Umfang, sondern auch die inhaltliche Schwerpunktsetzung. Während der Kurzvortrag bereits vor einigen Auflagen Eingang in das Buch fand, habe ich den nach den meisten Ausbildungsordnungen möglichen Verbesserungsversuch erst in der letzten Auflage behandelt, weil eine immer größer werdende Zahl von Kandidatinnen und Kandidaten nach bestandener mündlicher Prüfung im Rahmen der gesetzlichen Möglichkeiten einen Versuch zur Notenverbesserung unternimmt. Dazu findet sich jetzt ein neuer vierter Teil, der auf früheren Überlegungen beruht. Nach wie vor bildet die Verminderung der Prüfungsangst durch eine rationale und prinzipienorientierte Aufbereitung des Examensstoffes das eigentliche Anliegen dieses Buches.

Für die Neuauflage danke ich vor allem Herrn *Dr. Roy F. Bär*, darüber hinaus Frau *Elisabeth Heck* für die wiederholte Durchsicht.

Potsdam, Juni 2025   *Jens Petersen*

https://doi.org/10.1515/9783111614243-001

Inhalt

Einleitung

Die ins nahezu Unüberschaubare gewachsene Ausbildungsliteratur enthält merkwürdigerweise immer noch vergleichsweise wenige Darstellungen zu demjenigen Teil der Staatsprüfung, die von vielen Kandidaten als besonders angsterregend angesehen wird. Es handelt sich dabei um die mündliche Prüfung.[1] An diesem einen Tag kann sich zuviel entscheiden, als dass man ihm mit Gelassenheit entgegensehen könnte. Zudem erscheint die Prüfungssituation selbst völlig unkalkulierbar. Bei Gericht und auf hoher See ist man bekanntlich in Gottes Hand; im mündlichen Staatsexamen dagegen scheint man in der Hand des Prüfers zu sein. Dementsprechend furchteinflößend und vorurteilsbeladen sind auch die Erzählungen von mündlichen Prüfungen.

Dass die bisherige Ausbildungsliteratur so wenig zu diesem Themenkreis bereithält, mag damit zusammenhängen, dass die Zahl der vielen verschiedenen Prüfungsgespräche so unterschiedlich ist, wie es verschiedene Prüfer gibt. In der Tat gilt als bisher einzig empfehlenswerter Weg die zielgenaue Vorbereitung auf den jeweiligen Prüfer anhand von bekannten Protokollen über frühere Prüfungen. Dabei wird man freilich nicht selten enttäuscht, weil sich nicht alle Prüfer als gleichermaßen „protokollfest" erweisen. Die vorherige Lektüre nimmt im Übrigen der mündlichen Prüfung wenig von ihrer Unvorhersehbarkeit und Unkalkulierbarkeit.

Daher geht die vorliegende Darstellung einen anderen Weg. Zunächst werden einige allgemeine Bemerkungen über die mündliche Prüfung und die Situation, in der sich der Kandidat befindet, vorangestellt. In diesem Rahmen wird versucht, Handlungsanweisungen zu geben, die sich für alle Arten der mündlichen Prüfung, und damit auch gegenüber allen Prüfern, empfehlen. Sodann sollen einige Prüfungsgespräche skizziert werden. Dabei handelt es sich nicht um „echte Prüfungsgespräche", sondern es sind fingierte, die zudem die Wiederholung des Pflichtfachstoffs ermöglichen sollen. Prüfer und Kandidat sind demgemäß idealtypische Figuren, welche die möglichen Situationen, in denen man sich in der Prüfung befinden kann, möglichst authentisch aufzeigen sollen. Abschließend wird der in einigen Prüfungsordnungen zum ersten juristischen Staatsexamen eingeführte Kurzvortrag behandelt und mittels Beispielen veranschaulicht.[2]

---

1 Instruktiv *Malkus*, JuS 2011, 296.
2 Siehe die Auflistung der betreffenden Bundesländer und zu den jeweiligen Anforderungen *Augsberg/Büßer*, Der Kurzvortrag im Ersten Examen – Zivilrecht, 3. Auflage 2015, Rn. 13 f.

https://doi.org/10.1515/9783111614243-002

Teil I: **Zur mündlichen Prüfung im Allgemeinen**

I. Die äußerlichen Besonderheiten der Juristischen Staatsprüfung

Im Unterschied zu den meisten anderen mündlichen Prüfungen zeichnet sich die Juristische Staatsprüfung dadurch aus, dass zugleich mehrere Teilnehmer geprüft werden. Auf diesen fundamentalen Unterschied werden die Prüfungskandidaten und Studierenden erfahrungsgemäß im Studium sehr wenig vorbereitet, wie überhaupt die mündliche Prüfung sehr im Schatten der Ausbildung steht. Dabei verlangt gerade die konkrete Situation der Prüfung mehrerer Kandidaten von diesen ein höheres Maß an Einfühlungsvermögen und Folgsamkeit gegenüber dem Prüfungsstil des Vorsitzenden, das an sich nicht früh genug geübt und erarbeitet werden kann.

Die Prüfer und Prüfungskandidaten sitzen einander in aller Regel gegenüber. Die Sitzordnung der Prüfungskandidaten selbst wird oft vom Prüfungsamt festgelegt. Die prinzipielle Besonderheit der Prüfung besteht nun darin, dass nicht der Reihe nach jeder einzelne Prüfling vom Prüfer gefragt und abschließend geprüft wird. Es fällt also nicht ein Bruchteil der Zeit zur Gänze auf ihn, sondern das Prüfungsgespräch entwickelt sich mit allen Prüfungskandidaten gleichermaßen und gleichzeitig. Das bedeutet, dass der Prüfer die Frage oder den Fall, den er gestellt hat, zunächst einem Kandidaten vorlegt, und wenn er von diesem genug gehört hat oder dieser nicht weiter weiß, die Frage an den nächsten Kandidaten weitergibt.

Unkalkulierbar ist somit, wann die Frage genau an den einzelnen Prüfungskandidaten gelangt und in welchem Stadium sich die Fallprüfung bereits befindet. Oft wird einfach von links nach rechts geprüft, so dass der links außen sitzende Prüfungskandidat die Frage zuerst erhält und sodann bis zum vierten oder fünften – je nachdem, wie viele Prüfungsteilnehmer zugelassen sind – weiter geprüft wird. Mitunter beginnt der Prüfer aber bei einer bestimmten Person, die etwa von ihren Vornoten her die aus seiner Sicht günstigste zu sein scheint.

So wird nicht selten zunächst der am schlechtesten vorbenotete Prüfungsteilnehmer zuerst gefragt, weil davon ausgegangen wird, dass dieser die einfachen Grundlagen am ehesten zu bewältigen im Stande ist. Dabei spielt auch eine Rolle, dass zu Beginn der Prüfung das Spektrum der möglichen Antworten noch vergleichsweise breit ist, während sich die Prüfung im folgenden zunehmend verengt, so dass spezielle Kenntnisse erwartet werden.

Auf diese Weise gelangt der Prüfer häufig erst gegen Ende zu den stärkeren Kandidaten. Zwangsläufig ist dies allerdings nicht. Gerade die stärkeren Kandidaten werden zuweilen mit einem schwierigen Problemkreis konfrontiert, ohne „an der Reihe" zu sein. Für den Einzelnen bedeutet dies, dass man sich, auch wenn man

https://doi.org/10.1515/9783111614243-003

etwa in der Mitte oder ganz am Ende der Reihe sitzt, nicht sicher sein kann, ob man nicht dessen ungeachtet der Erste ist, an den die Frage geht.

Die mündliche Prüfung beginnt häufig mit einem mehr oder weniger kleinen Fall. Einige Prüfer lassen dann den ersten Kandidaten, nachdem sie den Fall dargestellt haben, den Sachverhalt zunächst noch einmal zusammenfassen. Dieses sinnvolle Vorgehen ermöglicht es allen Kandidaten, noch einmal Klarheit darüber zu erlangen, was in dem vom Prüfer gestellten Fall genau passiert ist, so dass später möglichst keine Details mehr zweifelhaft bleiben. Diese Phase der Prüfung darf nicht unterschätzt werden. Hier werden gleichsam die Grundlagen für das folgende Gespräch geschaffen.

Man muss an dieser Stelle schon deshalb ganz besonders aufmerksam sein, weil die Gefahr besteht, dass man von vornherein außerhalb der Prüfung steht, wenn man den Fall nicht bis zur Gänze mitbekommen hat. Ebenso wie bei der ersten Lektüre des Sachverhalts muss die Konzentration hier am größten sein. Man darf nämlich nicht vergessen, dass es später nur noch ganz vereinzelte Möglichkeiten zu Rückfragen bezüglich einzelner Details des Sachverhalts gibt.

Deshalb empfiehlt es sich, die wesentlichen Punkte des Sachverhalts unmittelbar mitzuschreiben. Daten sowie die Reihenfolge der Geschehnisse sind wie immer besonders wichtig. Das primäre Augenmerk sollte in diesem Stadium der mündlichen Prüfung vornehmlich auf die Erfassung des Sachverhalts selbst gerichtet sein. Assoziationen oder Ansätze rechtlicher Würdigung, die sich zwangsläufig einstellen, können sich zwar im weiteren Verlauf als wertvoll herausstellen, sind jedoch zunächst nicht das Entscheidende. Wichtiger ist die lückenlose Erfassung des Sachverhalts.

Aus diesem Grund lässt der Prüfer bei längeren Sachverhalten den Prüfling häufig den Sachverhalt noch einmal mit eigenen Worten wiederholen. Oft ist es ein unsicher wirkender Prüfungskandidat, dem diese Aufgabe gleichsam zur Beruhigung gestellt wird. Das dahinterstehende Kalkül besteht in aller Regel darin, den Kandidaten zunächst ein wenig zu beruhigen, ihm das Gefühl zu geben, dass er etwas Unverfängliches und Richtiges sagt. Damit wird die erste Befangenheit durchbrochen und zugleich das weitere Gespräch auf eine sinnvolle Ebene gestellt.

Der mit der Wiederholung des Sachverhalts Beauftragte darf sich deshalb nicht „unterschätzt fühlen". Auch ist an dieser Stelle der Prüfung noch nicht erforderlich und in der Regel gar nicht erwünscht, dass der Kandidat bereits in rechtliche Würdigungen einsteigt. Die Aufgabe besteht lediglich, aber immerhin darin, den Sachverhalt präzise zusammenzufassen. Auf diese Weise kann schon die Zusammenfassung des Sachverhalts eine nicht zu unterschätzende Prüfungsleistung darstellen. Weitschweifigkeiten und persönliche Einschätzungen sind in diesem Prüfungsbereich, wie überall, zu vermeiden. Es kommt dabei auch nicht auf eine besonders originelle Zusammenfassung an.

Wichtiger ist, dass alle Einzelheiten des Sachverhalts dargestellt werden. Je präziser und konziser dies gelingt, umso besser. Ist sich derjenige, der den Sachverhalt zusammenfassen musste, über einen Umstand nicht ganz im Klaren, etwa weil dieser bei der Darstellung des Sachverhalts durch den Prüfer etwas unklar erschien, so kann er dies durchaus in eine vorsichtige Frage kleiden („Habe ich Sie dahingehend richtig verstanden, dass A zu diesem Zeitpunkt schon ...?"). Der Prüfer wird dies in der Regel sofort richtig stellen bzw. bejahen.

Ist der Kandidat mit der Zusammenfassung fertig, so beginnt die rechtliche Würdigung, bei welcher der Prüfer nicht selten schon einen anderen Kandidaten befragt. Auch dies darf der oder die mit dem Sachverhalt befasste Erstbefragte nicht zum Anlass nehmen, enttäuscht zu sein, weil er nur den Sachverhalt, nicht aber dessen rechtliche Würdigung behandeln durfte. Während der Zusammenfassung des Sachverhalts durch den ersten angesprochenen Prüfungsteilnehmer sollten die übrigen Kandidaten gleichzeitig den Sachverhalt noch einmal rekapitulieren, sich über etwaige Unklarheiten Deutlichkeit verschaffen und möglichst schon in eine erste rechtliche Auseinandersetzung treten.

Dabei kann es förderlich sein, während der Sachverhaltszusammenfassung eine als einschlägig empfundene Vorschrift zu suchen; doch sollte dies keineswegs in Hektik ausarten. Wichtiger ist in diesem Prüfungsstadium, dass alle Prüfungsteilnehmer über den Sachverhalt, der den folgenden Prüfungsteil bestimmt, Klarheit und Einigkeit hergestellt haben.

Der Gedanke einer spontanen und besonders brillanten Lösung sollte hier noch nicht den Vorrang haben. Es ist erfahrungsgemäß ein teuer erkaufter Umstand, sich nach einer besonders brillanten Lösung oder einer vermeintlich den Fall lösenden Vorschrift umzusehen, solange keine vollständige Klarheit über den Fall selbst besteht. In aller Regel ist dem Prüfer zu diesem Zeitpunkt selbst schon klar, wen er danach prüfen wird. Das wird regelmäßig der Nächste in der Reihe sein. Es kann aber auch ein anderer sein, den er etwa nach dessen Vornote dafür auserkoren hat.

Aller Erfahrung nach ist es dagegen sinnlos, in besonderer Weise auf sich aufmerksam machen zu wollen. Verpönt sind hier, wie in der ganzen mündlichen Prüfung, Handzeichen und Meldungen. Sie haben den entscheidenden Nachteil, dass sie aus Sicht des Prüfers oder der Mitprüfer den Eindruck erwecken, der Kandidat wolle sich in den Vordergrund spielen, weshalb sie in aller Regel vom Prüfer geflissentlich übergangen werden. Da derartige Verhaltensweisen potentiell auf Kosten der Mitprüflinge gehen können, wird ein derartiges Verhalten als besonders unangenehm empfunden.

Auch diskrete Fingerzeige sind in diesem Zusammenhang tunlichst zu vermeiden. Dass man sich im Stande fühlt, eine Frage zu beantworten, kann man allenfalls mit einem offenen Blick signalisieren. Ohnehin ist es eine der am meisten verbreiteten Verhaltensweisen, den Prüfer entweder direkt anzusehen – in der Regel dann, wenn man die Frage beantworten kann – oder ins Gesetz bzw. das eigene Arbeitsblatt zu schauen. In jedem Fall sollte der Prüfungsteilnehmer auch nur den Anschein des überheblichen Verhaltens vermeiden. Bei der Antwort selbst empfiehlt es sich dagegen, den Prüfer immer genau anzusehen, da dessen Minenspiel in der Regel sehr aufschlussreich ist.

Damit ist die Frage aufgeworfen, wie man sich genau verhält, wenn die Sachverhaltswiederholung, die zwar nicht obligatorisch, aber immerhin auch nicht selten ist, beendet wurde und nun als erster Prüfungsteilnehmer in das Rechtsgespräch eintreten soll. Wie immer, also wie auch in der schriftlichen Prüfung, ist konkret von der Fallfrage auszugehen. Selten wird der Prüfer ganz global nach der Rechtslage fragen. Tut er dies ausnahmsweise, so sei empfohlen, sich an die möglichen Beteiligten heranzutasten, indem zunächst ausgehend von der Frage „wer will was von wem woraus" die möglichen Anspruchsgegner ermittelt werden. Man muss sich darüber im Klaren sein, dass in der mündlichen Prüfung strukturell keine besonderen Unterschiede zu dem gelten, was man in der schriftlichen Prüfung unter Beweis stellen muss.

Das bedeutet insbesondere, dass man nicht sogleich mit der Tür ins Haus fällt und einen Gesichtspunkt ins Spiel bringt, der möglicherweise den Fall gleichsam als Pointe schließlich lösen wird. Die Versuchung zu einem derartigen Vorgehen ist erfahrungsgemäß sehr groß, will doch jeder der Erste sein, der den entscheidenden Punkt auf Anhieb erkannt hat. Aus Sicht des Prüfers ist dies freilich eher unangenehm, weil damit nicht selten der gestellte Fall bereits zu Beginn an seiner empfindlichsten Stelle getroffen wird, noch bevor sich die Falllösung dem Problem nach den Regeln der Kunst genähert hat.

Es ist deshalb auch nicht so sehr der von den enttäuschten Kandidaten mitunter geargwöhnte Umstand, dass sie den Prüfer mit einem Mal bloßgestellt hätten, der womöglich nichts weiter vorbereitet hätte als den gestellten Fall, der wiederum auf den vom Kandidaten spontan erkannten Gesichtspunkt zugelaufen wäre. Vielmehr besteht die Kunst darin, erst anhand des Gesetzes vom Unproblematischen zum Problematischen zu finden.

Schließlich würde in der schriftlichen Prüfung niemand mit dem Hauptproblem beginnen, ohne zunächst die Voraussetzungen geprüft zu haben. So verführerisch es also aufgrund der Besonderheiten der mündlichen Prüfung – insbesondere aus Angst, an der entscheidenden Stelle später nicht mehr am Zuge zu sein – ist, den entscheidenden Punkt prophylaktisch und gleichsam „rangwahrend" ins Spiel zu bringen, so groß ist das Risiko, dass der Prüfer darauf nicht eingeht und sich womöglich abwendet, indem er den nächsten Kandidaten befragt.

Ungeachtet dessen kann im Einzelfall eine Andeutung des Kandidaten, dass er begriffen hat, auf welche Vorschrift das Problem zuläuft, durchaus förderlich sein, jedoch selten gleich zu Beginn. Vielmehr ist wichtig, dass man zu Beginn strukturiert prüft und der Reihe nach die Voraussetzungen aus dem Gesetz klärt. Der Gutachtenstil gilt also auch in der mündlichen Prüfung. Er bietet sich hier sogar in besonderer Weise an, weil man sich mit einer urteilsmäßigen Feststellung in gefährlicher Weise festlegt. Vorsichtiges Herantasten wird daher von den Prüfern auch nicht übel genommen, sondern ist im Gegenteil erwünscht.

Da man in jedem Prüfungsfach in der Regel nur wenige Male an die Reihe kommt, ist es wichtig, keine dieser Möglichkeiten ungenutzt verstreichen zu lassen. Nichts ist schlimmer, als den Prüfer durch Schweigen gleichsam zu boykottieren. Zu groß ist die Gefahr, dass er sich von dem Gefragten ab- und dem Nächsten zuwendet. Manchmal nimmt er kurze Zeit später den zuerst Geprüften noch einmal dran, um diesem eine neue Chance zu geben; doch kann es auch vorkommen, dass erst nachdem alle anderen gefragt worden sind, die Reihe wieder an ihn kommt.

Das wird in aller Regel und mit Recht als psychologisch besonders beklemmend empfunden, weil man damit im gesamten ersten Teil der Prüfung keine rechte Chance hatte, sich zu profilieren. Von daher ist es wichtig, auch in der größten Not einen Anfang zu wagen. Das bedeutet, dass man natürlich nicht „irgendetwas" sagt, sondern möglichst in einer unverfänglichen Weise an den Sachverhalt herangeht.

Ist der Sachverhalt bereits wiederholt worden, so darf natürlich eine Wiederholung nicht den Anfang der rechtlichen Prüfung machen. Je enger und genauer sich die Überlegungen des Prüflings am Anspruchsaufbau orientieren und je schneller sie zu einer Anspruchsgrundlage finden, desto besser. Durch tastende Überlegungen – in der Regel im Konjunktiv vorgebracht – kann der Kandidat zudem die Reaktion des Prüfers studieren. Wirkt dieser ungeduldig, so muss dies als Hinweis darauf verstanden werden, dass die Prüfung zu kleinschrittig beginnt.

Unvorsichtig hingegen sind häufig anzutreffende Formulierungen wie „problematisch ist ...". Derartige Festlegungen im Indikativ provozieren nur allzu leicht die Rückfrage des Prüfers: „Ist das hier wirklich problematisch?". Gewundene Antworten wie „Nein, wohl doch eher nicht" helfen dann in der Regel nicht entscheidend weiter. Allenfalls also *könnte* etwas problematisch sein. Wenn der Prüfer dann nicht sogleich auf diesen Punkt eingeht, muss das zwar nicht bedeuten, dass der entsprechende Aspekt tatsächlich unproblematisch ist, doch sollte man sogleich an entsprechende Relativierungen seiner Aussage denken („allerdings ist zu berücksichtigen, dass nach § X BGB ...").

Entscheidend ist nämlich immer die konkrete Gesetzesanwendung. Hat der Kandidat eine bestimmte Vorschrift im Blick und auch angesprochen, so sollte er sich durch einen kurzen Blick vergewissern, ob der Prüfer diese Vorschrift ebenfalls für sachdienlich erachtet. Ist dies der Fall, so kann und muss der Prüfling versuchen, den Sachverhalt unter die Vorschrift zu subsumieren. Um hier nicht in brütendes Schweigen zu verfallen, kann es von Vorteil sein, die Vorschrift zunächst einmal laut zu lesen („nach § X BGB kann der Schuldner ...“). Derartige Vorgehensweisen, mit denen man zugleich Zeit gewinnt und das Gespräch nicht aus der Hand gibt, werden in aller Regel von den Prüfern hingenommen. Gerade deshalb ist es aber von Bedeutung, dass man sich zunächst kurz davon überzeugt, dass der Prüfer diese Vorschrift nicht für vollständig abwegig hält.

Für diejenigen Kandidaten, die währenddessen nicht gefragt sind, besteht das oberste Prinzip darin, dass sie während der Prüfung mitdenken. Natürlich bleibt es nicht aus und ist sogar erforderlich, dass jeder Kandidat seiner eigenen Lösung nachgeht. Entscheidend ist jedoch, dass der Fall in einem Miteinander gelöst wird. Nichts ist peinlicher, als wenn ein Kandidat im Bemühen um eine eigene, vermeintlich besonders originelle, Lösung zu erkennen gibt, dass er dem bisherigen Prüfungsverlauf nicht gefolgt ist.

Das zeigt, dass er die Ergebnisse der Mitprüflinge letztlich nicht ernst genug nimmt. Gefährlich ist dies vor allem dann, wenn einem eine bestimmte Antwort „unter den Nägeln brennt“. Man will nur noch den für richtig gehaltenen Gesichtspunkt loswerden, ohne darauf Rücksicht zu nehmen, dass dieser sich möglicherweise nicht in den bisherigen Prüfungsverlauf einfügt.

Selbst wenn der Gesichtspunkt als solcher nicht unzutreffend ist, reagiert der Prüfer in dieser Situation nicht selten ungehalten. Aus diesem Grund sollte man vor allem dann, wenn man selbst an der Reihe ist, zunächst ausschließlich an der Stelle anknüpfen, an welcher der letzte Prüfungsteilnehmer endete. Um keinen Preis sollte man allgemeine Statements einflechten („Lassen Sie mich an dieser Stelle noch sagen, dass im Übrigen ....“). Erst wenn man nahtlos weitergemacht hat und sich dann vielleicht eine Gelegenheit ergibt, einen für wichtig gehaltenen Gesichtspunkt anzusprechen, sollte man dies in der gebührlichen Zurückhaltung tun.

Es ist eine Frage des Fingerspitzengefühls, wie weit man vorgreifen kann, um zu dokumentieren, dass einem die Richtung des Falles durchaus geläufig ist. Manche Prüfer reagieren spontan ungehalten („So weit sind wir noch nicht.“). Die besondere psychologische Herausforderung der mündlichen Prüfung besteht dann darin, dass man die Antworten immer nur zu dem Zeitpunkt geben darf, in welchem man gefragt wurde. Dabei ist in Kauf zu nehmen, dass die ersten drei Prüflinge praktisch alles sagen, was einem selbst zu dem Fall eingefallen wäre.

Es ist dann natürlich außerordentlich entmutigend, an die Reihe zu kommen und nichts Neues beitragen zu können. Selbstverständlich verbietet sich jeder Hinweis darauf, dass man das Bisherige ebenso gut selbst hätte sagen können. Es bleibt einem nichts anderes übrig, als darauf zu hoffen – was allerdings auch in der Regel nicht enttäuscht wird – dass man bei nächster Gelegenheit selbst als einer der Ersten das Wort hat und nicht wieder in derselben Situation sein wird, dass man erst dann an der Reihe ist, wenn bereits alles gesagt wurde, was man selbst hätte beisteuern können. Die Mitprüfer registrieren durchaus die besondere Schwierigkeit, in der sich der betreffende Kandidat dann befindet.

Es kommt somit entscheidend darauf an, sich zu bemühen, gleichwohl noch etwas Weiterführendes zu sagen. Dabei muss man außerdem die Möglichkeit in Betracht ziehen, dass man gerade jetzt an einer problematischen Stelle des Falles angelangt ist. Der Umstand, dass einem selbst nichts weiter einfällt, kann also auch damit erklärt werden, dass an dieser Stelle ein wahrhaftes Rechtsproblem verborgen ist. Auf keinen Fall aber darf man den Prüfer dann anschweigen. Notfalls fasst man bisherige Ergebnisse in dem Bemühen zusammen, einen weiterführenden Gesichtspunkt zu finden. Dabei empfiehlt es sich, denjenigen Gesichtspunkt aufzugreifen, der die größte Zustimmung von Seiten des Prüfers geerntet hat. Mit etwas Glück gibt er zu erkennen, dass er zu diesem Punkt noch mehr hören möchte oder diesen vielleicht doch nicht für so unproblematisch hält, wie man eingangs dachte.

In einer derartig ausweglos anmutenden Situation kann es angebracht sein, einen anfangs als zu kühn verworfenen Gedanken vorzubringen. Ist dieser wirklich abwegig, so wird es der Prüfer sofort signalisieren. Gerade an einer solchen Schwelle der Prüfung ist es entscheidend zu zeigen, dass man bisher mitgedacht hat. Je gesetzesnäher und gesetzesbezogener man argumentiert, desto besser. Dabei kann es sich empfehlen, die herkömmlichen Auslegungskanones einfließen zu lassen und die Lösung nach Wortlaut, Systematik und ratio leges der entsprechenden Vorschrift zu suchen. Da der Wortlaut dann zumeist schon von einem Mitprüfling behandelt worden ist, ist besonderer Wert auf die teleologische und systematische Betrachtung zu legen.

Erlaubt sei zuletzt ein erneuter Hinweis auf die Notwendigkeit ständigen Mitdenkens der anderen Kandidaten. Vor allem in der erwähnten Prüfungssituation, in welcher vermeintlich schon alles gesagt wurde und dem gefragten Kandidaten keine weiterführende Idee kommt, kann es nämlich passieren, dass der Prüfer die Frage freigibt. Damit sind alle Kandidaten angesprochen. Wer die freigegebene Frage beantworten möchte, sollte trotz allem nicht unaufgefordert das Wort ergreifen, sondern per Handzeichen auf sich aufmerksam machen. Nun ist es möglich, sich zu profilieren, ohne dass dies auf Kosten der Mitbewerber geschieht. Voraussetzung ist jedoch, dass man bis zu diesem Punkt mitgedacht hat.

II. Das Vorgespräch

Das mündliche Staatsexamen beginnt mit dem Vorgespräch, das der Prüfungsvorsitzende mit den Kandidaten führt. Der Sinn des Vorgesprächs besteht nicht zuletzt darin, die Kandidaten etwas besser als nach der reinen Aktenlage kennen zu lernen, damit der Vorsitzende auf dieser Grundlage den Mitprüfern die Kandidaten vorstellen kann. Zugleich kann er ein Bild davon gewinnen, wer besonders nervös oder selbstbewusst wirkt. Seltener wird es im Vorgespräch des ersten juristischen Staatsexamens schon um konkrete berufliche Vorstellungen gehen. Mitunter spricht der Vorsitzende den Kandidaten auch auf besonders gute oder besonders schlechte Klausuren an. Der Kandidat kann auf diese Weise einen extremen Ausreißer „erklären".

Da der Vorsitzende das Prüfungsvorgespräch bestimmt, stellt sich für die Kandidaten in der Regel vor allem eine Frage, auf die es keine verbindliche Antwort gibt. Es geht dem Kandidaten nämlich meist darum kundzutun, dass er ein bestimmtes Notenziel mit seiner Vorpunktzahl noch erreichen möchte. Spricht ihn der Vorsitzende nicht von seiner Seite aus darauf an, so kann der Prüfungskandidat allenfalls selbst die Rede darauf bringen. Ein derartiges Vorgehen des Prüfungskandidaten entspringt dem häufig anzutreffenden Vorurteil, dass man entsprechend dem zivilprozessualen Grundsatz ne ultra petita (vgl. § 308 Abs. 1 ZPO) nur dasjenige zugesprochen bekommt, was man zuvor beantragt hat. Damit ist jedoch zugleich die Gefahr eines derartigen Vorgehens angesprochen: Es führt nicht selten dazu, dass der Kandidat angesichts seiner Vorpunktzahl nach den Sternen greift und zu verstehen gibt, dass er auch die nächst höhere Notenstufe noch erreichen möchte, obwohl er eigentlich denkbar weit davon entfernt ist. Das ist natürlich riskant, weil es nur zu leicht als anmaßend empfunden werden kann. Zudem stellt der Kandidat damit Ansprüche, die er selbst womöglich nur sehr schwer einlösen kann. Es ist daher ratsam, nur dann eine Notenvorstellung zu äußern, wenn man im Prüfungsvorgespräch danach gefragt wird. Die Interessenlage des Kandidaten ist den Prüfern ohnehin klar. Es versteht sich ebenfalls von selbst, dass die Prüfer bei der abschließenden Beratung besonders dann aufmerksam verfahren, wenn sich durch einen Punkt mehr oder weniger in einem bestimmten Fach die Gesamtprüfungsnote ändern und auf eine neue Notenstufe gehoben würde.

https://doi.org/10.1515/9783111614243-004

III. Heinrich von Kleists „Über die allmähliche Verfertigung der Gedanken beim Reden" im Spiegel der mündlichen Staatsprüfung

Heinrich von Kleist hat zwischen 1805 und 1806 eine Abhandlung verfasst, die den beinahe schon zum geflügelten Wort gewordenen Titel „Über die allmähliche Verfertigung der Gedanken beim Reden" trägt. Dieser Text, der überhaupt zu den lesenswertesten zählt, scheint streckenweise geradezu für die mündliche Staatsprüfung geschrieben.[3] Seine Lektüre kann jedem angehenden Juristen nur wärmstens empfohlen werden.[4] Gerade für die mündliche Prüfung ist die Abhandlung nicht zuletzt deshalb so anregend und ermunternd, weil sie eindrücklich beschreibt, wie aus einer ungefähren Ahnung heraus ein tragfähiger Gedanke werden kann, wenn man nur den Mut aufbringt, ihn in Worte zu fassen:

„Aber weil ich doch irgend eine dunkle Vorstellung habe, die mit dem, was ich suche, von fern her in einiger Verbindung steht, so prägt, wenn ich nur dreist damit den Anfang mache, das Gemüt, während die Rede fortschreitet, in der Notwendigkeit, dem Anfang nun auch ein Ende zu finden, jene verworrene Vorstellung zur völligen Deutlichkeit aus, dergestalt, daß die Erkenntnis, zu meinem Erstaunen, mit der Periode fertig ist. Ich mische unartikulierte Töne ein, ziehe die Verbindungswörter in die Länge, gebrauche auch wohl eine Apposition, wo sie nicht nötig wäre, und bediene mich anderer, die Rede ausdehnender, Kunstgriffe, zur Fabrikation meiner Idee auf der Werkstätte der Vernunft, die gehörige Zeit zu gewinnen."[5]

Es ist also der „aus der Not hingesetzte Anfang", den *Kleist* an anderer Stelle der Abhandlung nennt,[6] der die besondere Schwierigkeit ausmacht, vor welcher der Kandidat steht, und der zugleich das Motiv begründet, mit der Erörterung zu beginnen. Gerade in der mündlichen Prüfung ist man sich der Unfertigkeit der eigenen Gedanken nur zu bewusst. Man möchte nicht damit beginnen, etwas, das einem selbst nur ganz unvollkommen vor Augen steht, den Prüfern offenbaren zu müssen, deren Wohlwollen nicht immer garantiert ist. Es gibt jedoch gar keine

---

3 Die nachfolgenden Ausführungen entstammen dem gleichlautenden Aufsatz in der Jura 2011, 818.
4 Lesenswert aus der Rubrik „Das juristische Studium im literarischen Zeugnis" *Pieroth*, Jura 1991, 500.
5 Hier und im Folgenden stammt der hervorgehobene Text von *Kleist*, Sämtliche Werke und Briefe (Hg. Sembdner), 2. Auflage 1961, Band 2, S. 319 ff.
6 *Kleist*, Sämtliche Werke und Briefe (Hg. Sembdner), 2. Auflage 1961, Band 2, S. 319, 321.: „Auch Lafontaine gibt in seiner Fabel (...) ein merkwürdiges Beispiel von einer allmählichen Verfertigung des Gedankens *aus einem in der Not hingesetzten Anfang*."; Hervorhebung nur hier.

https://doi.org/10.1515/9783111614243-005

andere Möglichkeit. Die Vermessenheit des Vorgehens, die *Kleist* eingesteht
(„dreist"), rechtfertigt sich mit der Zumutung, welche der Prüfungssituation naturgemäß innewohnt und von der weiter unten noch die Rede sein wird. Da nichts
schädlicher ist, als die Aufforderung des Prüfers, zur Frage Stellung zu nehmen,
dadurch zu ignorieren, dass man es vorzieht nichts zu sagen und so nur hofft, dass
er einen anderen Prüfungsteilnehmer befragt, muss man darauf vertrauen, dass
einem der Prüfer bei der Bewältigung der eigenen Unzulänglichkeiten zu Hilfe
kommt. Hier kann der Blickkontakt mit dem Prüfer gute Dienste leisten:

„Es liegt ein sonderbarer Quell der Begeisterung für denjenigen, der spricht,
in einem menschlichen Antlitz, das ihm gegenübersteht; und ein Blick, der uns einen
halbausgedrückten Gedanken schon als begriffen ankündigt, schenkt uns oft den
Ausdruck für die ganze andere Hälfte desselben. Ich glaube, daß mancher große
Redner, in dem Augenblick, da er den Mund aufmachte, noch nicht wußte, was er
sagen würde. Aber die Überzeugung, daß er die ihm nötige Gedankenfülle schon aus
den Umständen, und der daraus resultierenden Erregung seines Gemüts schöpfen
würde, machte ihn dreist genug, den Anfang, auf gutes Glück hin, zu setzen."

Abermals betont *Kleist* die Dreistigkeit des Vorgehens, die den Erfolg verspricht. Doch ist es keine schlichte Anleitung zur Motivation, sondern die ihm eigene psychologische Genialität, die *Kleist* zu seiner Vermutung befähigt. Daher ist
es hier nicht mehr der „aus der Not", sondern der „auf gutes Glück" hingesetzte
Anfang. Man wird dem entgegenhalten wollen, dass dies zu blauäugig gedacht
sei. Indes muss man sich vor Augen halten, dass man ohnehin keine andere Wahl
hat. Nach den meisten Prüfungsordnungen entfallen auf jeden einzelnen Prüfling
pro Fach etwa zwölf Minuten. Diese können unendlich lang werden, wenn man sie
schweigend zubringt. *Kleist* selbst beschönigt dies mitnichten, indem er von einem
„völligen Geistesbankrott" spricht.[7] Wer könnte sich das, was damit gemeint ist,
nicht besser vorstellen, als der Kandidat einer mündlichen Prüfung?

Auch im Folgenden beobachtet *Kleist* auf brillante Weise die rhetorischen
Floskeln, welche den Gedanken mitunter in die richtigen Bahnen lenken.[8] Wenn
er also dem verbreiteten „man kann sagen" hinzufügt „Obschon er noch nicht weiß
was", wenn er eine nichtssagende Floskel kennzeichnet mit „eine schlechte Phrase,
die ihm aber Zeit verschafft", so veranschaulicht dies in psychologisch unnach-
ahmlicher Weise nicht nur ein bemerkenswertes Einfühlungsvermögen in die Situation des Geprüften, sondern zeigt vor allem, dass derartige Phrasen durchaus

---

7 Zur Positivität des Rechts bei Kleist *Bohnert*, Kleist-Jahrbuch 1985, S. 39 ff.; zum Recht als
Verständigung unter Gleichen bei Kleist *Lüderssen*, Kleist-Jahrbuch 1985, S. 56; zum mittelalter-
lichen Recht bei Kleist *Boockmann*, Kleist-Jahrbuch 1985, S. 84 ff.
8 Weiterführend *Kiefner*, Kleist-Jahrbuch 1988, S. 13, 39, der dasjenige, was vielfach als juristisch
in Kleists Werk angesehen wird, auf die Rhetorik zurückführt.

ihr Gutes und Förderliches haben können. Ein verständiger Prüfer wird sie daher auch nicht zum Anlass nehmen, dem Kandidaten das Wort abzuschneiden oder ihn bloßzustellen. Im Übrigen wird ein guter Prüfer auch bei einer unscharfen Formulierung immer die Möglichkeit in Betracht ziehen, dass die dahinterstehende gedankliche Lösung sehr viel klarer ist, als es den äußerlichen Anschein hat. Diesbezügliche Nachfragen des Prüfers dürfen daher nicht nur in der Weise verstanden werden, dass dem Kandidaten gleichsam auf den Zahn gefühlt werde, sondern es kann sich ebenso gut eine unwillkürliche oder ausdrückliche Hilfestellung dahinter verbergen. *Kleist* hat auch diese gedankliche Verworrenheit, die jeder von sich selber kennt, meisterhaft in Szene gesetzt:

„Wenn daher eine Vorstellung verworren ausgedrückt wird, so folgt der Schluss noch gar nicht, daß sie auch verworren gedacht worden sei; vielmehr könnte es leicht sein, daß die verworrenst ausgedrückten grade am deutlichsten gedacht werden. Man sieht oft in einer Gesellschaft, wo durch ein lebhaftes Gespräch, eine kontinuierliche Befruchtung der Gemüter mit Ideen im Werk ist, Leute, die sich, weil sie sich der Sprache nicht mächtig fühlen, sonst in der Regel zurückgezogen halten, plötzlich mit einer zuckenden Bewegung, aufflammen, die Sprache an sich reißen und etwas Unverständliches zur Welt bringen. Ja, sie scheinen, wenn sie nun die Aufmerksamkeit aller auf sich gezogen haben, durch ein verlegnes Gebärdenspiel anzudeuten, daß sie selbst nicht mehr recht wissen, was sie haben sagen wollen. Es ist wahrscheinlich, daß diese Leute etwas recht Treffendes, und sehr deutlich, gedacht haben. Aber der plötzliche Geschäftswechsel, der Übergang ihres Geistes vom Denken zum Ausdrücken, schlug die ganze Erregung desselben, die zur Festhaltung des Gedankens notwendig, wie zum Hervorbringen erforderlich war, wieder nieder. In solchen Fällen ist es um so unerläßlicher, daß uns die Sprache mit Leichtigkeit zur Hand sei, um dasjenige, was wir gleichzeitig gedacht haben, und doch nicht gleichzeitig von uns geben können, wenigstens so schnell, als möglich, auf einander folgen zu lassen. Und überhaupt wird jeder, der, bei gleicher Deutlichkeit, geschwinder als sein Gegner spricht, einen Vorteil über ihn haben, weil er gleichsam mehr Truppen als er ins Feld führt."

Man muss seine Vorstellungskraft nicht überanstrengen, um diese Gedanken auf die Situation der mündlichen Prüfung zu übertragen. Dass sie aber dort erst wahrhaft zur Geltung kommen, veranschaulichen die folgenden und abschließenden Bemerkungen *Kleists*, die nicht von ungefähr die mündliche Prüfung zum Gegenstand haben. Dass also der kurze Text *Kleists* in der mündlichen Prüfung gleichsam kulminiert, ist alles andere als zufällig. Insofern bedarf der Schluss der Kleistschen Abhandlung keines weiteren Kommentars:

„Wie notwendig eine gewisse Erregung des Gemüts ist, auch selbst nur, um Vorstellungen, die wir schon gehabt haben, wieder zu erzeugen, sieht man oft, wenn offene, und unterrichtete Köpfe examiniert werden, und man ihnen ohne vorhergegangene Einleitung, Fragen vorlegt, wie diese: was ist der Staat? Oder: was ist das Eigentum? (...) Wenn diese jungen Leute sich in einer Gesellschaft befunden hätten, wo man sich vom Staat, oder vom Eigentum, schon eine Zeitlang unterhalten hätte, so würden sie vielleicht mit Leichtigkeit durch Vergleichung, Absonderung, und Zusammenfassung der Begriffe, die Definition gefunden haben. Hier aber, wo diese Vorbereitung des Gemüts gänzlich fehlt, sieht man sie stocken, und nur ein unverständiger Examinator wird daraus schließen daß sie nicht wissen. Denn nicht wir wissen, es ist allererst ein gewisser Zustand unsrer, welcher weiß. Nur ganz gemeine Geister, Leute, die, was der Staat sei, gestern auswendig gelernt, und morgen schon wieder vergessen haben, werden hier mit der Antwort bei der Hand sein. Vielleicht gibt es überhaupt keine schlechtere Gelegenheit, sich von einer vorteilhaften Seite zu zeigen, als grade ein öffentliches Examen."

Die direkten Fragen, die *Kleist* hier beispielsweise stellt, legen in der Tat den Schluss nahe, dass er gerade das juristische Examen vor Augen hatte,[9] als er die eigentümliche Beklemmung schilderte, die den Geprüften befiel.[10] Fühlte sich bisher der Kandidat angesprochen, so sind diese wie die folgenden Absätze eher den Prüfern ins Stammbuch geschrieben. Gleichwohl soll auch der Schluss in diesem Sinne hier nicht unterschlagen werden:

„Was übrigens solchen jungen Leuten, auch selbst den unwissendsten noch, in den meisten Fällen ein gutes Zeugnis verschafft, ist der Umstand, daß die Gemüter der Examinatoren, wenn die Prüfung öffentlich geschieht, selbst zu sehr befangen sind, um ein freies Urteil fällen zu können. Denn nicht nur fühlen sie häufig die Unanständigkeit dieses ganzen Verfahrens: man würde sich schon schämen, von jemandem, daß er seine Geldbörse vor uns ausschütte, zu fordern, viel weniger seine Seele: sondern ihr eigener Verstand muß hier eine gefährliche Musterung passieren, und sie mögen oft ihrem Gott danken, wenn sie selbst aus dem Examen gehen können, ohne sich Blößen, schmachvoller vielleicht, als der, eben von der Universität kommende, Jüngling gegeben zu haben, den sie examinierten."[11]

---

9 Wie sehr gerade Rechtskonflikte, auch über ‚Michael Kohlhaas' hinaus, Kleists Werk prägen, kann hier nicht nachgezeichnet werden; siehe nur *H. Hofmann*, Kleist-Jahrbuch 1987, S. 137, zu ‚Penthesilea' und ‚Prinz Friedrich von Homburg'; siehe auch *Ziolkowski*, Kleist-Jahrbuch 1987, S. 28, zu Kleists Werk im Lichte der zeitgenössischen Rechtskontroverse.

10 *Pieroth*, Das juristische Studium im literarischen Zeugnis Heinrich von Kleist, Jura 1991, 500, mit der plausiblen Mutmaßung, dass „nicht auszuschließen ist, dass der neuerliche Abschied (sc Kleists) aus dem Staatsdienst auch aus Angst vor dem Examen geschah, das er zu seiner endgültigen Anstellung noch hätte ablegen müssen."

11 *Kleist*, Sämtliche Werke und Briefe (Hg. Sembdner), 2. Auflage 1961, Band 2, S. 319, 324; Hervorhebung nur hier.

IV. Benotung und Vornotenorientierung

Der Benotung gilt begreiflicherweise das größte Interesse der Prüfungskandidaten. Insbesondere die Frage der Vornotenorientierung bestimmter Prüfer wird in der Regel heiß diskutiert und findet entsprechend Niederschlag in den Prüfungsprotokollen. So schwer es ist, allgemeine, also typisierende, Aussagen über Benotung und Vornotenorientierung zu machen, so gut möglich ist es auf der anderen Seite, einige Vorurteile zu entkräften.

Beginnen wir mit der Frage der Vornotenorientierung. Viele Prüfer stehen in dem Ruf, von der in den schriftlichen Arbeiten erreichten Vornote kaum oder nur unwesentlich abzuweichen. Aus Sicht der Kandidaten entsteht damit – vor allem wenn sie schwächer vorbenotet sind – der Eindruck, dass es in der mündlichen Prüfung ohnehin nichts zu gewinnen gibt, dass von vornherein keine besondere Chance besteht, sich zu verbessern. Gewiss kennen die Prüfer die Vornoten der Kandidaten, die sie zu prüfen haben. Das hat jedoch auch einen guten Grund, der den Kandidaten potenziell zugute kommt. Gerade beim Einstieg in die mündliche Prüfung, der für die Prüfer ebenfalls nicht immer einfach ist, bildet die Vornote der Kandidaten ein Indiz. Ihre Kenntnis kann den Prüfer davor bewahren, einen sehr schwach vorbenoteten Kandidaten, der womöglich an der Grenze zum Nichtbestehen steht, gleich zu Anfang mit einer besonders schwierigen Frage zu belasten. Denn gerade die erste Frage ist von nicht zu unterschätzender psychologischer Bedeutung. Wer hier gleich zu Anfang fehlgreift, gerät leicht ins Hintertreffen, weil das Selbstvertrauen sinkt. Weiß also ein Prüfer um die schwache Vornote des Kandidaten, so wird er nicht gleich zu Anfang die schwierigste Frage stellen, sondern dem Kandidaten zunächst durch eine einfache Eingangsfrage die Möglichkeit verschaffen, in der Beklommenheit der Prüfungsatmosphäre etwas Richtiges zu sagen. Umgekehrt kann er einem gut vorbenoteten Kandidaten auch zu Anfang schon eine schwierigere Frage stellen, um ihm die Möglichkeit zu geben, die Vornote zu bestätigen und sich womöglich ein wenig abzusetzen.

Darüber hinaus darf die Bedeutung der Vornote für den weiteren Verlauf des Prüfungsgesprächs jedoch nicht überschätzt werden. Erfahrungsgemäß bilden sich die Gewichte in der Prüfung ganz eigenständig heraus, das heißt, die Vornote gerät – insbesondere bei den Prüfern – im weiteren Prüfungsverlauf immer mehr in Vergessenheit, wie der unmittelbare Eindruck, welcher Kandidat in welcher Situation direkt ansprechbar ist, überwiegt. Wer also mittelmäßig bis schwach vorbenotet ist, auf der anderen Seite aber durch seine Antworten den Eindruck vermittelt, dass die Frage jederzeit gefahrlos an ihn gerichtet werden kann, macht seine Vornote ohnehin weitgehend vergessen. Umgekehrt ist der Kredit einer guten

https://doi.org/10.1515/9783111614243-006

Vorbenotung insoweit begrenzt, als auch hier bestimmte Fehlgriffe nur bis zu einem gewissen Punkt vergessen werden.

Das führt zur Frage der Benotung, die noch weniger typisierbar ist als die Frage der Vornotenorientierung. Eines sollte aber auch hier berücksichtigt werden, weil gerade die Frage der Benotung erfahrungsgemäß von den Kandidaten regelrecht mit der Person des Prüfers identifiziert wird. Dies ist zwar insoweit richtig, als der Prüfer letztlich natürlich die Note gibt, das heißt, gegen seinen Willen schwerlich ein schwächerer Kandidat eine besonders gute Note erhalten wird. Umgekehrt kann er – und das wird von den Kandidaten häufig nicht hinreichend gesehen – die Note auch nur selten „im Alleingang" geben. So weit also seine Einschätzungsprärogative als Vertreter des jeweiligen Faches auch reichen mag, so wenig kann er eine schwache Leistung schönreden oder eine gute Leistung herabwürdigen, ohne dass die Mitprüfer dies merken würden. Man darf nämlich nicht übersehen, dass diese nicht selten die Antworten der Kandidaten regelrecht mitprotokollieren und so auch in die anschließende Benotung durchaus miteingreifen können. Auch wenn die Endnote aus Sicht der Kandidaten in der Regel dem jeweiligen Prüfer zugerechnet wird, so handelt es sich doch immer um eine Kollegialentscheidung. Insofern kommt in der Benotung auch ein gewisser Gesamteindruck zur Geltung. Für diesen spielt natürlich auch die Vornote eine nicht zu unterschätzende Rolle. Damit soll verhindert werden, dass ein Kandidat, der etwa über acht Klausuren, also immerhin 40 Stunden reine Prüfungszeit, eine gewisse Leistung erbracht hat, um diesen Lohn an einem einzigen Vormittag gebracht wird. Auch wird hier natürlich berücksichtigt, wieviel Punkte oder Bruchteile eines Punktes ein Kandidat benötigen würde, um auf die nächst höhere Notenstufe zu gelangen. Das zeigt, dass, wie oben erwähnt, die eigene Erwartungshaltung im Vorgespräch nicht unbedingt zum Thema gemacht werden muss, wenn der Vorsitzende darauf nicht von selbst eingeht. Denn bei der endgültigen Kollegialentscheidung werden mindestens ein oder mehrere Prüfer immer auch in Betracht ziehen und zu bedenken geben, dass den Kandidaten nur ein vergleichsweise geringer Punktsatz fehlt, um die nächst höhere Notenstufe zu erlangen. Da die Einzelnoten aus den vorhergehenden Prüfungen den Kandidaten bis dahin aus gutem Grund noch nicht mitgeteilt worden sind, besteht dann immer noch die Möglichkeit, die Noten daraufhin zu überprüfen, ob nicht der ein oder andere Prüfer einen Punkt mehr geben kann, ohne damit das Notenspektrum zu sehr aus dem Gleichgewicht zu bringen.

Dies zeigt im Übrigen, wie fragwürdig es ist, dass viele Prüfungsordnungen die Möglichkeit von „Sozialpunkten" oder anderen Aufrundungsmaßnahmen vorsehen; denn in der Regel sind die Faktoren, die bei einer solchen nachträglichen Korrektur der Note ins Spiel gebracht werden können, schon vorher berücksichtigt worden, so dass nicht selten die Gefahr besteht, dass sie nun ein zweites Mal in die Waagschale geworfen werden, was auf eine dubiose Doppelverwertung hinausläuft. Zudem sind gerade derartige Sozialpunkte dazu angetan, das Vertrauen der Prüfungskandidaten in die Objektivität der Benotung zu erschüttern. Denn es liegt auf der Hand, dass auch die Prüfer selbst uneins sind über den Sinn und Unsinn solcher Maßnahmen. Einige werden großzügiger sein und dementsprechend leichter den Sozialpunkt geben, andere werden nur in Ausnahmefällen davon Gebrauch machen. Verständlicherweise aber erwartet jeder Kandidat, dass gerade in seinem Fall von diesem Instrument Gebrauch gemacht wird. Es sind also insbesondere diese irrationalen Möglichkeiten, die vorderhand den Kandidaten nutzen, welche aber in Wahrheit nicht in eine Prüfungsordnung gehören, weil sie die Objektivität der Benotung in Frage stellen.

V. Der Umgang mit diesem Buch

Die meisten der folgenden Prüfungsgespräche gehen von einem praktischen Fall aus. Grundsätzlich empfiehlt es sich, Fälle zuerst selbst gutachtlich durchzulösen und anschließend die Lösung mit der Lösungsskizze bzw. Musterlösung zu vergleichen.

Bei einem Prüfungsgespräch hingegen entwickelt sich die Lösung erst im Gespräch. So sinnvoll also die vorherige Lösung der Fälle ist, so wenig kann sie die allmähliche Entwicklung derselben durch Gespräch ersetzen. Deshalb wird der Leser zwar eine gutachtlich stringente Lösung vorfinden, diese kann jedoch immer wieder kleinere Exkurse enthalten. Hinzu kommt, dass die Person des Kandidaten eine durchaus zwiespältige ist. Sie ist wie gesagt in der Weise idealtypisch, dass es einen derartigen Kandidaten praktisch nicht geben wird. Gewiss hätte man aus Gründen der Authentizität einen menschlicheren Kandidaten zeichnen können als das vorliegende Porträt des nicht selten etwas streberhaft beflissenen und nicht unbedingt ganz sympathischen Kandidaten. Auf der anderen Seite wäre dieser Zugewinn an Realität erkauft worden mit einem großen didaktischen Nachteil, der in dem Grundsatz niedergelegt werden kann, dass fehlerhafte Antworten, so häufig sie auch in der Praxis sind, nur bedingt tauglich für den Umgang mit Lehrbüchern sind, weil sich allzu leicht Fehler einschleifen. Deshalb möge der Leser Nachsicht mit dem Kandidaten wie auch mit dem Autor üben. Daraus folgt für den Umgang mit dem vorliegenden Buch, dass der Leser es ruhig durchgehen kann, ohne sich jederzeit mit dem idealtypischen Kandidaten vergleichen zu müssen. Gefühle tiefer Frustration wären wohl auch unausweichlich. Es geht eher darum, dem Prüfungsverlauf aufmerksam zu folgen und auf der Grundlage der eingestreuten Kommentare die Angst vor der mündlichen Prüfung abzubauen. Denn neben der Wissensvermittlung, die natürlich ein willkommener Nebeneffekt ist, ist die Verminderung der Angst vor der mündlichen Prüfung das eigentliche Anliegen dieses Buches.

https://doi.org/10.1515/9783111614243-007

Teil II: **Die Prüfungsgespräche**

I. Vorbemerkung zu den folgenden Prüfungsgesprächen

Die im folgenden Teil skizzierten Prüfungsgespräche sind ersichtlich nicht authentisch. Sie mögen sogar in verschiedener Hinsicht etwas Künstliches haben. Zum ersten erscheinen sie der im vorherigen Abschnitt dargestellten Prüfungsatmosphäre nicht im mindesten Rechnung zu tragen, weil sie ausnahmslos eine Zweierbeziehung Prüfer – Kandidat wiedergeben. Das der mündlichen Prüfung im ersten juristischen Staatsexamen Eigentümliche scheint damit gar nicht berührt zu werden. Es wäre jedoch von der Darstellungsweise unzweckmäßig gewesen, einen fiktiven Dialog mit vier oder fünf Kandidaten vorzustellen. Der Leser würde den Überblick verlieren und man müsste, um die Atmosphäre auch nur einigermaßen authentisch zu machen, Fehler einzelner Kandidaten einstreuen. Da dies jedoch nur zu leicht dazu führen würde, dass man sich ebenfalls falsche Gesichtspunkte einprägt, sollen die Antworten des Kandidaten sich auf weitgehend Richtiges und allenfalls gelegentlich Unscharfes beschränken.

Damit ist der zweite Einwand, welcher gegen die vorliegenden Prüfungsgespräche vorgebracht werden könnte, angesprochen. So scheint es in hohem Maße idealisiert zu sein, dass der Kandidat weithin Richtiges äußert. Auch scheint es fern der Wirklichkeit und eher dem platonischen Dialog nachempfunden, praktisch ausnahmslos förderliche Antworten wiederzugeben. Schließlich könnte der Leser zu der Einsicht gelangen, dass er nicht einmal einen Bruchteil dessen wüsste, was Gegenstand der folgenden Gespräche ist, was letztlich geeignet ist, ihn vollständig zu desillusionieren. Dem ist entgegenzuhalten, dass auch und vor allem die Lektüre der Gespräche dort, wo sie bisweilen anstrengend anmuten, weil einer richtigen Antwort die nächste folgt, lehrreich sein kann. Denn der Zweck besteht dort nicht zuletzt darin, in Dialogform ein gewisses Grundwissen zu vermitteln. Natürlich ist die dargestellte Form nicht geeignet für die erstmalige Aneignung dieses Wissens. Daher werden ganz überwiegend Themen behandelt, die zu den eher klassischen gehören. Gerade dort werden nämlich in mündlichen Prüfungen die meisten Fehler gemacht, die deshalb auch als Grundlagenfehler gelten und die Benotung nachhaltig mindern. Ausgangspunkt der Prüfungen sind daher in den meisten Fällen klassische Entscheidungen, die zwar nicht immer im strengen Sinne gutachtlich gelöst werden, deren Lösung doch ganz überwiegend der Anspruchsmethode folgt. Mitunter werden jedoch auch ohne Zugrundeliegen eines Urteils oder Entscheidungsfalls klassische Probleme behandelt, welche zu den Grundproblemen des Zivilrechts gehören und deren Wissen und Kenntnis gemeinhin vorausgesetzt wird. Dabei handelt es sich zumeist um Bereiche, in denen die kor-

https://doi.org/10.1515/9783111614243-008

rekte Lösung anhand des Gesetzes erfahrungsgemäß besondere Schwierigkeiten bereitet.

Ein besonderes Augenmerk verdienen die in kursiv gehaltenen Bemerkungen, die anders als sonst in juristischen Abhandlungen nicht nur den Zweck verfolgen, Nachweise aus Rechtsprechung und Schrifttum zu bringen. Es geht ihnen vor allem darum, den Leser dort anzusprechen, wo die Prüfung eine besondere Wendung nimmt. Ungeachtet der etwas idealisierten Darstellungsform sind die skizzierten Prüfungsgespräche nämlich von der Bemühung geprägt, einen gleichwohl typischen und authentischen Duktus der Wendungen, die ein Prüfungsgespräch nehmen kann, aufzuzeigen. Dabei sind es mitunter auch kleine Fallen, die vom Prüfer gestellt und vom Kandidaten als solche erkannt werden müssen.

Zum Schluss muss der Hoffnung Ausdruck verliehen werden, dass der Leser den beschriebenen Prüfer, der insoweit auch eher einem Idealtypus entspricht und damit in der Wirklichkeit nie in genau dieser Weise vorkommt, sondern sich immer nur annäherungsweise findet, nicht leichthin mit dem Autor identifiziert. Ebenso wenig, wie sich der Leser selbst mit dem Kandidaten wird identifizieren können, der ihm wohlmöglich aufgrund seiner fortgesetzt richtigen, weiterführenden, durchdachten Antworten ganz und gar unsympathisch ist, ist der Autor bestrebt, mit der Person des Prüfers sich selbst zu skizzieren. Nicht selten beruhen Verhaltensweisen und Nachfragen eher auf Beobachtungen und Erfahrungen anderer Prüfer in der konkreten Situation der mündlichen Prüfung. Nur auf diese Weise können die Gespräche überhaupt so etwas wie einen gemeinsamen Nenner darstellen, der ihre Lektüre lesenswert und instruktiv macht.

II. Die Prüfungsgespräche im Einzelnen

1. Prüfungsgespräch (Allgemeiner Teil)

Das Prüfungsgespräch beginnt mit einer vergleichsweise einfachen Fallkonstellation, die jedoch beachtliche rechtliche Probleme birgt. Dabei handelt es sich freilich um Standardprobleme des Allgemeinen Teils des Bürgerlichen Rechts. Angesichts der Tatsache, dass die zugrundeliegende Problematik extrem umstritten ist, hat der Prüfungskandidat einen vergleichsweise weiten Spielraum. Es zeigt sich daran, wie wichtig es ist, die favorisierte Lösung anhand des Gesetzes zu begründen und keine vorgestanzten Meinungsstreitigkeiten wiederzugeben.

Prüfer:	Nehmen Sie an, Sie haben jemandem Vollmacht erteilt, damit er bei einem Dritten einen Gegenstand kauft. Erst jetzt fällt Ihnen ein, dass Sie sich bei dem Preis, den sie ihm genannt haben, vertan haben. Was können Sie tun?
Kandidat:	Das hängt davon ab, ob der Vertreter das Geschäft mit dem Dritten bereits abgeschlossen hat.
Prüfer:	Warum?
Kandidat:	Solange der Vertreter mit dem Dritten noch nicht kontrahiert hat, kann die Vollmacht ganz einfach nach § 168 S. 1 BGB widerrufen werden.
Prüfer:	Nehmen wir an, er hat mit dem Dritten schon einen Vertrag geschlossen. Wie sieht es dann aus?
Kandidat:	In diesem Fall nutzt der Widerruf der Vollmacht nichts, denn er wirkt nur für die Zukunft. In Betracht kommt daher nurmehr die Möglichkeit, dass sich der Vertretene im Wege der Anfechtung von der Erklärung löst.
Prüfer:	Sie sagen „von der Erklärung löst", was meinen Sie damit genau?
Kandidat:	Man muss sich zunächst fragen, was genau der Bezugspunkt der Anfechtung ist. Hier ist zu unterscheiden zwischen der Vollmacht als empfangsbedürftiger Willenserklärung, wie sie das Gesetz in § 166 Abs. 2 BGB voraussetzt, und dem Ausführungsgeschäft, das der Vertreter mit dem Dritten vornimmt.
Prüfer:	Und was folgt daraus für die Anfechtung?
Kandidat:	Daraus folgt, dass der Vertretene zunächst nur die Vollmacht anfechten kann.
Prüfer:	Würde ihm das denn helfen?

https://doi.org/10.1515/9783111614243-009

Kandidat: Na ja, eigentlich möchte sich der Vertretene ja letztlich von dem Ausführungsgeschäft lösen.

Prüfer: Wäre es nicht besser, er würde sich dann gleich bemühen, dieses anzufechten?

Kandidat: Ein derartiges Vorgehen ist an sich nur bei der Außenvollmacht möglich, bei der der Vertretene dem Dritten gegenüber mitgeteilt hat, dass er einen Vertreter bevollmächtigt für ihn zu handeln. Diese Erteilung einer Außenvollmacht stellt eine eigene Willenserklärung des Vertretenen an den Dritten dar und kann folglich problemlos diesem gegenüber angefochten werden.

Gerade die letzte Frage des Prüfers war durchaus tückisch. Der Prüfer lotet den zu diesem Problemkreis vertretenen Meinungsstand aus und fragt zu diesem Zweck den Kandidaten nach allen möglichen Meinungen. Der Kandidat hat sich bisher sehr geschickt verhalten, indem er die Fragen mit der gebotenen Vorsicht, aber gleichermaßen präzise beantwortet hat. Vor allem hat er sich bisher nicht aus der Reserve locken lassen. Dazu nötigt ihn freilich die letzte Frage des Prüfers, so dass die Antwort des Kandidaten regelrecht provoziert war.

Prüfer: Wäre eine solche Gleichstellung mit der Außenvollmacht denn nicht auch für unseren Fall ein angemessenes Vorgehen?

Diese Frage liegt auf der Linie der zuletzt gestellten und ist durchaus maliziös: Da es sich bei diesem Gedankenspiel nämlich durchaus um eine im Schrifttum von maßgeblicher Seite vertretene Ansicht handelt, wäre eine zu harsche Ablehnung durch den Kandidaten gefährlich.

Kandidat: Das wird im Schrifttum durchaus vertreten.[12]

Der Kandidat hat die Falle offenbar gesehen. Allerdings muss sich der Kandidat hier seiner Sache sicher sein. Ansonsten läuft er Gefahr, als „Blender" zu gelten, der Meinungen erfindet, um sich aus der Affäre zu ziehen. Im Regelfall ist es vorzugswürdig, die Argumente ohne konkrete Zuordnung zu einer bestimmten Ansicht vorzubringen.

Prüfer: Was halten Sie von dieser Ansicht?

---

12 Nämlich insbesondere von *Flume*, Allgemeiner Teil des Bürgerlichen Rechts II, 4. Auflage 1992, § 52 5 c; im Ergebnis ebenso *Giesen/Hegermann*, Die Stellvertretung, Jura 1991, 357, 368.

Kandidat: Sie führt zu einem angemessenen Interessenausgleich, weil der Vertretene direkt gegenüber dem Dritten anfechten kann und diesem im Gegenzug Ersatz seines Vertrauensschadens nach § 122 BGB schuldet. Der Nachteil besteht allerdings darin, dass so über den Vertreter gleichsam hinweggeschaut wird, obwohl dieser rechtlich eine eigene Willenserklärung abgibt, wie es § 164 Abs. 1 BGB verlangt. Damit wird der Vertreter aber gleichsam zum Boten degradiert, der eine fremde Willenserklärung überbringt.

Diese etwas holzschnittartige Verkürzung ist in der mündlichen Prüfung ein durchaus probates Mittel, das Problem zu lösen. Der Prüfer möchte hier weniger positives Wissen über einen besonderen Streitstand als vielmehr eigene Argumentationsfähigkeit des Kandidaten testen. Dafür ist der Hinweis auf die Grundregelung des § 164 BGB aber durchaus tauglich.

Prüfer: Ich verstehe Sie demnach richtig, dass Sie den Weg über die Gleichstellung mit der Außenvollmacht nicht gerade favorisieren. Aber was kann der Vertretene dann machen?

Kandidat: Der Vertretene müsste die Vollmacht selbst anfechten. Schließlich ist dies die Willenserklärung, die er selbst abgegeben hat. Den Vertragsschluss an sich hat er dem Vertreter überantwortet.

Prüfer: Ist das so ganz unproblematisch? Welche Konsequenzen könnte das denn für den Vertreter haben?

Kandidat: Wenn der Vertretene die Vollmacht anficht, wäre diese nach § 142 Abs. 1 BGB rückwirkend nichtig. Im Gegensatz zum Widerruf, der lediglich für die Zukunft wirkt, wirkt die Anfechtung ex tunc. Das hätte zur Folge, dass der Vertreter zu keinem Zeitpunkt Vertretungsmacht gehabt hätte. Da er aber im hier einschlägigen Fall der „betätigten" bzw. „ausgeübten" Innenvollmacht schon ein Geschäft mit dem Dritten abgeschlossen hat, steht er diesem gegenüber als falsus procurator dar und läuft Gefahr, nach § 179 Abs. 1 BGB auf Erfüllung oder Schadensersatz zu haften.

Der Kandidat verhält sich außerordentlich geschickt: Erst jetzt bringt er das sogenannte Problem der Anfechtung einer ausgeübten bzw. betätigten Innenvollmacht ins Spiel. Viele Kandidaten hätten dies gleich zu Beginn vorgebracht. Das wäre jedoch verfrüht gewesen, da der Prüfer ersichtlich zunächst sehen wollte, ob der Kandidat in der Lage ist, das Gesetz unvoreingenommen anzuwenden. Hier zeigt sich beispielhaft das im ersten Teil Gemeinte, als es darum ging, dass der Kandidat nicht sogleich auf das Problem zusteuern sollte, wenn zunächst wesentliche Vorfragen zu klären sind.

Prüfer: Spricht das aber nicht grundsätzlich dagegen, dass man eine solche, wie Sie sagen, „betätigte Innenvollmacht" anfechten kann?

Kandidat: Das wird von Teilen des Schrifttums durchaus so gesehen.

Der Kandidat spielt an auf die Ansicht von Brox/Walker.[13]

In der Tat sieht es so aus, als stehe der Vertreter „im Regen".

Diese umgangssprachliche Formulierung ist durchaus griffig und wird auch in dieser Form im Schrifttum verwendet.[14]

Bei genauerem Hinsehen erkennt man jedoch, dass die Stellung des Vertreters gar nicht so schlecht ist, wie im Schrifttum mitunter gesagt wird. Da der Vertreter gutgläubig mit dem Dritten kontrahiert hat – er wusste nicht, dass seine Vollmacht angefochten würde – war ihm der Mangel seiner Vertretungsmacht nicht bekannt. Das führt aber nach § 179 Abs. 2 BGB dazu, dass er nicht mehr auf das positive Interesse, sondern lediglich auf Ersatz des Vertrauensschadens haftet.

Prüfer: Ist das nicht ein schwacher Trost? Haften muss er doch trotzdem.

Kandidat: Gewiss, aber man muss dabei beachten, dass der Vertretene seinerseits dem Vertreter gegenüber anfechten musste, um diese Situation überhaupt herzustellen. Das bedeutet, dass in Folge der Anfechtung durch den Vertretenen auch der Vertreter einen Anspruch aus § 122 Abs. 1 BGB auf Ersatz des Vertrauensschadens gegenüber dem Vertretenen hat. Das Gesamtbild nach erfolgter Anfechtung stellt sich für den Vertreter damit so dar, dass er zwar einem Anspruch des Dritten aus § 179 Abs. 2 BGB auf Ersatz des Vertrauensschadens ausgesetzt ist, aber auf der anderen Seite einen Anspruch in eben derselben Höhe aus § 122 Abs. 1 BGB sowie eventuell aus § 280 Abs. 1 BGB[15] gegen den Vertretenen, der ihn bevollmächtigte, hat. Da beide Ansprüche summenmäßig gleich hoch sind, ergibt sich für den Vertreter somit letztlich keine Haftungsgefahr.

---

13 *Brox*, JA 1980, 449 f.; *ders./Walker*, BGB – Allgemeiner Teil, 48. Auflage 2024, § 25 Rn. 40; *Eujen/Frank*, JZ 1973, 232.

14 Vgl. *Schack*, BGB – Allgemeiner Teil, 17. Auflage 2023, Rn. 517.

15 Sofern dem Vertretenen Verschulden bezüglich der Pflichtverletzung (Abgabe der anfechtbaren Vollmachtserteilung, vgl. nur Hk-BGB/*Dörner*, 12. Auflage 2024, § 122 Rn. 5; MüKoBGB/*Armbrüster*, 10. Auflage 2025, § 122 Rn. 13) vorzuwerfen ist.

Prüfer: Aber, wenn Sie diese Lösung mit der vorhin herausgearbeiteten Parallele zur Gleichstellung mit der Außenvollmacht vergleichen, ist dann der von Ihnen skizzierte Weg nicht unnötig kompliziert? Oder anders gewendet: Ist die von Ihnen sogenannte „Degradierung" des Vertreters zum Boten dann wirklich so schlimm oder ist es nicht letztlich sogar besser für den Vertreter?

Das Vorgehen des Prüfers ist durchaus typisch. Der Kandidat hatte sich mit seiner Eigenschöpfung zu der Degradierung des Vertreters zum Boten gleichsam aus der Deckung gewagt. Obwohl sein Argument nicht schlecht ist, muss er die von ihm favorisierte Lösung jetzt verteidigen und wird zugleich mit seinem Gegenargument konfrontiert.

Kandidat: Es ist richtig, ich hatte gesagt, dass gegen die von Teilen des Schrifttums favorisierte Gleichstellung mit der Außenvollmacht vorgebracht werden kann, dass sie den Vertreter nicht als solchen begreift, sondern über ihn hinwegsieht und ihn damit gleichsam zum Boten macht.

Ein Leugnen des ursprünglich eingenommenen Standpunkts wäre zwecklos. Es wäre auch ungeschickt, weil sich die Position durchaus vertreten lässt. Zugleich ist es aber geschickt, den abgelehnten Standpunkt noch einmal mit eigenen Worten aufzugreifen. Damit gewinnt man Bedenkzeit für eine abschließende Gegenüberstellung beider Positionen.

Diese Ansicht macht aus dem hier vorliegenden Dreipersonenverhältnis der Sache nach eine einfache Zweipersonenbeziehung, indem sie den Vertreter ausblendet.
Prüfer: Das sagten Sie bereits.

Mit dem letzten Satz hat sich der Kandidat nochmals wiederholt. Damit hat er den Bogen ein wenig überspannt und muss nun endgültig zur Sache kommen.

Kandidat: Vergleicht man die beiden Lösungswege, so scheint mir gleichwohl derjenige über die Anfechtung der Vollmacht gegenüber dem Vertreter vorzugswürdig, weil er auf eine konsequente Anwendung des Gesetzes hinausläuft.

Dieses auf den ersten Blick schlichte Argument entspricht durchaus einer Strömung im Schrifttum.[16]

> So umständlich das Verfahren auf den ersten Blick anmutet, so spricht hierfür doch, dass die Vorschriften über die Rechtsgeschäftslehre unmittelbar angewendet werden und keine Ausflucht in eine letztlich entsprechende Anwendung der Außenvollmacht gewagt werden muss. Auch wenn sich der Vertretene der Sache nach von den Rechtswirkungen des Vertretungs- und Ausführungsgeschäfts lösen will, kommt er doch konstruktiv nicht umhin, dasjenige Rechtsgeschäft anzufechten, das er selbst erst vorgenommen hat. Das war aber nur die Vollmachtserteilung. Auch ansonsten wird doch im Stellvertretungsrecht die Bevollmächtigung strikt getrennt vom Ausführungsgeschäft.

Dieser Versuch, die Problematik auf Grundprobleme des Stellvertretungsrechts zurückzuführen, ist durchaus beachtenswert und verdient Respekt.

> Insgesamt scheinen mir daher die besseren Gründe für die gesetzesnahe Lösung zu sprechen.

Prüfer: Aber birgt diese nicht auch Gefahren für den Vertreter?

Der Prüfer will offensichtlich auf etwas bisher noch nicht Angesprochenes hinaus, so dass es nicht ratsam wäre, erneut auf die Gleichheit des Haftungsumfanges hinzuweisen. Der Kandidat sieht diese Klippe und holt entsprechend weiter aus.

Kandidat: Es bleibt natürlich ein gewisses Unbehagen. Der Vertreter bekommt zwar sein Geld vom Vertretenen zurück, haftet jedoch erst einmal dem Dritten gegenüber. Hat der Vertretene kein Geld, so würde ihm sein Anspruch aus § 122 Abs. 1 BGB gegen diesen nichts nützen. Er trägt also letztlich das Insolvenzrisiko, das ihm bei der Lösung über die Gleichstellung mit der Außenvollmacht erspart bliebe. Daher ist einzuräumen, dass die Ansicht, welche über den Vertreter gleichsam hinwegsieht und die Frage als ein Problem der Außenvollmacht behandelt, so den Vertreter auch aus der Schusslinie nimmt und ihm damit kein Insolvenzrisiko aufgebürdet wird. Das macht sie im Übrigen vorzugswürdig gegenüber derjenigen Ansicht, die in einem

---

16 *Köhler*, Allgemeiner Teil des BGB, 48. Auflage 2024, § 11 Rn. 28; *Petersen*, Die Anfechtung der ausgeübten Innenvollmacht, AcP 201 (2001), 375 ff.

derartigen Fall die Anfechtbarkeit der ausgeübten Vollmacht grundsätzlich ablehnt.

*Auch hier verhält sich der Kandidat ausnehmend geschickt. Er weicht nicht zurück
von seinem eigenen Standpunkt, sondern nimmt das vom Prüfer erzwungene Ein-
geständnis der Vorzüge derjenigen Ansicht, welche die angefochtene Innenvollmacht
der Außenvollmacht gleichstellt, zum Anlass, die Vorzüge dieser Ansicht gegenüber
derjenigen, die die Anfechtung grundsätzlich ablehnt, auszuspielen. Damit kann er
nochmals zwei Standpunkte wertend einander gegenüber stellen, ohne den eigenen
zu verlassen.*

Prüfer: Wie schwer wiegt Ihres Erachtens diese Risikoverteilung?
Kandidat: Ich halte die Tragung des Insolvenzrisikos aus Sicht des Vertreters
hier für hinnehmbar. Schließlich kennt er den Vertretenen. Der
Vorzug dieser Lösung liegt, wenn man das Problem einmal mit ver-
wandten Kategorien beschreiben will, darin, dass sie gleichsam
„übers Eck" abwickelt. Das hat den grundsätzlichen Vorzug, dass jede
Person sich mit derjenigen auseinander setzten muss, mit der sie
selbst eine Rechtsbeziehung unterhält. Demgegenüber ähnelt die
Ansicht, die eine Gleichstellung mit der Außenvollmacht favorisiert,
eher einem „Durchgriff".

*Das ist ein gewagtes, aber auch sehr anspruchsvolles Argument. Riskant ist es des-
halb, weil der Kandidat damit eine völlig neue Flanke öffnet und es dem Prüfer an-
heim stellt, in einen der schwierigsten Bereiche des Zivilrechts überzuleiten, nämlich
den Bereicherungsausgleich im Dreipersonenverhältnis, aus dem die vom Prüfling
genannten Gedanken entlehnt sind.*

Prüfer: Woher entnehmen sie diese Parallele?
Kandidat: Zuzugeben ist, dass diese Terminologie dem Bereicherungsrecht entlehnt ist. Speziell beim Bereicherungsausgleich im Dreipersonenverhältnis, bei dem die Problematik der Tragung des Insolvenzrisikos eine
besondere Rolle spielt, wird die „Abwicklung übers Eck" dem
„Durchgriff" mit den genannten Erwägungen gegenüber gestellt. Ich
möchte das hier natürlich nicht unreflektiert anwenden.

Der Kandidat tut gut daran, diese beschwichtigende Formulierung einzufügen.[17]

---

17 Näher zu dem vom Kandidaten angedeuteten Problemkreis des „Bereicherungsausgleichs im

Prüfer:	Gut, gehen wir also mit Ihrer Lösung davon aus, dass man die Vollmacht grundsätzlich anfechten kann. Würden Sie eine Anfechtung unter allen Umständen, also bei allen möglichen Anfechtungsgründen, zulassen wollen? Ich meine hier vor allem diejenigen des § 119 BGB; lassen Sie § 123 BGB ruhig beiseite.[18]
Kandidat:	Bezüglich der Anfechtungsgründe des § 119 BGB bietet es sich an, zwischen den beiden Absätzen zu differenzieren. Was zunächst die Anfechtung wegen Inhalts- oder Erklärungsirrtum betrifft, die ich grundsätzlich gleichstellen würde, weil sie die gleichen Voraussetzungen und Rechtsfolgen hat, so könnte ich mir vorstellen, dass die Anfechtung nicht wegen jedes erdenklichen Irrtums möglich wäre.
Prüfer:	Warum nicht? Wo hätten Sie Bedenken?
Kandidat:	Ich würde eine Anfechtung nur dort gutheißen, wo sich im Ausführungsgeschäft, das der Vertreter mit dem Dritten schließt, gerade derjenige Mangel abzeichnet, der auch bei der Bevollmächtigung vorgelegen hat. So könnte man insbesondere verhindern, dass das Anfechtungsrecht zum sogenannten „Reuerecht" wird. Der Sinn der Anfechtung besteht nämlich nicht darin, dass man einen Willensmangel, der sich letztlich gar nicht ausgewirkt hat, zum Anlass nimmt, ein Geschäft rückwirkend zu vernichten, das einen aus anderen Gründen reut.

Der Gesichtspunkt des Reuerechts ist durchaus brauchbar.[19] Es handelt sich dabei zwar um einen etwas plakativen, aber nichtsdestoweniger gängigen Topos, der zudem in der mündlichen Prüfung griffig, aber gleichwohl ohne die Gefahr umgangssprachlicher Vergröberung verwendet werden kann.

Aus diesem Grund scheint es vorzugswürdig, die Anfechtung nur dann zuzulassen, wenn der bei der Vollmachtserteilung mitwirkende Mangel auf das Vertretergeschäft „ungebrochen durchschlägt", wie dies eine Meinung im Schrifttum annimmt.[20]

Dreipersonenverhältnis" und den skizzierten Wertungen siehe den gleichnamigen Beitrag von *Canaris*, Festschrift für Larenz, 1973, S. 799 f.

18 Zu den diesbezüglichen Problemen *Petersen*, Die Anfechtung der ausgeübten Innenvollmacht, AcP 201 (2001), 375 ff.

19 Siehe *Lobinger*, Irrtumsanfechtung und Reurechtsausschluß, AcP 195 (1995), 274 ff.

20 So *Brox/Walker*, Allgemeiner Teil des BGB, 48. Auflage 2024, § 25 Rn. 41 f.; *Eujen/Frank*, JZ 1973, 232, 236.

Prüfer: Und wie verhält es sich ihrer Meinung nach bei der Anfechtung wegen Irrtums einer verkehrswesentlichen Eigenschaft des Vertreters?

Kandidat: Hier wäre ich skeptisch bezüglich einer Anfechtungsmöglichkeit. Zumindest wäre zu fordern, dass sich die jeweilige Eigenschaft des Vertreters im konkreten Vertretergeschäft hinreichend abbildet. Hat also der Vertretene den Vertreter gerade wegen seiner Sachkunde oder seiner Zuverlässigkeit etc. ausgewählt, so müsste sich auch eines dieser Momente konkret im Vertretergeschäft zeigen.

An dieser Stelle kommt es vor allem auf die Argumentation an.[21] Immerhin ist die Frage auch innerhalb des Schrifttums sehr umstritten und wird teilweise gar nicht als eigenständiges Problem gesehen, so dass Spezialkenntnisse hier nicht erwartet werden können. Andererseits bietet das Merkmal der verkehrswesentlichen Eigenschaft Spielraum für unterschiedliche Argumente, den man in der Prüfung nicht ungenutzt lassen sollte.

Prüfer: Lassen sie uns zum Abschluss noch über den Anfechtungsgegner sprechen. Welche Möglichkeiten können sie sich da vorstellen?

Kandidat: Die Beantwortung der Frage nach dem richtigen Anfechtungsgegner bemisst sich nach § 143 BGB. Nach dessen Absatz 1 erfolgt die Erklärung der Anfechtung gegenüber dem Anfechtungsgegner.

Auch insoweit agiert der Kandidat taktisch klug. Anstatt sogleich auf den hinter der Frage stehenden Meinungsstreit einzugehen, zieht er die einschlägige Gesetzesvorschrift zu Rate und entwickelt daraus die denkbaren Positionen. Um Zeit zu gewinnen und sich zu orientieren, zitiert er zunächst den insoweit nur wenig aussagekräftigen Absatz 1.

Prüfer: Was folgt nun aus § 143 Abs. 1 BGB?

Kandidat: Die Beantwortung der Frage hängt davon ab, welchen der beiden Folgeabsätze man für einschlägig hält. Dafür wiederum ist entscheidend, was genau angefochten wird: Nach § 143 Abs. 2 BGB ist bei einem Vertrag Anfechtungsgegner der andere Teil. Würde man also den Vertrag zum Gegenstand der Anfechtung machen, so wäre An-

---

21 Gegen eine generelle Anfechtbarkeit wegen Eigenschaftsirrtümern *Eujen/Frank*, Anfechtung der Bevollmächtigung nach Abschluß des Vertretergeschäfts?, JZ 1973, 232, 236; dafür unter den im Text genannten Voraussetzungen *Petersen*, Die Anfechtung der ausgeübten Innenvollmacht, AcP 201 (2001), 375 ff.

fechtungsgegner der Dritte, mit dem der Vertreter das Geschäft abgeschlossen hat. Zu berücksichtigen ist jedoch auch § 143 Abs. 3 BGB, wonach bei einem einseitigen Rechtsgeschäft, das einem anderen gegenüber vorzunehmen ist, der andere der Anfechtungsgegner ist. Die Vollmacht ist nun ein solches einseitiges Rechtsgeschäft, wie § 167 Abs. 1 BGB zeigt, wonach die Erteilung der Vollmacht durch Erklärung gegenüber dem zu Bevollmächtigenden erfolgen kann.

Prüfer: Und was ist nun entscheidend?

Die Frage ist nicht ohne Tücke. Der Prüfer benutzt die abschließende Gelegenheit, den Kandidaten nochmals daraufhin zu testen, ob er die einmal eingeschlagene Lösung konsequent zu Ende geht und erkennt, an welchen Stellen sie abermals zum Tragen kommt.

Kandidat: § 143 Abs. 2 BGB, wonach Anfechtungsgegner bei einem Vertrag der andere Teil ist, werden wohl diejenigen für einschlägig halten, die die Anfechtung einer betätigten Innenvollmacht der Außenvollmacht gleichstellen. Da sie den Vertreter gleichsam ausblenden und über ihn hinwegsehen, stellt sich die Lage genau so dar, als wäre nur ein Vertrag geschlossen worden. Der andere Teil im Sinne des Vertrags wäre dann der Dritte selbst. Diesem gegenüber wäre die Anfechtung zu erklären. Nach dem vorhin von mir eingeschlagenen Weg wäre demgegenüber die Anwendung des § 143 Abs. 3 BGB vorzugswürdig. Denn wenn letztlich die Vollmacht angefochten wird und diese ein einseitiges Rechtsgeschäft ist, so ist auch nur der andere, das heißt der zu Bevollmächtigende, Anfechtungsgegner. Der Vertretene müsste also nach § 143 Abs. 3 BGB gegenüber dem Vertreter die Vollmacht anfechten.

Diejenigen, welche die angefochtene Innenvollmacht der Außenvollmacht gleichstellen, wenden in der Tat konsequent § 143 Abs. 2 BGB an.[22] Demgegenüber wenden die Vertreter derjenigen Ansicht, die die Vollmachtserteilung selbst für anfechtbar halten, nur § 143 Abs. 3 BGB an.[23]

---

22 *Flume*, Allgemeiner Teil des Bürgerlichen Rechts II, 4. Auflage 1992, § 52 5 c.
23 Zum vermittelnden Standpunkt der kombinierten Anfechtung der §§ 143 Abs. 2, Abs. 3 BGB siehe *Petersen*, Die Anfechtung der ausgeübten Innenvollmacht, AcP 201 (2001), 375, 385 f.; vgl. auch *Medicus/Petersen*, Allgemeiner Teil des BGB, 12. Auflage 2024, Rn. 945; *Medicus/Petersen*, Bürgerliches Recht, 29. Auflage 2023, Rn. 96.

Anhang: Anfechtung und Widerruf des Vertrags

I. Die Fragestellung

Die folgenden Fragen können ein Prüfungsgespräch zum Allgemeinen Teil des BGB eröffnen, das dann über das Schuldrecht bis ins Familienrecht reicht und zu Grundfragen der Rechtsgeschäftslehre zurückführt: Wird nicht die einzelne Willenserklärung angefochten und entfällt nicht infolgedessen nach § 142 Abs. 1 BGB der ganze Vertrag, wenn die Willenserklärung von Anfang an („ex tunc") nichtig war? Und ist nicht die Willenserklärung zu widerrufen, wie § 355 Abs. 1 BGB unmissverständlich bestimmt, wonach der widerrufsberechtigte Verbraucher an seine „auf den Abschluss des Vertrags gerichtete Willenserklärung nicht mehr gebunden ist, wenn er sie" – also die Willenserklärung und nicht den Vertrag – „fristgerecht widerrufen hat"?

II. Das anfechtbare Rechtsgeschäft

Wird ein anfechtbares Rechtsgeschäft angefochten, so ist es nach § 142 Abs. 1 BGB als von Anfang an nichtig anzusehen. Das Augenmerk bezüglich dieser Regelung gilt zumeist der Fiktion („gilt") auf der Rechtsfolgenseite. Seltener wird näher erörtert, was genau das anfechtbare Rechtsgeschäft ist. Die wohl nach wie vor herrschende Lehre nimmt an,[24] dass nur die einzelne Willenserklärung angefochten und mit ihr der Vertrag „hinfällig" wird.[25] Jedoch gibt bereits die Diktion zu denken, ist doch die Hinfälligkeit keine Kategorie der Rechtsgeschäftslehre. Das gilt erst recht, wenn man die Willenserklärungen als „Säulen" des Vertrags versteht, der damit im Falle der durch Anfechtung rückwirkenden Nichtigkeit einer Willenserklärung gleichsam selbst zum Einsturz gebracht wird. Eine solche Metapher ist zwar einprägsam und anschaulich, aber letztlich wenig mehr als vorwissenschaftliche Bildersprache. Konsequenterweise müsste man im Sinne der herrschenden Lehre sagen, dass durch die Anfechtung der Willenserklärung der Vertrag „vernichtet" wird. Die besseren Gründe sprechen daher dafür, den Vertrag

---

Anmerkung: Zu didaktischen Zwecken stark vereinfachter und für die Bedürfnisse einer mündlichen Prüfung umgeschriebener Auszug des gleichnamigen Aufsatzes des Verfassers aus dem Liber Amicorum für Leenen, 2012, S. 219 ff.

24 *Bork*, Allgemeiner Teil des Bürgerlichen Gesetzbuchs, 4. Auflage 2016, Rn. 915.
25 Siehe nur *Brox/Walker*, Allgemeiner Teil des BGB, 48. Auflage 2024, § 18 Rn. 38.

selbst als das anfechtbare Rechtsgeschäft anzusehen.[26] Die Einfachheit und Folgerichtigkeit dieser Sichtweise offenbart sich mit Blick auf die generelle Verwendung der Begriffe des Rechtsgeschäfts und der Willenserklärung. Die strenge Unterscheidung der Begriffe des Rechtsgeschäfts, der Willenserklärung und des Vertrags besticht durch ihre Konsistenz und innere Folgerichtigkeit, mit der das gesetzliche System erschlossen und in seiner Begrifflichkeit ernst genommen wird.

III. Widerruf des Vertrags

Im Unterschied zur Anfechtung wirkt der Widerruf ex nunc.[27] Wird einem Verbraucher durch Gesetz ein Widerrufsrecht nach dieser Vorschrift eingeräumt, so sind der Verbraucher und der Unternehmernach § 355 Abs. 1 S. 1 BGB an ihre auf den Abschluss des Vertrags gerichteten Willenserklärungen nicht mehr gebunden, wenn der Verbraucher seine Willenserklärung fristgerecht widerrufen hat. Dass ungeachtet der etwas gewundenen Formulierung beim verbraucherschützenden Widerruf der Vertrag bis zum Widerruf zunächst zustande gekommen ist, bestätigt auch ein Blick auf die §§ 109 Abs. 1 S. 1, 178 S. 1 BGB. Danach ist jeweils bis zur Genehmigung des *Vertrags* der andere Teil zum Widerruf berechtigt. Auch wenn der Gesetzgeber aus Gründen der begrifflichen Ökonomie den Bezugspunkt nicht eigens wiederholt, kann man dies wohl nur so verstehen, der andere Teil sei eben zum Widerruf des Vertrags berechtigt. Es wäre erklärungsbedürftig, wenn der Gesetzgeber hier gemeint hätte, dass der andere Teil bis dahin zum Widerruf seiner Willenserklärung berechtigt ist.

1. Widerruf eines nichtigen Vertrags?

Prüfungsrelevant ist in diesem Zusammenhang ein Fall, den der Bundesgerichtshof zu entscheiden hatte.[28] Darin ging es um die Frage, ob ein nach §§ 134, 138 BGB nichtiger Vertrag unter der vorliegenden Voraussetzung eines verbraucherschützenden Widerrufsrechts noch widerrufen werden kann. Der BGH hat das im Einklang mit der von *Theodor Kipp* begründeten Lehre von den Doppelwirkungen im Recht angenommen.[29] Das verdient Zustimmung.[30] Auf den ersten Blick scheint es,

26 *Leenen*, Jura 1991, 393 mit Fn. 9.
27 Zum Widerruf im Bürgerlichen Recht überblicksartig *Petersen*, Jura 2009, 276.
28 BGH JZ 2010, 313.
29 *Kipp*, Festschrift für Martitz, 1911, S. 211; dazu *Petersen*, Jura 2007, 673.
30 *Petersen*, JZ 2010, 315; a.A. *S. Lorenz*, Gedächtnisschrift für M. Wolf, 2011, S. 77; *C. Schreiber*, AcP 211 (2011), 35.

als könne man das Ergebnis allein mit der Formulierung des § 355 Abs. 1 BGB begründen: Es geht eben, so könnte man versucht sein zu argumentieren, um seine, also des Verbrauchers, „auf den Abschluss des Vertrags *gerichtete* Willenserklärung". Dass diese aus anderen Gründen nichtig ist, spielte demnach keine Rolle. Doch wäre eine solche Sichtweise wohl vordergründige Begriffs- und Konstruktionsjurisprudenz. Denn sie ließe die gegebenenfalls zu berücksichtigende Wertung des Nichtigkeitsgrundes unter einem terminologischen Vorwand außer Betracht und wäre somit wertungsmäßig nicht hinreichend fundiert.[31] Den richtigen Weg weist demgegenüber die streng durchgehaltene Unterscheidung zwischen Zustandekommen und Wirksamkeit des Vertrags:[32] Die Widerruflichkeit betrifft ungeachtet der anders anmutenden Formulierung des § 355 BGB nicht das Zustandekommen des Vertrags und bleibt daher unberührt von der Unwirksamkeit nach §§ 134, 138 BGB.[33]

2. Das Vorbild im Familienrecht
Der historische Gesetzgeber selbst weist in einer wenig beachteten, aber dogmatisch aufschlussreichen Vorschrift einen ebenso einfachen wie folgerichtigen Weg. Im Zusammenhang mit den praktisch besonders wichtigen Verfügungsbeschränkungen innerhalb der ehelichen Lebensgemeinschaft behandelt § 1366 BGB ausweislich seiner Überschrift die „Genehmigung von Verträgen":[34] Ein Vertrag, den ein Ehegatte ohne die erforderliche Einwilligung des anderen Ehegatten schließt, ist nach § 1366 Abs. 1 BGB wirksam, wenn dieser ihn genehmigt.

a) Rückbindung an die Rechtsgeschäftslehre
Die Vorschrift ist geradezu ein Musterbeispiel dafür, wie die anderen Bücher des BGB mit dem Allgemeinen Teil in der Weise verbunden sind, dass dessen Vorschriften vor der berühmten Klammer der übrigen Bücher stehen:[35] Zum einen ist der Zusammenhang von Einwilligung (§ 183 Abs. 1 BGB) und Genehmigung (§ 184 Abs. 1 BGB) mit den betreffenden Legaldefinitionen abgestimmt. Zum anderen verwendet der Gesetzgeber mit Bedacht die Formulierung, dass *der Vertrag* unter der Voraussetzung der nachträglichen Zustimmung wirksam ist, wie dies die §§ 109 Abs. 1 S. 1, 178 S. 1 BGB im Allgemeinen Teil vorsehen. Aus gutem Grund spricht

---

31 Die Wertungen der Nichtigkeitsgründe berücksichtigt allerdings eingehend *S. Lorenz*, Gedächtnisschrift für M. Wolf, 2011, S. 77.
32 *Leenen*, AcP 188 (1988), 381.
33 *Leenen*, Festschrift für Canaris, 2007, Bd. I, S. 699, 720 f.
34 Zu ihnen ausführlich unten im 7. Prüfungsgespräch.
35 *Petersen*, Jura 2011, 759.

§ 1365 Abs. 2 BGB in einem weiteren Sinne vom Rechtsgeschäft und nicht vom Vertrag, weil sich die Regelung auf § 1365 Abs. 1 S. 1 BGB bezieht, der dementsprechend weit formuliert ist und jede Verpflichtung in dem genannten bzw. gemeinten Umfang einschließt, also nicht nur zweiseitige, sondern auch einseitig begründete rechtsgeschäftliche Verpflichtungen.[36]

b) Widerruf des Vertrags nach § 1366 Abs. 2 S. 1 BGB

Die Pointe liegt jedoch in § 1366 Abs. 2 S. 1 BGB: Bis zur Genehmigung kann der Dritte *den Vertrag widerrufen.* Wäre die Ansicht der herrschenden Lehre zu § 142 Abs. 1 BGB beifallswürdig, dann wäre zumindest erklärungsbedürftig, warum nicht auch § 1366 Abs. 2 S. 1 BGB von der auf den Vertrag gerichteten Willenserklärung ausgeht. Die unterschiedliche ex tunc-Wirkung der Anfechtung bzw. die ex nunc-Wirkung des Widerrufs kann dies nicht erklären, zumal sie, wie eingangs angemerkt die Rechtsfolgenseite betrifft. Aber auch dort sagt § 1366 Abs. 4 BGB deutlich: „Wird die Genehmigung verweigert, so ist der Vertrag unwirksam." Ebenso wie bei den §§ 109, 178 BGB kann schwerlich bezweifelt werden, dass es um die Genehmigung des Vertrags und nicht der darauf gerichteten Willenserklärung geht. Der historische Gesetzgeber wäre wohl kaum auf die Idee verfallen, § 1366 Abs. 2 BGB so auszugestalten: „Bis zur Genehmigung ist der Dritte an seine auf den Vertrag gerichtete Willenserklärung nicht gebunden, wenn er sie widerrufen hat." Es ist vom gesetzgeberischen Regelungsplan her gesehen durchaus folgerichtig, dass der Begriff der Willenserklärung mit Ausnahme der sogleich noch zu behandelnden §§ 1450 Abs. 2, 1629 Abs. 1, 1903, 1907 Abs. 1 BGB im Familienrecht keinen Platz hat. Das Gesetz spricht dort entweder von „Rechtsgeschäft" (§ 1365 Abs. 2 BGB)[37] oder – nach dem Regelungsmuster der §§ 109 Abs. 1 S. 1, 178 S. 1 BGB – von der Genehmigung des Vertrags, und folgerichtig – das heißt: ohne die Ebene oder den Bezugspunkt zu wechseln – vom Widerruf des Vertrags in § 1366 Abs. 2 S. 1 BGB. So zeigt der Verweis auf die Regelungstechnik des § 1366 BGB noch eine weitere Denkwürdigkeit. Denn damit entfaltet das in der Rechtsgeschäftlehre zugrunde gelegte begriffliche Konzept nicht nur die dem Allgemeinen Teil eigentümliche Klammerwirkung, sondern auch jene Form der Fernwirkung gesetzlicher Wertungen, die *Philipp Heck* erstmals ausgemacht hat,[38] wenngleich auf begrifflicher Ebene.

---

36 Staudinger/*Thiele* (2017), § 1365 Rn. 4 f.
37 Zu § 1365 BGB eingehend im 7. Prüfungsgespräch.
38 *Heck*, Gesetzesauslegung und Interessenjurisprudenz, 1914, S. 230 f.; dazu *Petersen*, Von der Interessenjurisprudenz zur Wertungsjurisprudenz, 2001, S. 18.

3. Willenserklärung als Begriff des Allgemeinen Teils

Dieser Vorstellung der Einheit und Folgerichtigkeit der gesetzlichen Begriffe widersetzt sich § 355 Abs. 1 BGB noch in anderer Weise, die diesmal auf das – ebenfalls von *Heck* begründete – „äußere" System bezogen ist.[39] Denn es ist auffallend, dass der Begriff der Willenserklärung im gesamten Schuldrecht nur an wenigen Stellen neueren Datums im Zusammenhang mit dem verbraucherschützenden Widerruf vom Gesetzgeber verwendet wird. Die Rede ist von den §§ 312 Abs. 3 Nr. 3, 312 f, 358 Abs. 1, Abs. 2, 485 Abs. 3, 510 Abs. 1 BGB. Ansonsten spricht das Gesetz im Zweiten Buch bevorzugt vom Vertrag bzw. – allerdings auch dies nur selten und vorwiegend in neuerer Zeit (vgl. § 311 Abs. 1 BGB) – vom Rechtsgeschäft. Auch bezüglich der einseitigen Rechtsgeschäfte in den §§ 388, 349 BGB spricht das Gesetz nur von der Erklärung, nicht aber der Willenserklärung. Daraus kann man die Folgerung ziehen, dass der Begriff der Willenserklärung entsprechend dem 2. Titel der Rechtsgeschäftslehre (§§ 116 ff. BGB) genuin dem Allgemeinen Teil zugehört.

Im Familienrecht ist zwar, wie bereits angedeutet, in den §§ 1903, 1907 Abs. 1 BGB von der Willenserklärung die Rede. Doch sind auch diese Vorschriften des Betreuungsrechts neueren Datums und illustrieren, dass der moderne Gesetzgeber das Begriffsverständnis des ursprünglichen Gesetzgebers des Bürgerlichen Gesetzbuchs weniger streng nachvollzogen hat. Nur eine scheinbare Ausnahme machen die familienrechtlichen Vorschriften der §§ 1450 Abs. 2, 1629 Abs. 1 BGB für den Fall, dass gegenüber bestimmten Personen eine Willenserklärung abzugeben ist. Denn das bezieht sich ersichtlich auf die Willenserklärung im Sinne der §§ 116 ff. BGB des Allgemeinen Teils. Entsprechendes gilt für den erbrechtlichen § 2229 Abs. 4 BGB, wonach kein Testament errichten kann, wer wegen krankhafter Störung der Geistestätigkeit oder ähnlichem nicht in der Lage ist, die Bedeutung einer von ihm abgegebenen Willenserklärung einzusehen. Nur in § 2255 BGB ist von der Aufhebung einer „schriftlichen Willenserklärung" die Rede.

IV. Zusammenfassung

Die beiden hier gestellten Fragen nach dem Bezugspunkt der Anfechtung und des Widerrufs hängen offenbar eng miteinander zusammen. Der Gesetzgeber des § 355 Abs. 1 S. 1 BGB hat sich offenbar die herrschende Ansicht zur Anfechtung der einzelnen Willenserklärung zu eigen gemacht. So könnte man den vergleichsweise

---

[39] Zu dieser Unterscheidung grundlegend *Heck*, Begriffsbildung und Interessenjurisprudenz, 1932, S. 259; *Canaris*, Systemdenken und Systembegriff in der Jurisprudenz, 2. Auflage 1983, S. 50; *Larenz*, Methodenlehre der Rechtswissenschaft, 6. Auflage 1991, S. 56 f.; *Petersen*, Festschrift für Medicus, 2009, S. 295.

neuen § 355 Abs. 1 S. 1 BGB als naheliegend für das Verständnis des § 142 Abs. 1 BGB ansehen. Jedoch enthält wohl § 1366 Abs. 2 S. 1 BGB trotz aller weiträumigen Distanz über mehrere Bücher des BGB hinweg die im Hinblick auf den Widerruf des Vertrags die systematisch sachnähere – vielleicht auch dem juristischen Laien eingängigere („Handyvertrag widerrufen")[40] – und allgemeinere Regelung. Daher spricht der Blick auf die Regelungen über den Widerruf dafür, dass der Vertrag das anfechtbare Rechtsgeschäft im Sinne des § 142 Abs. 1 BGB ist.

Während man das hier behandelte Problem in der Klausur schwerlich ansprechen kann, sondern sich aufbautechnisch für die eine – Willenserklärung als anfechtbares Rechtsgeschäft – oder andere Lösung – Vertrag als anfechtbares Rechtsgeschäft – ohne weiteres prüfungsmäßig entscheiden muss, lassen sich solche Grundlagenfragen gerade in einer anspruchsvolleren mündlichen Prüfung kontrovers diskutieren. Je größer die Kenntnis der in Betracht kommenden Vorschriften bis hinein in das Familien- und Erbrecht ist, desto besser die Bewertung. Zudem zeigt der obige Gedankengang, dass gerade gegen Ende eines Prüfungsgesprächs, wenn das aus den Anfangssemestern bekannte Wissen bereits ausgebreitet wurde, durchaus auch einmal ‚riskantere' Erwägungen zu Sondervorschriften anstellen kann, die man vielleicht beim Durchblättern des Gesetzestextes gefunden hat, während gerade jemand anders angesprochen wurde. Denn niemand verlangt im mündlichen Examen Spezialkenntnisse über Vorschriften, die ohnehin kaum jemand kennt, aber womöglich immerhin einen Fingerzeig für die Beantwortung einer umstrittenen Ausgangsfrage geben.

---

40 Anders als in der Klausur kann man in der mündlichen Prüfung gerade gegen Ende des Gesprächs wohl auch den umgangssprachlichen Gehalt mit seiner alltagstheoretischen Plausibilität zur argumentativen Absicherung gefundener Ergebnisse ins Feld führen.

2. Prüfungsgespräch (Allgemeines Schuldrecht)

Im Mittelpunkt des zweiten Gesprächs steht ein Fall, der Grundprobleme des Allgemeinen Schuldrechts enthält, obwohl es im ersten Augenblick so aussieht, als stehe nur das Besondere Schuldrecht im Mittelpunkt. In der Tat geht es im zentralen Teil schwerpunktmäßig um die Frage, ob und inwieweit die Geschäftsführung ohne Auftrag als Ausgleichsinstrument für rechtsgrundlos erbrachte Werkvertragsleistungen in Betracht kommt. Ausgangspunkt sind jedoch Formprobleme des Allgemeinen Schuldrechts bzw. des Allgemeinen Teils sowie Grundprobleme des Schuldverhältnisses im Sinne des § 280 Abs. 1 BGB. Deshalb zeigt er besonders anschaulich die Verzahnung des Allgemeinen und Besonderen Schuldrechts.

Prüferin: Beginnen wir mit einem Fall aus der Rechtsprechung des Bundesgerichtshofs:[41] B ist Eigentümer eines Grundstücks. Er beauftragte den Bauunternehmer A damit, auf diesem Grundstück ein Geschäfts- und Wohnhaus zu errichten. Dabei sollte A einen Grundstücksteil des sehr großen Grundstücks erwerben. Anstelle einer Kaufpreiszahlung war jedoch vereinbart, dass die Bauleistungen des A hierfür in Anrechnung gebracht werden sollten. Der Vertrag wurde privatschriftlich geschlossen. B missfielen jedoch die Bauleistungen des A und er kündigte den Vertrag, bevor die Bauten fertig gestellt worden waren. Insbesondere monierte er, dass das Baufundament mangelhaft sei, was auch zutraf. A verlangt von B Bezahlung seiner Leistung. Womit würden Sie beginnen?

Kandidatin: A könnte Bezahlung seiner Leistung verlangen, wenn zwischen A und B ein Werkvertrag zustande gekommen und wirksam ist. Dann hätte er einen Anspruch aus § 631 Abs. 1 BGB.

Prüferin: Lag ein solcher vor? Wonach bemisst sich das?

Kandidatin: Man könnte sich fragen, ob ein Werkvertrag oder ein Dienstvertrag vorliegt. Für die Abgrenzung kommt es darauf an, ob ein Erfolg oder lediglich eine Dienstleistung geschuldet ist. Ist ein Erfolg geschuldet, so liegt regelmäßig ein Werkvertrag vor.

Prüferin: Brauchen wir die Unterscheidung hier?

Die Kandidatin ist durch die an sich unverfängliche Nachfrage der Prüferin in einen Zwiespalt geraten. Sie hat die Frage der Prüferin nämlich von vornherein verengend

---

41 BGH NJW 1993, 3196.

dahingehend verstanden, dass die Abgrenzung von Werk- und Dienstvertrag gefragt sei. Möglicherweise wollte die Prüferin diese Situation auch provozieren. Es handelt sich hierbei nämlich um einen häufig unterlaufenden Fehler, der darin besteht, dass die Abgrenzung zwischen Dienst- und Werkvertrag zu Beginn der Prüfung häufig stereotyp von der Kandidatin vorgenommen wird, ohne zu reflektieren, ob es im konkreten Fall wirklich darauf ankommt. Indes ist dies für den hier allein entscheidenden Primäranspruch von vornherein unerheblich; gleichviel, ob ein Dienst- oder ein Werkvertrag vorliegt, hat der Vertragspartner einen vertraglichen Anspruch auf dasjenige, was ihm vertraglich versprochen wurde. Die Qualifizierung des Vertragstyps kann in derartigen Situationen dahinstehen, da entscheidend ist, dass sich die Beteiligten auf die vertragliche Leistung geeinigt haben. Anspruchsgrundlage ist also der Vertrag als solcher, ohne dass es darauf ankommt, ob ein Dienst- oder Werkvertrag geschlossen worden ist. Erst wenn die Primärleistung gestört ist und es auf Sekundäransprüche ankommt, kann sich die Frage nach dem Vertragstyp sinnvollerweise stellen. Denn danach bemisst sich, welche Pflichten im konkreten Schuldverhältnis bestehen und gegebenenfalls verletzt worden sein können.

Kandidatin: Ich würde hier von einem Werkvertrag nach § 631 BGB ausgehen, da dem Besteller der Erfolg wichtig war. Allerdings kommt es darauf letztlich nicht an, weil sich der Anspruch aus dem Vertrag ergibt und es folglich dahin stehen kann, ob dieser ein Dienst- oder Werkvertrag ist. Entscheidend ist nur, dass der Vertrag wirksam ist.

Prüferin: Haben Sie da Zweifel?

Kandidatin: Zweifel könnten sich hier im Hinblick darauf ergeben, dass der Vertrag privatschriftlich abgeschlossen, mithin nicht notariell beurkundet worden ist, wie es § 311b Abs. 1 BGB vorsieht. Man könnte sich also fragen, ob der Vertrag nicht nach § 125 S. 1 BGB nichtig ist.

Der präzisierende Nachsatz ist wichtig, weil erst hier mit der Rechtsfolge argumentiert wird. Es ist ein in Klausuren kaum auszurottender Fehler, dass zumeist nicht die Nichtigkeitsfolge, sondern häufig nur ein Merkmal des Tatbestandes im Obersatz anklingt. Ebenso wie bei der Anfechtung der § 142 Abs. 1 BGB in den Obersatz gehört, sollten Formprobleme mit der Rechtsfolgenbestimmung des § 125 BGB eingeleitet werden. Das gilt indessen nicht nur für Klausuren, sondern sollte der Bearbeiterin so in Fleisch und Blut übergehen, dass dies auch in der mündlichen Prüfung nicht falsch gemacht wird.

Prüferin: Wie kommen Sie denn hier auf § 311b Abs. 1 BGB? Wie verträgt sich dies mit Ihren Überlegungen zum Werkvertrag?

Kandidatin: Grundsätzlich ist der Abschluss eines Werkvertrags – gleiches würde für einen Dienstvertrag gelten – formfrei möglich. Insbesondere die notarielle Beurkundung nach § 311b Abs. 1 BGB ist nicht erforderlich. In unserem Fall ist jedoch zu bedenken, dass die Abrede der Parteien von einem typischen Werkvertrag abwich. Der Unternehmer A sollte nicht nur eine bestimmte Bauleistung auf dem Grundstück des B erstellen, sondern er sollte – als eine Art Werkentlohnung – selbst einen Teil des Grundstücks bekommen. Der B konnte also die ihm obliegende vertragliche Leistung nur erfüllen, indem er ein Stück seines Grundeigentums auf A übertrug. Man könnte sich also fragen, ob dieser Umstand nicht geeignet ist, das ganze Geschäft für beurkundungspflichtig zu halten.

Die Kandidatin tastet sich mit der gebotenen Vorsicht an die ihm unbekannte Frage heran. Beachtenswert ist, dass er hier vom Grundsatz-Ausnahme-Schema ausgeht. Dieses auch für die Klausurbearbeitung typische Vorgehen ist überall dort ratsam, wo man sich zunächst auf sicherem Terrain bewegt, indem man die grundsätzliche gesetzliche Regelung bzw. den von der Dogmatik anerkannten Grundsatz aufstellt. Selbst wenn man die Ausnahme kennt, verhindert man auf diese Weise, dass man sofort mit der Tür ins Haus fällt. Es ist geschickter, zunächst den Grundsatz – Formfreiheit des Werkvertrags – darzustellen und erst auf dieser Grundlage mögliche Ausnahmen zu diskutieren. Auch in der mündlichen Prüfung eignet sich dieses Vorgehen, weil damit die Möglichkeit besteht, zunächst parates Grundlagenwissen darzustellen und auf dieser Grundlage zum Unbekannten vorzustoßen.

Prüferin: Wie würden Sie denn diesen Vertrag beschreiben?

Kandidatin: Es handelt sich eher um eine besondere Vertragsgestaltung. Für diese konnten sich die Parteien im Rahmen ihrer Privatautonomie entscheiden. Auch hier zeigt sich, dass es im Rahmen des Primäranspruchs nicht unbedingt auf die sklavische Einteilung in Werk- und Dienstvertrag ankommt.

Die Kandidatin benutzt die Gelegenheit, um die anfängliche Unschärfe auszugleichen und die entscheidende Wertung, dass es nämlich für den vertraglichen Primäranspruch nicht auf die exakte Qualifizierung ankommt, noch einmal deutlich zu machen. Ergibt sich wie hier eine zwanglose Gelegenheit, so kann sich dieses Vorgehen als ratsam erweisen.

Wichtiger für unseren Zusammenhang ist, dass dieser Vertrag aus verschiedenen Elementen zusammengesetzt ist. Es ist eben nicht nur ein normaler Werkvertrag, sondern die Art der Entlohnung war von den Parteien privatautonom dahingehend ausgestaltet, dass der Sache nach auch ein Kaufvertrag über ein Grundstück vereinbart worden war.

Man beachte, dass die Kandidatin den entscheidenden Topos des zusammengesetzten Vertrags hier zwanglos eingeführt hat.[42] *Ebenso gut hätte sie von einem gemischten Vertrag sprechen können.*[43]

Prüferin: Gut, aber was folgt aus solch einem zusammengesetzten Vertrag, wie Sie ihn hier zutreffend nennen?

Kandidatin: Wir haben ja immer noch nicht die Ausgangsfrage beantwortet, ob der Vertrag, der grundsätzlich ein Werkvertrag ist, hier nicht ausnahmsweise beurkundungspflichtig ist nach § 311b Abs. 1 BGB. Wir müssen uns also zur Beantwortung dieser Frage überlegen, ob die Verknüpfung zwischen Werkvertrag und beurkundungspflichtigem Kaufvertrag dazu führt, dass hier ausnahmsweise der gesamte Vertrag beurkundet werden muss.

Prüferin: Was muss man Ihrer Meinung nach denn dafür verlangen, dass der gesamte Vertrag beurkundungspflichtig ist?

Kandidatin: Es müsste sich um so etwas wie eine rechtliche Einheit handeln, das heißt der formlos mögliche Bestandteil, hier also der Werkvertrag, müsste aufs Engste zusammenhängen mit dem Vertrag über ein Grundstück.[44]

Prüferin: Schön, wann kann man denn davon ausgehen, dass eine rechtliche Einheit, wie Sie richtig sagen, vorliegt?

Kandidatin: Ich weiß nicht, ob ich da etwas verwechsle, aber ich meine mich daran zu erinnern, dass die Rechtsprechung eine rechtliche Einheit dann annimmt, wenn die Vereinbarungen nicht für sich allein gelten, sondern miteinander stehen und fallen sollen.

---

42 Vgl. nur MüKoBGB/*Ruhwinkel*, 9. Auflage 2022, § 311b Rn. 58 ff.

43 MüKoBGB/*Emmerich*, 9. Auflage 2022, § 311 Rn. 25, 29 ff.; *Brox/Walker*, Allgemeines Schuldrecht, 48. Auflage 2024, § 4 Rn. 13. *Larenz/Canaris*, Schuldrecht II/2, 13. Auflage 1994, § 63 sprechen von „typengemischten Verträgen".

44 So sieht es auch die Rechtsprechung, vgl. BGHZ 76, 48; BGHZ 104, 18, 22.

Prüferin: Sie verwechseln durchaus nichts.[45] Aber richtig ist, dass diese Wendung auch in anderem Zusammenhang verwendet wird. Wissen Sie zufällig wo?

Kandidatin: Geläufig ist mir das Kriterium des miteinander Stehens und Fallens vom relativen Fixgeschäft her.[46]

Prüferin: Was versteht man darunter?

Kandidatin: Das relative Fixgeschäft steht im Gegensatz zum absoluten Fixgeschäft, bei dem Unmöglichkeit im Rechtssinne dann vorliegt, wenn das Interesse des Gläubigers mit dem Ablauf einer Frist ganz wegfällt. Paradebeispiel ist der nach Weihnachten gelieferte Weihnachtsbaum. Dann tritt von der Rechtsfolge her ohne weiteres Unmöglichkeit ein und es liegt kein Fall des Verzugs vor. Demgegenüber führt das nur relative Fixgeschäft lediglich zu einem Rücktrittsrecht. Soll also ein Geschäft mit der zeitgerechten Leistung stehen und fallen, so steht dem Gläubiger ein Rücktrittsrecht zu, wenn der Schuldner nicht zur festgesetzten Zeit leistet.[47]

Prüferin: Gut, was folgt daraus für unseren Fall? Würden Sie hier ohne weiteres von einer rechtlichen Einheit ausgehen?

Kandidatin: Die sehr restriktive Formulierung des miteinander Stehens und Fallens zeigt ja bereits, dass nicht jeder Zusammenhang genügt, um von einer rechtlichen Einheit auszugehen. Wie in anderen Fällen auch, sollte man die hier erforderliche rechtliche Einheit von einem bloß wirtschaftlichen Zusammenhang unterscheiden, der deshalb grundsätzlich nicht genügt. Man muss sich also fragen, ob die wechselseitige Abhängigkeit der Vereinbarungen so bedeutend ist, dass beide nur zusammen gelten sollen.[48] Legt man diesen engen Maßstab hier zugrunde, so wird man sagen können, dass eine rechtliche Einheit vorlag, weil der Kaufpreis aus dem Grundstückskauf auf den Werklohn, der als Hauptleistungspflicht geschuldet war, angerechnet werden sollte. Diese Vereinbarung verband beide Geschäfte zu einer rechtlichen Einheit. Dafür spricht weiterhin, dass die Geschäfte in einer einheitlichen Urkunde zum gleichen Zeitpunkt abschlossen wurden. Nach dem erkennbaren Willen der Parteien

---

45 Die Rechtsprechung geht in der Tat davon aus, dass die Beurkundungspflicht dann besteht, wenn die Vereinbarungen nach dem Willen der Parteien nicht für sich allein gelten, sondern miteinander stehen und fallen sollen; vgl. BGHZ 101, 393, 396; 112, 376, 378; BGH NJW 2002, 2559.
46 Vgl. RGZ 51, 347; BGHZ 110, 96.
47 Vgl. zum ganzen *Petersen*, Allgemeines Schuldrecht, 12. Auflage 2025, Rn. 138.
48 Vgl. auch BGHZ 50, 13.

sollte die Vereinbarung über die Bauleistung stehen und fallen mit
der Entgeltung der Werkdienste durch den Unternehmer A.

Prüferin: Was folgt daraus für unsere Ausgangsfrage?

*An dieser Stelle würde typischerweise eine neue Kandidatin gefragt werden, weil
man hier sehen könnte, ob diese den bisherigen Überlegungen des anderen Prüflings
gefolgt ist. Gerade an derartigen Stellen wird die neubefragte Kandidatin häufig auf
dem falschen Fuß erwischt. Sie hat sich womöglich etwas ganz anderes überlegt und
rechnet nicht damit, dass sie die abschließende Folgerung aus den Überlegungen der
zuvor Befragten ziehen muss. Für die Prüferin ist das ärgerlich, wie es für die
Kandidatin peinlich ist, wenn es hier nicht gelingt, den Abschluss der Erörterung zu
finden, weil der Fall nicht recht weiter läuft. Daran zeigt sich wieder, wie wichtig es
ist, dem Prüfungsverlauf aufmerksam zu folgen und dieser Folgsamkeit nötigenfalls
auch eigene Gedanken zu opfern, mögen diese auch noch so interessant sein. Die
Pflicht besteht auf jeden Fall darin, den Fall mitdenkend zu lösen. Wenn es darüber
hinaus gelingt, brauchbare Gesichtspunkte für die weitere Falllösung anzusprechen,
so ist dies umso besser.*

Kandidatin: Daraus folgt, dass ausnahmsweise der an sich nicht formbedürftige
Werkvertrag auch der Form des § 311b Abs. 1 BGB zu genügen hat.
Hier jedoch haben die Beteiligten ihre Vereinbarungen nur privatschriftlich abgeschlossen und diese Form nicht eingehalten. Das bedeutet, dass der Vertrag nach § 125 S. 1 BGB nichtig ist. Es besteht also
kein Erfüllungsanspruch, weil es am Erfordernis eines wirksamen
Vertrags fehlt.

*Auch in der mündlichen Prüfung ist darauf zu achten, dass die gutachtliche Prüfung
immer zu ihrem Ausgangspunkt zurückfindet und so also die Momente der nich-
tigkeitsbegründenden Vorschrift (§ 125 BGB) ebenso aufgreift wie die entscheidende
Ausgangsfrage nach dem vertraglichen Erfüllungsanspruch.*

Prüferin: Kommt sonst noch ein Anspruch in Frage?

Kandidatin: Da der Vertrag nichtig ist, könnte man an einen bereicherungsrechtlichen Anspruch aus § 812 Abs. 1 S. 1 Alt. 1 BGB denken.

Prüferin: Guter Gedanke, aber lassen Sie uns diesen Anspruch zunächst noch
einmal zurückstellen und fragen, ob nicht eine andere Anspruchsgrundlage zum Erfolg führt. An welche könnte ich möglicherweise
denken?

Kandidatin: Vertragsähnliche Ansprüche sind nicht ersichtlich; deliktsrechtliche
Anspruchsgrundlagen kommen auch nicht in Betracht.

*Auch hier haben wir es mit dem Phänomen von der allmählichen Verfertigung der
Gedanken beim Reden zu tun. Die gesuchte Anspruchsgrundlage liegt keineswegs auf
der Hand und beruht vor allem auf einer gleich noch zu besprechenden Rechtsprechung des Bundesgerichtshofs. Man wird also auch in der Prüfung nicht ohne weiteres darauf kommen, wenn man die betreffende Rechtsprechung nicht kennt. Da dies
aber in der Regel nicht verlangt wird, kann keine Prüferin daran Anstoß nehmen, dass nicht sofort der – jedenfalls nach Ansicht des Bundesgerichtshofs – entscheidende Gesichtspunkt gefunden wird. Daher kann die Kandidatin in der Prüfung
ebenso verfahren wie im schriftlichen Examen und die möglichen Anspruchsgrundlagen zunächst kurz in Erwägung ziehen.*

Prüferin: Richtig, aber vielleicht gibt es noch eine andere Möglichkeit.

Kandidatin: Man könnte an eine berechtigte Geschäftsführung ohne Auftrag
denken.

Prüferin: Genau, versuchen Sie es damit einmal!

Kandidatin: In Betracht kommt ein Anspruch auf Aufwendungsersatz gemäß
§§ 683 S. 1, 670, 677 BGB. Das setzt zunächst voraus, dass es sich um
Aufwendungen, also freiwillige Vermögensopfer handelt. Die Bauleistungen hat A freiwillig erbracht. Insofern könnte man sie dem
Begriff der Aufwendungen subsumieren. Fraglich ist jedoch, ob A
mit den Bauleistungen ein objektiv fremdes Geschäft geführt hat.
Wenn das der Fall wäre, so würde zugleich der Fremdgeschäftsführungswille vermutet.[49] Ein objektiv fremdes Geschäft liegt vor, wenn
die Geschäftsführung den Rechts- und Interessenkreis des B berührt. Schließlich war es sein Grundstück, an dem die Bauleistungen
erbracht wurden. Nun könnte man einwenden, dass es sich zugleich
um eine Berührung des eigenen Rechtskreises des A handelt, weil
dieser sich infolge des Vertragsschlusses zur Verrichtung der Bauleistungen verpflichtet glaubte. Andererseits ist der Vertrag nichtig,
so dass eine diesbezügliche Pflicht nicht besteht. Aber selbst wenn
man davon ausgeht, dass es sich zugleich um eine Berührung des
eigenen Rechtskreises des A handelt, so würde das einen Anspruch
auf Aufwendungsersatz nicht prinzipiell ausschließen. Man könnte
dann von einem „auch-fremden Geschäft" sprechen. Die Rechtsprechung lässt ein solches „auch-fremdes Geschäft" für die Anwendung
der Regeln über die berechtigte Geschäftsführung ohne Auftrag

---

49 Vgl. MüKoBGB/*Schäfer*, 9. Auflage 2023, § 677 Rn. 53; *Larenz*, Schuldrecht II/1, 13. Auflage 1986,
§ 57 I a; BGHZ 40, 28, 31; BGHZ 65, 354, 357.

ausreichen. Damit handelte A auch mit Fremdgeschäftsführungswillen. Die Bauleistungen des A entsprachen zudem grundsätzlich dem Willen des B. Zu berücksichtigen ist jedoch, dass A mit der Vornahme der Bauleistungen zwar ein freiwilliges Vermögensopfer erbrachte, aber in einem Bereich tätig wurde, der zu seinen beruflichen Pflichten gehört.

Prüferin: Aber Sie haben doch eben schon zu verstehen gegeben, dass Sie bei den Aufwendungen kein Problem sehen, oder?

Kandidatin: Ja, im Übrigen kann man hier den Rechtsgedanken des § 1877 Abs. 3 BGB heranziehen, wonach als Aufwendungen auch solche Dienste des Vormunds gelten, die zu seinem Gewerbe oder seinem Beruf gehören.[50]

Prüferin: Wie wäre es denn, wenn ein Schaden entstanden wäre?

Die Kandidatin hat hier eine leichte Unsicherheit gezeigt, so dass die Prüferin die Gelegenheit ergreift, ihn im Grundlagenbereich zu testen. Zwar hat die Kandidatin die Scharte mit dem Zitat des § 1877 Abs. 3 BGB noch ausgewetzt, doch muss man sich bei derartigen Unsicherheiten noch auf eine Rückfrage der Prüferin einstellen.

Kandidatin: Schäden sind unfreiwillige Vermögensopfer und unterfallen damit bei strenger Betrachtung nicht dem Aufwendungsbegriff. Es geht also nur um bestimmte Schäden.

Prüferin: Für welche Schäden denn?

Kandidatin: Es gilt nur für die sogenannten risikotypischen Schäden, also für solche, bei denen sich gerade ein bestimmtes Risiko der Geschäftsführung realisiert.[51]

Prüferin: Können Sie dafür ein Beispiel geben?

Kandidatin: Rettet jemand beispielsweise einem anderen das Leben und kommt dabei seine eigene Kleidung etwa zu Schaden, so handelt es sich auch hier nicht im strengen Sinne um eine Aufwendung, weil das Vermögensopfer nicht eigentlich freiwillig erbracht wurde. Doch ist der Schaden zumindest risikotypisch, etwa wenn der Betreffende ins Wasser springen musste, um einen anderen zu retten und seine Kleidung dabei beschädigt wird.

Prüferin: Gut, kehren wir zu unserem Fall zurück.

---

50 *Larenz*, Schuldrecht II/1, 13. Auflage 1986, § 57 I b

51 Zu diesem Kriterium näher *Canaris*, Risikohaftung bei schadensgeneigter Tätigkeit in fremdem Interesse, RdA 1966, 41, 44.

Die Prüferin war hier außerordentlich hartnäckig und hat einige Grundlagenprobleme erörtert. Das ergibt sich regelmäßig in Folge von Unsicherheiten der Kandidatin, der auf den Zahn gefühlt werden soll. Typisch für den Gang der mündlichen Prüfung ist auch die Bitte an die Kandidatin, ein Beispiel für einen von ihr ins Spiel gebrachten Begriff oder Topos zu bringen. Auf diese Weise kann gesehen werden, ob ein bestimmter Gesichtspunkt, wie hier etwa der der risikotypischen Begleitschäden, lediglich stur auswendig gelernt worden ist oder auch durchdrungen wurde.

Kandidatin: Wir würden demnach zu einem Anspruch aus berechtigter Geschäftsführung ohne Auftrag auf Aufwendungsersatz gelangen.

Prüferin: Was heißt „würden"?

Auf derartige Gegenfragen muss man immer gefasst sein, wenn man im Modus ungenau ist und wie hier etwa den Konjunktiv verwendet, obwohl die Prüferin den Indikativ für angebracht hielte. Vorliegend jedoch hat das Ganze über die bloße Pedanterie hinaus einen gewissen Sinn, weil die Kandidatin selbst nicht auf die Geschäftsführung ohne Auftrag gekommen ist und stattdessen den bereicherungsrechtlichen Anspruch prüfen wollte. Da ihr die Prüferin diesbezüglich signalisiert hatte, dass der Gedanke keineswegs abwegig ist, kann die Kandidatin im Folgenden durchaus selbstbewusst auftreten.

Kandidatin: „Würde" bedeutet, dass ein Anspruch aus berechtigter Geschäftsführung ohne Auftrag vorliegt, wenn man das Institut hier generell für einschlägig hält. Ich selbst hatte ja eher an Bereicherungsrecht gedacht.

Prüferin: Gut, jetzt nähern wir uns dem Problem. Wenn ich Sie richtig verstanden habe, scheint Ihnen Bereicherungsrecht also eher als einschlägig als der Anspruch aus berechtigter Geschäftsführung ohne Auftrag?

Kandidatin: Ja, obwohl andererseits zuzugeben ist, dass, wie unsere Prüfung gezeigt hat, die berechtigte Geschäftsführung ohne Auftrag auch zum Ziel führen würde. Trotzdem habe ich Bedenken, ob die Geschäftsführung ohne Auftrag hier wirklich das passende Instrument zum Ausgleich der Interessen ist.

Prüferin: Gute Idee, aber warum eigentlich?

Kandidatin: Wir haben es hier mit einem unwirksamen Vertrag zu tun. Für den Ausgleich des fehlgeschlagenen Vertrags bietet sich grundsätzlich das Instrument des Bereicherungsrechts, speziell der Leistungskondiktion, an. Deshalb ist nicht ohne weiteres einsehbar, warum ausgerechnet in dieser Konstellation die Geschäftsführung ohne Auftrag herangezogen wird. Für sie ist ja immerhin typisch, dass man sich einem fremden Willen unterordnet.[52]

Prüferin: Mit ihrer bereicherungsrechtlichen Lösung befinden sie sich durchaus in guter Gesellschaft.[53] Es wird in der Tat uneinheitlich beurteilt, ob man derartige Fälle nach Bereicherungsrecht oder Geschäftsführung ohne Auftrag lösen sollte. Geht denn vielleicht beides gleichzeitig, so dass wir uns hier gar nicht entscheiden müssten?

Das ist nun eine ausgesprochene Falle. Die vorangehende Erörterung mündete bereits in ein anspruchsvolles Rechtsgespräch. Dort kann man mit jeweiligen Argumenten gut beides vertreten. Bei der vorliegenden Frage dagegen muss die Kandidatin aufpassen, weil sie ansonsten systematisch fehlgreifen würde.

Kandidatin: Beides gleichzeitig, also in Anspruchskonkurrenz, würde nicht gehen: Bejaht man nämlich die Geschäftsführung ohne Auftrag, so wäre die berechtigte Geschäftsführung ohne Auftrag ein Rechtsgrund im Sinne des § 812 Abs. 1 S. 1 BGB. Berechtigte Geschäftsführung ohne Auftrag und Bereicherungsrecht schließen einander also insoweit aus.[54]

Prüferin: Auf jeden Fall könnten doch dem B noch Gegenansprüche zustehen, oder?

Kandidatin: Wenn er sich auf die Mangelhaftigkeit der Bauleistungen beruft, so könnte man darin möglicherweise die Erklärung einer Aufrechnung gemäß §§ 388, 389 BGB sehen. Voraussetzung dafür wäre, dass ihm ein aufrechenbarer Gegenanspruch zusteht.

Prüferin: Woraus könnte sich ein solcher ergeben?

Kandidatin: Ein wirksamer Werkvertrag hatte ja nicht bestanden. Daher kommen auch werkvertragsrechtliche Gewährleistungsansprüche, etwa aus § 634 Nr. 4 BGB, nicht in Betracht, weil die Anwendung dieser Vorschrift voraussetzt, dass ein Werkvertrag nicht nur zustande gekommen, sondern auch wirksam ist. Es bleibt daher nur bei der allgemeinen Vorschrift des § 280 Abs. 1 S. 1 BGB. Man muss sich also fragen, welche Pflicht aus dem Schuldverhältnis verletzt sein kann.

Prüferin: Was für ein Schuldverhältnis kommt denn hier überhaupt in Betracht? Vielleicht gehen Sie für die Beantwortung der Frage einfach

---

52 Das wird im Schrifttum durchaus vertreten, vgl. *Larenz*, Schuldrecht II/1, 13. Auflage 1986, § 57 I a.

53 Vgl. nur *Medicus/Petersen*, Bürgerliches Recht, 29. Auflage 2023, Rn. 412.

54 Siehe zum Ganzen instruktiv *Gold*, „GoA" bei nichtigen Werkverträgen?, JA 1994, 205, 208 ff. mit weiteren Argumenten.

einmal von der Rechtsprechung aus, der wir eben tendenziell gefolgt sind.

Kandidatin: Die Rechtsprechung hat, wenn ich mich recht entsinne, einen Aufwendungsersatzanspruch nach §§ 683 S. 1, 670, 677 BGB für möglich gehalten. Somit kommt als Schuldverhältnis im Sinne des § 280 Abs. 1 BGB, aus dem eine Pflicht verletzt sein könnte, die berechtigte Geschäftsführung ohne Auftrag in Betracht. Die Geschäftsführung ohne Auftrag ist ein gesetzliches Schuldverhältnis. Der Begriff des Schuldverhältnisses in § 280 Abs. 1 BGB erfasst sowohl vertragliche als auch gesetzliche Schuldverhältnisse.

Prüferin: Sehr schön. Noch eine andere Frage in diesem Zusammenhang: Wir haben es in unserem Fall ja mit der Geschäftsführung ohne Auftrag bei nichtigen Verträgen zu tun. Gibt es oder gab es eigentlich auch die Möglichkeit eines Anspruchs wegen Schutzpflichtverletzung von nichtigen Verträgen?

Kandidatin: Geht man rein begrifflich vor, so scheint ein Anspruch aus § 280 Abs. 1 BGB bei einem nichtigen Vertrag auszuscheiden, weil dann eben kein wirksamer Vertrag vorliegt. Jedoch verengt der Begriff des Vertrags hier die Problemsicht. Mit der Nichtigkeit des Vertrags sind lediglich die Leistungspflichten ausgesetzt. Dagegen bestehen die Schutzpflichten durchaus weiter. Sie werden begründet mit dem ersten rechtsgeschäftlichen Kontakt zwischen den Parteien.[55]

Prüferin: Wo kann man diese von Ihnen durchaus zutreffend zusammengefasste Doktrin im Schuldrecht wiederfinden?

Kandidatin: § 311 Abs. 2 Nr. 1 BGB normiert die Aufnahme von Vertragsverhandlungen als Entstehungsgrund für das Schuldverhältnis. Das entspricht dem alten Grundsatz, dass bereits der Eintritt in Vertragsverhandlungen ein besonderes Pflichtenverhältnis in Gestalt einer Sonderverbindung zwischen den Beteiligten begründet.[56]

Prüferin: Gut, kehren wir zu unserem Ausgangsfall zurück: Wie sieht es jetzt also mit dem Gegenanspruch aus?

Kandidatin: Indem der Unternehmer A hier mangelhaft leistete, hat er die aus dem Schuldverhältnis der berechtigten Geschäftsführung ohne Auftrag resultierenden Pflichten verletzt. Er hat also gegen die Pflichten im Sinne des § 677 BGB verstoßen. Dies geschah, soweit

---

55 Vgl. dazu *Canaris*, Ansprüche wegen positiver Vertragsverletzung und Schutzwirkung für Dritte bei nichtigen Verträgen, JZ 1965, 475, 479.
56 *Medicus/Petersen*, Allgemeiner Teil des BGB, 12. Auflage 2024, Rn. 444 ff.

ersichtlich, auch rechtswidrig und schuldhaft. In Höhe der Mängel, die wir nicht näher beziffern können, vermindert sich daher aufgrund der von B erklärten Aufrechnung der Werklohnanspruch des A.[57]

---

57 Eine gedrängte Lösung des Falles findet sich bei *Petersen*, Allgemeines Schuldrecht, 12. Auflage 2025, Rn. 58 ff.

3. Prüfungsgespräch (Deliktsrecht)

Im Mittelpunkt des vorliegenden Gesprächs steht das Deliktsrecht und innerhalb dessen vor allem die Gefährdungshaftung. Diese bietet sich in besonderer Weise für die mündliche Prüfung an, weil sie tiefgreifende systematische Fragen aufwirft, deren Beherrschung der Examenskandidatin zumindest in den Grundlinien angesonnen werden kann. Zudem erfordern die in diesem Zusammenhang meistdiskutierten Fälle nur wenige Sachverhaltsangaben, was sie gleichfalls für die mündliche Prüfung geeignet macht. Gerade das Zusammenwirken von dogmatisch anspruchsvollen Fragen einerseits und der Notwendigkeit einer soliden juristischen Allgemeinbildung andererseits prädestiniert diesen Problemkreis für die mündliche Prüfung.

Prüfer: Beginnen wir mit einem etwas kuriosen Fall, den der Bundesgerichtshof zu entscheiden hatte:[58] Auf einer Bundesstraße hatte jemand einen Unfall verursacht. Beim Unfall kam es zu einem extrem lauten Knall. Durch diesen unfallbedingten Knall kam es im Stall eines benachbarten Landwirts zu einer regelrechten Panik in dessen Schweinestall. Der Landwirt hatte nämlich die Schweine in einer für die moderne Massentierhaltung typischen Weise auf engstem Raum zusammengepfercht. Durch das laute Geräusch des Unfalls verfielen die Tiere in Panik mit der Folge, dass sie einander tot bissen. Der Landwirt verlangt jetzt von dem Unfallverursacher Schadensersatz. An welche Anspruchsgrundlage würden Sie denken?

Kandidatin: Da der Schadensfall letztlich auf den Straßenverkehrsunfall zurückging, würde ich zunächst an § 7 Abs. 1 StVG denken.

Prüfer: Warum nicht an das Deliktsrecht des BGB? Das käme doch auch in Betracht.

Eine typische Intervention des Prüfers. Was die Kandidatin gesagt hat, war richtig und pragmatisch. Der Prüfer versucht nicht etwa, sie auf eine falsche Fährte zu locken, sondern möchte wissen, ob sich hinter der spontan richtigen Antwort der Kandidatin systematische Kenntnis verbirgt. Es empfiehlt sich, in einer derartigen Situation nicht sogleich auf die vermeintliche Linie des Prüfers einzuschwenken, sondern den eigenen Gedanken nüchtern zu erklären und der Erwägung des Prüfers gegenüber zu stellen.

---

58 BGHZ 115, 84.

Kandidatin: Ein Anspruch aus § 823 BGB käme prinzipiell auch in Betracht und würde dann gegebenenfalls in Anspruchskonkurrenz zu einem Anspruch aus § 7 StVG stehen. Ich würde es dennoch vorziehen, § 7 StVG zuerst zu prüfen, weil es sich dabei um eine Gefährdungshaftung handelt, die kein Verschulden voraussetzt. So wie der Fall liegt, ist es ohnehin schwierig, etwas über das Verschulden auszusagen. Dieses Erfordernis ist bei § 7 StVG gerade nicht gegeben, so dass es leichter ist, diese Vorschrift zu prüfen.

Die Kandidatin hat die Klippe elegant umschifft und kann im Folgenden weiter prüfen.

Prüfer: Gut, dann prüfen Sie § 7 StVG.

Kandidatin: Der Schadensfall müsste beim Betrieb des Kraftfahrzeugs entstanden sein. Davon ist beim vorliegenden Fall auszugehen.

Prüfer: Richtig. Erlauben Sie mir, an dieser Stelle einen leicht abgewandelten Fall zu bringen, den das Oberlandesgericht Hamm einmal zu entscheiden hatte.[59] Dort waren ausgesprochen geräuschempfindliche Hühner auf einem Bauernhof gehalten worden. Auf dem Platz vor dem Stall fuhr jemand mit dem Auto weg. Durch die Anfahrtsgeräusche kamen die hochgradig lärmempfindlichen Hühner zu Tode. Auch dort verlangt der Bauer vom Autofahrer Ersatz. Wie würden Sie es dort beurteilen im Hinblick auf das von Ihnen gerade geprüfte Merkmal?

Derartige Inversionen sind für die Kandidatin erfahrungsgemäß unangenehm, kommen aber in der Prüfung nicht selten vor. Dies verlangt von der Kandidatin ein schnelles Reagieren auf die neugestellte Fallkonstellation. Als Richtschnur kann dabei dienen, dass der zuletzt angesprochene, im ersten Fall unproblematische, Gesichtspunkt hier nun Bedeutung erlangen würde.

Kandidatin: Hier wird es mit dem Merkmal „beim Betrieb" schon schwieriger. Wenn ich recht sehe, besteht der Unterschied darin, dass wir uns hier nicht auf einer öffentlichen Straße, sondern auf dem Hof des Bauern befinden. Außerdem fährt das Auto hier noch nicht, sondern es sind gerade die Anfahrtsgeräusche.

---

59 OLG Hamm DAR 1997, 275.

Geschickterweise versucht die Kandidatin zunächst die Eigentümlichkeiten des neuen Falls zusammenzufassen. Dadurch wird zum einen der Fall noch einmal geklärt und zum anderen die Besonderheit herausgestellt.

Prüfer: Was würden Sie daraus in rechtlicher Hinsicht folgern?

Kandidatin: Hier könnte es auf einen alten Streit zum Merkmal „beim Betrieb" im Sinne des § 7 StVG ankommen. Es stehen sich nämlich zwei Auffassungen gegenüber, die maschinentechnische und die verkehrstechnische. Die verkehrstechnische Auffassung geht davon aus, dass das Merkmal „beim Betrieb" dann erfüllt ist, wenn sich das Kraftfahrzeug im Straßenverkehr befindet.[60] Danach würde etwa auch bei einem in zweiter Reihe parkenden Kfz das Merkmal beim Betrieb erfüllt sein. Demgegenüber genügt es für die maschinentechnische Auffassung, dass das Auto selbst, also etwa der Motor, läuft.[61]

Prüfer: Was wäre aus diesem Streit für unseren zweiten Fall zu folgern?

Kandidatin: Man könnte daraus folgern, dass hier nur bei Zugrundelegung der maschinentechnischen Auffassung das Merkmal beim Betrieb im Sinne des § 7 StVG erfüllt ist, weil die Anfahrtsgeräusche gerade mit dem Betrieb des Autos in maschinentechnischer Sicht zusammenhängen. Dagegen würde die verkehrstechnische Auffassung vorliegend wohl zu dem Ergebnis führen, dass das Merkmal beim Betrieb nicht erfüllt ist, weil sich das Auto noch nicht im Straßenverkehr befand. Die Eigentümlichkeit des Falles besteht folglich darin, dass die an sich weitergehende verkehrstechnische Auffassung in unserem Fall gerade weniger weit reicht.

Prüfer: Sehr schön. Wir wollen das aber nicht weiter vertiefen, zumal es auch das Oberlandesgericht gar nicht gesehen hat.

Wie so häufig, dienen derartige Inversionen also eher dazu, ein bestimmtes Merkmal zu vertiefen, das im Ausgangsfall unproblematisch ist. Gleichwohl empfiehlt es sich, diesen Parallelfall noch ein wenig im Blick zu halten, weil möglicherweise an späterer Stelle noch einmal darauf zurück zu kommen sein wird.

Prüfer: Was gehört sonst noch zur Haftungsbegründung?

---

60 Vgl. *Larenz/Canaris*, Schuldrecht II/2, 13. Auflage 1994, § 84 III 1 c; *Wagner*, Deliktsrecht, 14. Auflage 2021, 8. Kapitel Rn. 50 f.; ebenso BGHZ 29, 163, 166 ff.
61 BGH NJW 1975, 1886, OVG Münster NZV 1995, 88; *Tschernitschek*, Zur Auslegung des Begriffs „Betrieb eines Kraftfahrzeugs" (§ 7 Abs. 1 StVG), VersR 1978, 1001.

Kandidatin: Da hier die Kausalität unproblematisch vorliegt und das Verschulden nicht erforderlich ist, könnte man sich möglicherweise noch fragen, ob der konkrete Schadensverlauf für den Schädiger vorhersehbar war.

Prüfer: Was meinen Sie damit genau? Wie würden Sie dies in rechtlicher Hinsicht klassifizieren?

Kandidatin: Man könnte hier an die sogenannte „Adäquanztheorie" denken. Danach sollen solche Schadensverläufe ausgeschlossen werden, die schlechthin außerhalb jeglicher Lebenserfahrung liegen, weil sie für den objektiven Betrachter unvorhersehbar sind.[62]

Prüfer: Was würde sich Ihrer Meinung nach unter dem Gesichtspunkt der Adäquanztheorie ergeben?

Kandidatin: Nun, der Schadensverlauf ist schon ein bisschen abenteuerlich. Andererseits ist es nicht schlechterdings ausgeschlossen, dass es auch zu untypischen Schäden kommt. Mag also der Kausalverlauf nicht eben nahe liegen, so kann doch nicht gesagt werden, dass es gänzlich unvorstellbar ist, wie ja auch unser Fall zeigt.

Gerade der letztgenannte Gesichtspunkt verdient besondere Erwähnung. Denn der Gedanke, dass der konkrete Schadensverlauf eben zeigt, dass dies nicht unvorhersehbar war, ist nicht ganz von der Hand zu weisen. Der Prüfer will offensichtlich auf etwas Grundsätzlicheres hinaus. Dennoch verhält sich die Kandidatin richtig, indem sie die von ihr ins Spiel gebrachte Theorie zunächst einmal klar darstellt und auf den Fall anwendet. Auch hier zeigt sich, dass nichts peinlicher ist, als wenn ein von der Kandidatin ins Spiel gebrachter Gesichtspunkt, vor allem wenn er als Theorie bezeichnet wird, dann nicht von ihr selbst mit Leben erfüllt oder erklärt werden kann.

Prüfer: Wie würden Sie denn die Adäquanz in unserem anderen Fall mit den Hühnern beurteilen?

Hier zeigt sich, dass derartige Alternativfälle deshalb so unangenehm sind, weil sie ein ständiges Hin- und Herwenden des Blickes erfordern. Andererseits ist die Kandidatin auf der richtigen Fährte, so dass sie jetzt zeigen kann, ob die von ihr ins Spiel gebrachte Theorie wirklich leistungsfähig ist.

---

62 RGZ 133, 126, 127; BGHZ 137, 11, 19; BGH NJW 2002, 2232, 2233; AG Regensburg NJW 2000, 1047; *Looschelders*, Schuldrecht Allgemeiner Teil, 22. Auflage 2024, § 45 Rn. 13 ff.

3. Prüfungsgespräch (Deliktsrecht) ━━ **57**

Kandidatin: Dieser Fall war nun noch abenteuerlicher. Denn das geräuschempfindliche Hühner durch bloße Anfahrtsgeräusche in den Stallungen den Tod finden würden, kann man wohl schwerlich vorhersehen. In diesem Fall wäre ich eher geneigt, nach dem Maßstab der Adäquanztheorie die Unvorhersehbarkeit zu bejahen und damit die Haftungsbegründung zu verneinen.

Prüfer: Also würde dann doch letztlich alles an der Adäquanztheorie hängen?

Hier gibt der Prüfer zu erkennen, dass wohl doch noch ein anderer rechtlicher Gesichtspunkt eine Rolle spielen muss und die von der Kandidatin ins Spiel gebrachte Adäquanz nicht entscheidend sein kann. Bisher hat sich die Kandidatin mustergültig verhalten. Es kommt jetzt im Folgenden darauf an, dass sie erkennt, dass es keinen Zweck hat, nur auf der Adäquanzbeurteilung zu beharren. Dann wäre der Fall hier möglicherweise schon zu Ende und es würde nur von Eigenheiten des Lebenssachverhalts abhängen, ob die Haftung begründet ist oder nicht.[63]

Kandidatin: Ich hatte jetzt bei der Gefährdungshaftung des § 7 StVG die Adäquanztheorie zugrundegelegt. Vielleicht müsste man sich aber viel grundsätzlicher fragen, ob die Adäquanztheorie, die an sich vom eben angesprochenen deliktischen Anspruch her bekannt ist, bei der Gefährdungshaftung überhaupt anwendbar ist.

Prüfer: Sehr gut, wie sieht es denn damit aus?

Kandidatin: Einerseits könnte man bei der Haftungsbegründung von einem grundsätzlichen Gleichlauf zwischen Gefährdungshaftung und „normaler deliktischer Haftung", also Verschuldenshaftung, ausgehen. Die Gefährdungshaftung hätte dann nur die Ausnahme, dass dort kein Verschulden erforderlich ist und sonst alles beim Alten bleibt.

Offenbar kennt die Kandidatin das Problem nicht, tastet sich aber geschickt heran. In einem solchen Fall ist es zweckmäßig, zunächst Gemeinsamkeiten und Unterschiede auf eher abstrakter Ebene zu erörtern. Es kann allerdings nicht verwundern, dass der Prüfer dies zum Anlass nimmt, das Verhältnis von Verschuldens- und Gefährdungshaftung einmal grundsätzlicher zu beleuchten.

---

[63] Vgl. hierzu im Einzelnen *Petersen*, Von der Interessenjurisprudenz zur Wertungsjurisprudenz, 2001, S. 51 ff.

Prüfer: Wie bezeichnet man eigentlich überhaupt dieses Nebeneinander von Gefährdungshaftung und Verschuldenshaftung?

Kandidatin: Man spricht hier von der Zweispurigkeit im deutschen Deliktsrecht,[64] geht also davon aus, dass es zwei grundsätzliche Spuren gibt: die Verschuldenshaftung und die Gefährdungshaftung.

Prüfer: Wenn ich Sie aber richtig verstehe, ist bis auf das Erfordernis des Verschuldens alles gleich zu behandeln?

Der Prüfer lenkt hier die Kandidatin, er will offenbar nicht hören, dass alles gleich zu behandeln ist. Diese Hypothese kann also die Kandidatin jetzt schon tendenziell ausschließen.

Kandidatin: Nun, ich würde vorsichtig sein, alles zu übertragen.

Hier haben wir es mit einem typischen Anwendungsfall von der allmählichen Verfertigung der Gedanken beim Reden zu tun. Die Kandidatin ist an dieser Stelle eher ratlos, muss aber ein wenig Zeit gewinnen und die Linie des Prüfers erahnen. Irgendwie soll sie zu dem Ergebnis finden, dass nicht alles von der Adäquanztheorie, die sie selbst ins Spiel gebracht hat, abhängen kann.

Prüfer: Wenn also die Verschuldenshaftung ein Erfordernis wie die Adäquanztheorie haben soll, womit könnte das denn bei der Gefährdungshaftung ausgeglichen werden?

Kandidatin: Man müsste sich vielleicht fragen, was die Gefährdungshaftung eigentlich ausmacht.

Prüfer: Was macht sie denn aus?

Kandidatin: Zunächst ist bei der Gefährdungshaftung vom Grundsatz des Numerus clausus auszugehen. Das heißt, die Gefährdungshaftung gilt nur dort, wo sie enumerativ aufgezählt ist.[65] Daher ist etwa eine Analogie zu Gefährdungshaftungstatbeständen nur unter sehr engen Voraussetzungen möglich.[66] Allen Tatbeständen der Gefährdungshaftung eigentümlich ist, dass der Gesetzgeber ein bestimmtes Handeln oder einen bestimmten Zustand für so gefährlich gehalten hat, dass dort die Verschuldenshaftung nicht mehr ausreichte, sondern dass allein

---

64 Vgl. den gleichlautenden Aufsatz von *Esser,* JZ 1953, 129 ff.

65 BGHZ 55, 229, 234.

66 *Larenz/Canaris,* Schuldrecht II/2, 13. Auflage 1994, § 84 I 1 b; *Canaris,* Die Feststellung von Lücken im Gesetz, 1964, S. 184 ff.

durch das Betreiben einer derartigen Gefahrenquelle die Haftung ausgelöst wird, wenn es zu einem Schaden kommt.

Es ist nicht ungeschickt, in einer solchen Situation zunächst einmal das Terrain zu sichern und nur solche Gesichtspunkte anzusprechen, bei denen man sich relativ sicher ist. Damit gewinnt man wertvolle Zeit und kann deutlich machen, dass einem das jeweilige Institut im Grundsatz bekannt ist. Man darf dies allerdings nicht zum Anlass nehmen, die Ausgangsfrage gänzlich zu ignorieren.

Prüfer: Schön, aber was ist nun das Besondere an den jeweiligen Gefährdungshaftungstatbeständen. Gibt es da so etwas wie einen einheitlichen gemeinsamen Nenner?

Kandidatin: Es kommt jeweils darauf an, dass sich eine tatbestandsspezifische Gefahr realisiert.

Prüfer: Was ist damit gemeint?

Kandidatin: Gemeint ist damit, dass gerade eine solche Gefahr entsteht, die dem jeweiligen Gefährdungshaftungstatbestand eigentümlich ist.[67] So wird etwa, um ein bekanntes Lehrbeispiel zu nennen, die Gefährdungshaftung des Tierhalters gemäß § 833 S. 1 BGB dann nicht ausgelöst, wenn das jeweilige Tier, also beispielsweise eine Katze als Wurfgeschoss, verwendet wird.[68]

Prüfer: Na schön. Aber ganz so drastisch war es hier ja auch nicht.

Kandidatin: Nein, hier würde sich die Frage stellen, ob auch ein solcher unfallbedingter Knall eine dem Tatbestand des § 7 StVG eigentümliche Gefahr darstellt.

Nachdem der Prüfer dezent den vorliegenden Fall wieder ins Spiel gebracht hat, was nicht selten dann geschieht, wenn die Kandidatin auf eigene Faust Lehrbuchbeispiele zitiert, tut die Kandidatin selbst gut daran, unmittelbar wieder zum Fall zurückzukehren und die Subsumtion vorzubereiten.

Prüfer: Also würden Sie annehmen, dass sich hier die tatbestandsspezifische Gefahr realisiert hat?

Kandidatin: Ja, durchaus. Es mag zwar nicht der typische Fall sein, den der Gesetzgeber im Blick hatte, als er die Gefährdungshaftung des § 7 StVG

---

67 *Larenz/Canaris*, Schuldrecht II/2, 13. Auflage 1994, § 84 I 1 g.
68 Vgl. dazu *Schlechtriem*, Schuldrecht Besonderer Teil, 6. Auflage 2003, Rn. 940; *Medicus/Lorenz*, Schuldrecht II. Besonderer Teil, 18. Auflage 2018, § 81 Rn. 5.

geschaffen hat. Immerhin sind es jedoch Gefahren des Straßenverkehrs, die nicht nur aus dem bloßen Miteinander im Straßenverkehr und der damit verbundenen Unfallgefahr resultieren. Vielmehr spricht nichts dagegen, auch solche Begleitumstände des Unfalls, wie insbesondere den dabei entstehenden Knall, noch der tatbestandsspezifischen Gefahr zuzuordnen.

Es ist richtig, dass die Kandidatin hier bei ihrer Meinung bleibt und sich um eine noch exaktere Subsumtion bemüht, wie sie auch im Ausgangsfall durch den Bundesgerichtshof vorgenommen wurde.

Prüfer: Also können wir feststellen, dass sich eine tatbestandsspezifische Gefahr verwirklicht hat. Aber damit haben wir immer noch nichts Abschließendes zu unserer Adäquanztheorie gesagt. Oder sehen sie da irgendeinen Zusammenhang zwischen beiden?

Auch das ist eine ganz typische Situation in der mündlichen Prüfung. Die Subsumtion geht schulmäßig voran. Gleichwohl kommt der Prüfer immer wieder auf Gesichtspunkte zu sprechen, die die Kandidatin selbst angesprochen hat. Der Kandidatin muss nun klar sein, dass die Adäquanztheorie in irgendeinem Zusammenhang zur tatbestandsspezifischen Gefahr steht. Gerade hier zeigt sich, dass das jederzeitige Mitdenken in der mündlichen Prüfung unverzichtbar ist. Meist kommt es vor allem darauf an, hier die richtigen Schlüsse zu ziehen. In unserem „eindimensionalen" Prüfungsgespräch sieht dies einfacher aus, als es in der Wirklichkeit mit mehreren Prüfungskandidaten ist. Dann kann an einer derartigen Stelle schon die nächste Prüfungsteilnehmerin gefragt werden. Gerade jetzt ist es besonders wichtig, dass sie sich jederzeit auf der Höhe der Diskussion befindet. Nichts ist peinlicher, als wenn die nunmehr neu gefragte Prüfungsteilnehmerin zu erkennen gibt, dass sie dem bisherigen Gesprächsverlauf weitgehend nicht gefolgt ist, weil ihr irgendein Gesichtspunkt noch durch den Kopf geht, den sie unbedingt in die Diskussion einbringen möchte. Das wird dann auch erfahrungsgemäß nicht honoriert. Entscheidend ist vielmehr, dass die neu ins Gespräch gebrachte Prüfungsteilnehmerin unmittelbar in die Prüfungen „einsteigen" kann.

Kandidatin: Es muss also einen gewissen Funktionszusammenhang zwischen der Adäquanztheorie und der tatbestandsspezifischen Gefahr geben. Wenn wir davon ausgehen, dass die Adäquanztheorie doch nicht ausschlaggebend bei der Gefährdungshaftung ist, so könnte die Frage lauten, warum es auf sie dort nicht ankommt. Diese Frage könnte man dahingehend beantworten, dass bei der Gefährdungshaftung eben die Verwirklichung der tatbestandsspezifischen Gefahr das entscheidende Kriterium ist. Wenn sich also die tatbestandsspezifische Gefahr im konkreten Fall verwirklicht, so braucht es nicht mehr darauf anzukommen, ob der Schadensverlauf konkret vorhersehbar war oder nicht.

Prüfer: Genau so sieht es auch die Rechtsprechung.[69]

Kandidatin: Dann wäre der Anspruch aus § 7 StVG also insgesamt entstanden.

Prüfer: Richtig, ist er aber möglicherweise erloschen oder gemindert oder steht sonst etwas entgegen?

Kandidatin: Man könnte insoweit an die allgemeine Vorschrift des § 254 BGB denken. Wenn ich den Sachverhalt richtig im Kopf habe, so waren die Tiere in der für die moderne Massentierhaltung typischen Weise zusammengepfercht.

Dies ist geschickt von der Kandidatin. Sie greift das einzige noch nicht besprochene Detail des Lebenssachverhalts heraus und kann so austesten, ob der Prüfer diesen Umstand an dieser Stelle für entscheidungserheblich hält.

Prüfer: Schon, aber können Sie den § 254 BGB hier so einfach anwenden?

Auch das ist bezeichnend. Der Prüfer gibt zu verstehen, dass ein gewisser Gesichtspunkt zutreffend ist, signalisiert der Kandidatin jedoch, dass sie etwas vorschnell die Anwendbarkeit einer Vorschrift behandelt hat.

Kandidatin: § 254 BGB regelt das Mitverschulden. Wir haben es hier jedoch mit § 7 StVG, einem Tatbestand der Gefährdungshaftung, zu tun, der gerade kein Verschulden kennt. Die Frage ist also, ob § 254 BGB auch auf die Gefährdungshaftung anwendbar ist.

Prüfer: Und ist er das?

Kandidatin: Beurteilt man die Frage rein nach dem Wortlaut, so müsste man dies ablehnen. Auch unter systematischen Gesichtspunkten gibt es gewisse Schwierigkeiten, denn die Tatsache, dass das Verschulden gerade nicht zum gesetzlichen Tatbestand der Gefährdungshaftung gehört, ist so grundsätzlich, dass man darüber nicht ohne weiteres im Wege der Analogie hinweggehen sollte. Der Wortlaut und die Systematik sprechen also eher dagegen.

---

69 BGHZ 79, 259; 262 f.; BGH NJW 1982, 1046; vgl. auch *Larenz/Canaris*, Schuldrecht II/2, 13. Auflage 1994, § 84 I 1 g; *Petersen*, Von der Interessenjurisprudenz zur Wertungsjurisprudenz, 2001, S. 54.

Die Kandidatin merkt, dass sie wieder an ein grundsätzliches Problem gerät. Es ist jedoch auch hier vorzugswürdig und ratsam im Sinne der im ersten Teil dargestellten Vorüberlegungen, an einer solchen Stelle zunächst den Wortlaut und die äußere Systematik des Gesetzes zu Rate zu ziehen. Damit wird nicht nur wertvolle Zeit gewonnen, sondern auch unleugbar Richtiges gesagt.

Prüfer: Nun sind aber Wortlaut und Systematik ja nicht die einzigen Kriterien, nach denen die Frage zu beurteilen ist.

Kandidatin: Entscheidendes Gewicht wird man der objektiv-teleologischen Interpretation beimessen müssen.[70] Es geht also um die Frage, ob unter objektiv-teleologischen Gesichtspunkten, also wenn man den Willen des Gesetzgebers berücksichtigt, § 254 BGB auch auf die Gefährdungshaftung anwendbar ist. Dabei muss man berücksichtigen, dass der Gedanke des Mitverschuldens einen elementaren Gerechtigkeitsgehalt aufweist. Er steht und fällt also nicht mit dem Mit*verschulden*, sondern man kann ihn weiter fassen als jede mitwirkende Veranlassung des Geschädigten, die seinen Anspruch auszuschließen geeignet ist.

Prüfer: Das entspricht wohl auch der ganz herrschenden Meinung.[71]

Kandidatin: Zu berücksichtigen ist im Übrigen, dass dieser Gedanke zudem im Straßenverkehrsgesetz seinen Niederschlag gefunden hat, nämlich in § 9 StVG.

Prüfer: Eben. Würden Sie nun also hier die Tatsache, dass die Tiere im Wege der modernen Massentierhaltung gehalten worden sind, als Mitverschulden oder Mitveranlassung, wie Sie richtig sagen, ansehen?

Kandidatin: Ich würde es für problematisch halten, wenn man jedes mitwirkende Verhalten des Geschädigten auch als anspruchsmindernd entsprechend § 254 BGB ansehen würde.

Prüfer: Aber wo wäre dann letztlich die Grenze? Gibt es da vielleicht ein Kriterium?

Auch hier will der Prüfer offensichtlich auf etwas Bestimmtes hinaus, das sich in Rechtsprechung und Lehre etabliert hat. Ebenso wenig wie oben handelt es sich wohl um paraten Examensstoff, den jede Teilnehmerin jederzeit bereithalten muss. Daher ist es auch hier unverzichtbar, dem Gedankengang des Prüfers zu folgen.

---

70 Zur Rangfolge der unterschiedlichen Auslegungskriterien *Canaris*, Das Rangverhältnis der „klassischen" Auslegungskriterien, demonstriert an Standardproblemen aus dem Zivilrecht, Festschrift für Medicus, 1999, S. 25 ff.

71 Vergleiche nur *Larenz*, Methodenlehre der Rechtswissenschaft, 6. Auflage 1991, S. 337.

Kandidatin: Man könnte vielleicht danach gehen, was er konkret getan hat. Hier könnte in Betracht kommen, dass er selbst gegen seine Interessen und Rechtsgüter verstoßen hat, indem er die Tiere auf diese Weise hielt.

Prüfer: Woran denken sie bei der Haltung von Tieren überhaupt?

Kandidatin: Nun im umgekehrten Fall, also wenn es der Schädiger ist, der ein Tier hält, würde ich an die Gefährdungshaftung des § 833 S. 1 BGB denken.

Prüfer: Richtig. Würde die hier eingreifen, wenn wir einmal annehmen, der Landwirt selbst hätte einen Schaden durch seine Schweine verursacht?

Kandidatin: Hier ist zwischen den beiden Sätzen des § 833 BGB zu unterscheiden. Nur der Satz 1 statuiert eine Gefährdungshaftung, während Satz 2 eine Haftung für vermutetes Verschulden enthält. Im Unterschied zu Satz 1 geht es bei Satz 2 nicht um Luxustiere, sondern um solche, die für den Gewerbebetrieb des Halters entscheidend sind.[72]

Prüfer: Wie wäre das für die Schweine zu beurteilen?

Kandidatin: In unserem Fall läge nur eine Haftung für gewerblich genutzte Tiere vor, also eine Haftung für vermutetes Verschulden und keine Gefährdungshaftung nach § 833 S. 1 BGB. Legt man dies zugrunde, so kann man im Ausgangsfall davon ausgehen, dass eine Anspruchsminderung nach § 254 BGB nur dann in Betracht kommt, wenn im umgekehrten Fall eine Tierhalterhaftung, also eine Gefährdungshaftung, bestehen würde. Denn nur wenn das, was der Anspruchsteller seinerseits unternimmt, zu einer Tierhalterhaftung führen könnte, rechtfertigt es sich, sein Verhalten als Mitverschulden im Sinne des § 254 BGB zu erachten.[73]

Prüfer: Warum ist das denn so?

Kandidatin: Anderenfalls bestünde die Gefahr, dass die zurechenbare Mitveranlassung zu einem konturenlosen Billigkeitsargument würde, um unliebsame Ergebnisse der Gefährdungshaftung fallweise zu korrigieren. Zugleich ist gewährleistet, dass die Mitveranlassung eine gewisse Qualität haben muss, so dass nicht praktisch jede beliebige neutrale oder auch risikoerhöhende Handlung des Geschädigten zum Anspruchsverlust führen kann. Ein derartiges Verschulden gegen sich selbst, wie es § 254 BGB meint, kann aber nicht in der bloßen Haltung

---

72 Zum Begriff der Erwerbstätigkeit BGH NJW-RR 2017, 725.
73 *Roth*, Das „selbst gesetzte Risiko" als Argument im Schadensrecht, JuS 1993, 716, 718.

der nicht der Gefährdungshaftung unterliegenden Tiere gesehen werden.

Prüfer: Gut, aber müssen wir nicht noch eine Besonderheit des Sachverhalts beachten? Ich meine, die Tiere wurden ja nicht irgendwie gehalten, sondern in der für die moderne Massentierhaltung typischen Weise auf engstem Raum zusammen gepfercht.

Kandidatin: Man könnte sich fragen, ob der Tierhalter auf diese Weise nicht seine eigenen Interessen selbst aufs Spiel gesetzt hat. Immerhin hat er seine Rechtsgüter damit ja besonders schadensanfällig gemacht.

Prüfer: Ein guter Gesichtspunkt. Der Bundesgerichtshof hat in der zugrundeliegenden Entscheidung vertreten, dass der Geschädigte selbst einen eigenen Gefahrenkreis geschaffen habe.[74] Was halten sie von dieser Rechtsprechung?

Kandidatin: Auf der einen Seite wird damit ein Korrektiv für die Gefährdungshaftung geschaffen, andererseits aber erscheint sie nicht unbedenklich, wenn man bedenkt, was wir soeben zu § 254 BGB festgestellt haben.[75]

Prüfer: Fahren wir fort mit folgendem Fall:[76] Ein Grundstückseigentümer betreibt nebenher eine Bienenzucht. Die Bienen seines Bienenstocks fliegen auf das Nachbargrundstück, auf welchem sein Nachbar eine Gärtnerei betreibt. Die Bienen des Imkers bestäuben die Blumen des Gärtners, die damit für den Verkauf unbrauchbar werden. Der Gärtner verlangt vom Imker Schadensersatz. Welche Anspruchsgrundlage könnte hier einschlägig sein?

Kandidatin: Nun, zwischen den Beteiligten besteht kein Vertrag. Sie waren allerdings Nachbarn.

An dieser Stelle zeigt sich erneut, was mit dem Rekurs im ersten Teil („Über die allmähliche Verfertigung der Gedanken beim Reden") gemeint ist: Es ist außerordentlich schwer, hier eine taugliche Anspruchsgrundlage zu finden. Daher wird es kein Prüfer der Kandidatin übel nehmen, wenn sie an dieser Stelle durch Sachverhaltswiedergaben oder Paraphrasierungen versucht, Zeit zu gewinnen. Außerdem hat der Prüfer die Nachbarschaft zwischen den Beteiligten wiederholt betont.

---

74 BGHZ 115, 87 ff.
75 Gegen die Entscheidung des Bundesgerichtshofs *Larenz/Canaris*, Schuldrecht II/2, 13. Auflage 1994, § 84 III 1 c; kurze gutachtliche Lösung des Falles bei *Petersen*, Allgemeines Schuldrecht, 12. Auflage 2025, Rn. 550 ff.
76 Vgl. BGHZ 117, 110.

Deshalb liegt es nahe, dass hier ein rechtlicher Gesichtspunkt verborgen ist, auf den es ankommen wird.

Kandidatin: Man könnte erwägen, ob hier eine Verletzung des nachbarschaftlichen Gemeinschaftsverhältnisses in Betracht kommt.

Die Erwägung ist eher fernliegend. Aufgrund des in der letzten Anmerkung Gesagten wird sie jedoch nicht zu beanstanden sein.

Prüfer: Was wäre demnach die genaue Anspruchsgrundlage?

Kandidatin: § 280 Abs. 1 BGB wäre die Anspruchsgrundlage. Das dafür erforderliche Schuldverhältnis könnte dann nur das nachbarschaftliche Gemeinschaftsverhältnis sein.

Prüfer: Was ist davon generell zu halten?

Der Prüfer geht hier auf die Erwägung der Kandidatin ein. Er hätte auch von vornherein abwinken können. Es ist jedoch typisch für mündliche Prüfungen, dass ein derartiger Gedanke aufgegriffen wird, sofern sich die Möglichkeit bietet, anderweitigen Grundlagenstoff zu prüfen.

Kandidatin: Das nachbarschaftliche Gemeinschaftsverhältnis wird von der herrschenden Lehre nicht als Schuldverhältnis anerkannt. Es ist etwas rein tatsächliches, ohne dass sich daraus konkrete Rechtspflichten ergeben. Allenfalls dann, wenn es sich um den Umgang mit bestimmten Grenzeinrichtungen und deren rechtlicher Würdigung handelt, wenn mithin noch ein zusätzliches Moment hinzutritt, kann erwogen werden, ob es sich um ein Schuldverhältnis handelt.[77]

Prüfer: Also, mit dem nachbarschaftlichen Gemeinschaftsverhältnis kommen wir offenbar nicht weiter. Was fällt Ihnen sonst noch ein?

Kandidatin: Ausgehend vom Phänomen der Nachbarschaft könnte man an einen Ausgleichsanspruch aus § 906 Abs. 2 S. 2 BGB denken.

Prüfer: Das ist ein guter Gesichtspunkt; stellen wir ihn gleichwohl zurück und fragen uns, ob es nicht vielleicht eine näherliegende Anspruchsgrundlage gibt.

Die Kandidatin hat hier gleichsam den zweiten Schritt vor dem ersten getan. Dies stellt auch für den Prüfer eine gewisse Herausforderung dar, kann er doch die

---

77 Vgl. zum Ganzen näher *Medicus/Petersen*, Bürgerliches Recht, 29. Auflage 2023, Rn. 799.

Überlegung der Kandidatin nicht für schlichtweg falsch oder abwegig erklären. In der Tat läuft der Fall im Endergebnis auf § 906 Abs. 2 S. 2 BGB hinaus. Würde der Prüfer hier die Prüfung der Vorschrift gestatten, so liefe die mündliche Prüfung gedanklich aus dem Ruder. Selbst wenn später nicht mehr ein und dieselbe Kandidatin zu § 906 Abs. 2 S. 2 BGB befragt wird, so wird das Auffinden dieser Vorschrift in aller Regel derjenigen gutgeschrieben, die als erste daran gedacht hat.

Kandidatin: Man könnte sich fragen, ob sich nicht ein deliktsrechtlicher Anspruch des Gärtners gegen den Imker begründen lässt.

Auch hier ist es verständlich, dass der Kandidat sich zunächst tastend vorwärts bewegt.

Prüfer: Woran speziell denken Sie?

Kandidatin: Zu berücksichtigen ist, dass das schadensstiftende Ereignis von den Bienen, also von Tieren, ausging. Deshalb könnte man an die Tierhalterhaftung nach § 833 BGB denken.

Auch hier ist es vernünftig und nachvollziehbar, dass sich die Kandidatin nicht zu sehr aus der Deckung wagt. Immerhin ist die Annahme der Tierhalterhaftung bei Bienen nicht gerade naheliegend. In einer derartigen Situation ist die Reaktion des Prüfers von besonderem Interesse.

Prüfer: Richtig! Prüfen Sie bitte weiter.

Kandidatin: In Betracht kommt also ein Anspruch aus § 833 S. 1 BGB. Da der Imker nicht hauptberuflich Bienen züchtet, ist nicht die Haftung für vermutetes Verschulden nach § 833 S. 2 BGB einschlägig, sondern die Gefährdungshaftung des § 833 S. 1 BGB.

Die Kandidatin hat die Sachverhaltsangabe aufgegriffen, dass der Imker die Bienen nebenher züchtet.

Voraussetzung für die Haftung nach § 833 S. 1 BGB ist, dass sich eine spezifische Tiergefahr verwirklicht.

Prüfer: Wie würden Sie das im vorliegenden Fall beurteilen?

Kandidatin: Man könnte diesen Gesichtspunkt bezweifeln mit der Erwägung, dass es sich eher um ein artgemäßes Verhalten handelt, wenn Bienen Blumen bestäuben. Schließlich gibt es im Wortsinne nichts Natürlicheres auf der Welt.

Prüfer: Das stimmt. Führt das aber dazu, dass sich nicht gleichwohl eine spezifische Tiergefahr realisieren kann?

Der Prüfer ist hier ersichtlich dabei, der Kandidatin zu helfen.

Kandidatin: Die Frage ist also, ob sich auch bei einem artgerechten Verhalten gleichwohl die spezifische Tiergefahr verwirklichen kann.

Die Kandidatin fokussiert die Frage nochmals, um Zeit zum Nachdenken zu gewinnen.

Es ist aber kein Grund ersichtlich, warum der Umstand, dass sich ein Tier artgerecht verhält, ausschließen soll, dass sich in diesem Verhalten zugleich eine spezifische Tiergefahr verwirklicht.

Die Kandidatin versucht auf der vom Prüfer vorgegebenen Marschroute weiter zu gehen.

Prüfer: Das kann man durchaus so sehen.[78]

Kandidatin: Demnach wäre der Tatbestand des § 833 S. 1 BGB verwirklicht.

Prüfer: Wie würden Sie weiter prüfen?

Kandidatin: Man könnte sich weiter fragen, ob der Imker hier wirklich widerrechtlich gehandelt hat.

Prüfer: Woran würden Sie da konkret denken?

Kandidatin: Vielleicht könnte an dieser Stelle die nachbarschaftliche Beziehung eine Rolle spielen. Wenn das nachbarschaftliche Gemeinschaftsverhältnis auch kein Schuldverhältnis ist, so ist doch zu berücksichtigen, dass daraus nach § 906 BGB eine Duldungspflicht resultiert.[79]

Prüfer: Eine gute Idee. Was ist Inhalt dieser Duldungspflicht?

Kandidatin: Das Nachbarrecht geht von dem Grundgedanken aus, dass jeder Nachbar ein bestimmtes Maß an Einwirkungen, die vom anderen Nachbarn ausgehen, zu dulden hat. Anderenfalls würde jeder Nachbar dem anderen gegenüber laufend zum Störer im Sinne von § 1004 Abs. 1 BGB. Ein solches verhindert die nachbarliche Duldungspflicht, die dem Unterlassungsanspruch gemäß § 1004 Abs. 2 BGB entgegengehalten werden könnte.

---

[78] Der BGH lässt diese Frage offen; vgl. BGHZ 117, 110, 111.

[79] Zum vorliegenden Fall unter dem Blickwinkel der Duldungspflicht aus § 906 BGB *Petersen*, Duldungspflicht und Umwelthaftung, 1996, S. 32.

Prüfer: Ein zutreffender Gedanke. Wie aber könnte diese Duldungspflicht hier konstruktiv der Gefährdungshaftung entgegengehalten werden?

Kandidatin: Nun, ich hatte ja ursprünglich an die Widerrechtlichkeit gedacht. Man könnte sich also fragen, ob die nachbarliche Duldungspflicht nicht die Rechtswidrigkeit entfallen lässt.

Prüfer: Ein guter Gedanke, den auch der Bundesgerichtshof hatte.[80] Kennt aber die Gefährdungshaftung wirklich so etwas wie Rechtswidrigkeit?

Kandidatin: Auf jeden Fall hat sie, wie gesagt, keine Verschuldensebene.

Es ist geschickt, dasjenige zu betonen, was sicher ist, weil auch damit Zeit gewonnen werden kann.

Damit ist freilich noch nicht gesagt, dass es bei der Gefährdungshaftung eine Rechtswidrigkeitsebene gibt. Ihrer Frage nach zu urteilen, wird dies zu verneinen sein.

Prüfer: So ist es. Zumindest nach herrschender Meinung ist die Gefährdungshaftung rechtswidrigkeitslos.[81] Aber diesen Gesichtspunkt hat auch der Bundesgerichtshof hier nicht erkannt; ich kann ihn also unmöglich von Ihnen verlangen. Was bliebe also nach Ihrer Lösung zu prüfen?

Kandidatin: Wenn schon der Anspruch aus § 833 S. 1 BGB wegen der nachbarlichen Duldungspflicht ausgeschlossen ist, so muss der Gärtner zumindest einen Ausgleichsanspruch aus § 906 Abs. 2 S. 2 BGB haben.[82] Dieser ist kein eigentlicher Schadensersatz, sondern ein Ausgleichsanspruch. Er bemisst sich nicht nach §§ 249 ff. BGB. Er ist also umfangmäßig tendenziell niedriger.[83]

Prüfer: Richtig. Aber da ich Ihnen über den Umfang und den konkreten Schaden nichts gesagt habe, bewendet es bei diesen Ergebnissen. Lassen Sie uns zum Schluss noch einen kurzen Fall besprechen, den der Bundesgerichtshof entschieden hat:[84] Ein Auto hat sich in einer Tiefgarage selbst entzündet, weil die Batterie defekt war. Der Brand

---

80 BGHZ 117, 110, 111.
81 Vgl. *Larenz/Canaris*, Schuldrecht II/2, 13. Auflage 1994, § 84 I 3 a.
82 Zu diesem Ausgleichsanspruch BGH NJW 2018, 1542.
83 Näher zum Umfang des Anspruchs aus § 906 Abs. 2 S. 2 BGB *Petersen*, Duldungspflicht und Umwelthaftung, 1996, S. 48 ff.
84 BGHZ 199, 377.

griff auf den Nachbarwagen des G über, der Schadensersatz verlangt. Zu Recht?

Kandidatin: Ich würde wieder mit einem Anspruch aus § 7 StVG beginnen.

Prüfer: Richtig, sehen Sie da nach unseren bisherigen Überlegungen ein Problem?

Kandidatin: Ich bin mir nicht sicher, ob man angesichts der Selbstentzündung in der Garage noch davon sprechen kann, dass der Schaden beim Betrieb des Kfz passiert ist.

Prüfer: Das ist in der Tat das Problem. Woher rühren Ihre Zweifel?

Kandidatin: Das Fahrzeug war ja bereits abgestellt und vollständig ausgeschaltet. Selbst wenn man den Begriff des Betriebs seinem Wortsinn nach relativ weit auslegt, könnte man argumentieren, dass der Brand hier nicht mehr auf etwas zurückgeht, das den letzten Betriebsvorgang betrifft. Das wäre allenfalls dann vorstellbar, wenn sich ein bestimmtes Teil des Fahrzeugs extrem erhitzt hätte.

Prüfer: Ihre Argumentation ist gut und wird so auch im Schrifttum vertreten. Der BGH hat die Frage gleichwohl anders entschieden; könnten Sie sich vorstellen in welche Richtung das Gericht argumentiert hat?

An dieser Stelle würde typischerweise eine andere Kandidatin angesprochen.

Kandidatin: Vielleicht könnte man den zuvor angesprochenen Streit zwischen der maschinentechnischen und der verkehrstechnischen Auffassung auch hier berücksichtigen.

Prüfer: Das ist eine gute Idee, auch wenn der BGH das letztlich außer Betracht gelassen hat. In welche Richtung zielen Ihre Gedanken?

Kandidatin: Nach der motor- bzw. maschinentechnischen Auffassung würde eine Haftung nach § 7 StVG ausscheiden, weil der Motor eben nicht mehr in Betrieb ist. Die wohl herrschende verkehrstechnische Auffassung könnte dem eher gerecht werden, gerät hier jedoch auch an ihre Grenzen, weil der Wagen hier in der Tiefgarage auch nicht am Straßenverkehr teilnimmt, selbst wenn man das verkehrstechnische Element weit auslegt.

Prüfer: Richtig, der BGH hat diese verkehrstechnische Auslegung, die in einer früheren Entscheidung zur Geltung kam, hier dennoch nicht ausdrücklich genannt. Können Sie sich vorstellen, welche Begründung stattdessen maßgeblich war?

Kandidatin: Man könnte die maßgebliche Prägung des Defekts durch die Batterie, die ihrerseits eine Betriebseinrichtung darstellt, in den Vordergrund

	stellen. Immerhin war es ja dieser technische Defekt, der für den Schaden des Dritten ursächlich wurde.
Prüfer:	Genauso hat der BGH argumentiert. Welcher Wertungsgesichtspunkt wäre demnach maßgeblich?
Kandidatin:	Wenn man den Schutzzweck des § 7 Abs. 1 StVG berücksichtigt, dann spielt es letztlich keine Rolle, wann genau sich der Wagen selbst entzündet hat. Es ist und bleibt eine Gefahr, die aus dem Betrieb des Kfz resultiert.
Prüfer:	Sehr schön, genauso hat der BGH entschieden: Der Schaden muss „in einem nahem örtlichen und zeitlichen Zusammenhang mit dem bestimmten Betriebsvorgang oder einer bestimmten Betriebseinrichtung des Kraftfahrzeugs" stehen. Würde man die Haftung bei derartigen Nachwirkungen, wie sie sich hier ergeben haben, ausschließen, dann „liefe die Haftung in all den Fällen leer, in denen unabhängig von einem Betriebsvorgang allein ein technischer Defekt einer Betriebseinrichtung für den Schaden eines Dritten ursächlich geworden ist". Das aber wäre wertungsmäßig schwerlich begründbar.

Anhang: Nachbarrecht

Die zentrale Vorschrift des Bürgerlichen Gesetzbuchs (BGB) zum Nachbarrecht ist § 906 BGB. Systematisch steht diese Regelung unter den §§ 903 ff. BGB, d. h. insbesondere hinter jener Vorschrift (§ 903 BGB), die bestimmt, dass der Eigentümer einer Sache mit derselben nach Belieben verfahren kann. § 906 BGB stellt somit eine Beschränkung des Grundeigentums dar. Richtig verständlich wird § 906 BGB allerdings erst in der Zusammenschau mit § 1004 BGB. Danach kann der Eigentümer dann, wenn das Eigentum in anderer Weise als durch Entziehung oder Vorenthaltung des Besitzes beeinträchtigt wird, vom Störer Beseitigung der Beeinträchtigung verlangen (Abs. 1). Allerdings ist dieser Anspruch ausgeschlossen, wenn der Eigentümer zur Duldung verpflichtet ist (Abs. 2). Hier greift nun § 906 BGB ein: Er statuiert eine Duldungspflicht im Sinne des § 1004 Abs. 2 BGB, die in § 906 Abs. 2 BGB konkretisiert wird.

Damit ist § 906 BGB von der Einsicht bestimmt, dass eine strikte Trennung der Rechtssphären der Nachbarn nicht durchführbar wäre. Die Motive zum BGB be-

---

Anmerkung: Gekürzte Fassung des Beitrags mit dem Titel: Das Nachbarrecht als Instrument des Interessenausgleichs, in: Zaunkönige. Nachbarschaftliche Beziehungen im Gespräch (Hrsg. Stuke), 2001, S. 99 – 110.

merken dazu: „Die rechtliche Abscheidung der Grundstücke würde mit den Be-dürfnissen des Lebens in einen unversöhnlichen Widerspruch treten, wenn sie als eine so strenge zu verstehen wäre, dass die zu Gunsten des Inhabers und des Ei-gentümers bestehenden gesetzlichen Verbote eine jede nicht autorisierte mecha-nische oder physikalische Hinüberwirkung als objektive Rechtswidrigkeit er-scheinen ließen. Vor allem lässt sich eine bestimmte Art der Hinüberwirkung nicht in bestimmten Grenzen bannen".[85] Der Anspruchsausschluss rechtfertigt sich also nicht zuletzt aus der Erwägung, dass der zur Duldung Verpflichtete seinerseits mit der Duldung des Nachbarn rechnen kann und darf, wenn er selbst einmal zum Störer wird.

Gleichwohl ist der Duldungspflichtige auch für den Moment der Duldung nicht ganz rechtlos gestellt. § 906 Abs. 2 S. 2 BGB bestimmt nämlich, dass der Eigentümer, der nach § 906 Abs. 2 S. 1 BGB eine wesentliche Einwirkung zu dulden hat, von dem Benutzer des anderen Grundstücks einen angemessenen Ausgleich in Geld ver-langen kann, wenn die Einwirkung eine ortsübliche Einwirkung seines Grund-stücks oder dessen Ertrag über das zumutbare Maß hinaus beeinträchtigt. Diese Ausgleichspflicht stand ursprünglich noch nicht im Gesetz, war aber richter-rechtlich anerkannt.[86] Der Grund dafür lag darin, dass die ausgleichslose Dul-dungspflicht regelmäßig zu einer nicht gerechtfertigten Besserstellung von be-nachbarten Industriebetrieben führte. Die Rechtsprechung begründete das vor allem mit dem „nachbarschaftlichen Gemeinschaftsverhältnis".[87] Deshalb hat der Gesetzgeber diesem Umstand im Jahre 1959 Rechnung getragen und § 906 Abs. 2 BGB seine heutige Fassung gegeben.

Wie sehr das private Nachbarrecht mittlerweile von öffentlich-rechtlichen Vorgaben beeinflusst worden ist,[88] illustriert die 1995 novellierte Fassung des § 906 Abs. 1 BGB. Über den bereits oben zitierten Satz 1 hinaus hat der Gesetzgeber noch zwei weitere Sätze hinzugefügt: Eine unwesentliche (und damit zu duldende) Be-einträchtigung liegt in der Regel dann vor, wenn die in Gesetzen oder Rechtsver-ordnungen festgelegten Grenz- oder Richtwerte nicht überschritten werden. Glei-ches soll für Werte in allgemeinen Verwaltungsvorschriften gelten, die nach § 48

---

85 Prot. I 3829, zitiert nach „Die Beratungen des Bürgerlichen Gesetzbuchs" (hrsg. von Jakobs/Schubert, 1985), S. 4450.

86 Paradigmatisch war das sogenannte zweite „Gute-Hoffnung-Urteil" (RGZ 154, 161), das die Oberhausener Gute-Hoffnung-Hütte betraf.

87 Nach wie vor sieht die Rechtsprechung allerdings im „nachbarschaftlichen Gemeinschafts-verhältnis" trotz andersartiger Anregungen aus dem Schrifttum kein Schuldverhältnis im recht-lichen Sinne.

88 Vgl. zu diesem Themenkreis vor allem die Habilitationsschrift von *Schapp*, Das Verhältnis von öffentlichem und privatem Nachbarrecht, 1977.

des Bundes-Immissionsschutzgesetzes (BImSchG) erlassen worden sind und den Stand der Technik wiedergeben. Damit sind vor allem die Technischen Anleitungen Lärm bzw. Luft (TA-Lärm und TA-Luft) gemeint. Die Einhaltung dieser verwaltungsrechtlichen Vorgaben verspricht somit auch zivilrechtlich und damit haftungsrechtlich Vorteile. Die Neufassung des § 906 BGB ist somit eine der wichtigsten Schnittstellen zwischen öffentlichem und privatem Nachbarrecht.

Das soeben angesprochene BImSchG enthält aber noch in einem weiteren Punkt eine nachbarschaftsrelevante Bestimmung: § 3 BImSchG konkretisiert den Begriff der schädlichen Umwelteinwirkungen und definiert solche als „Immissionen, die nach Art, Ausmaß oder Dauer geeignet sind, Gefahren, erhebliche Nachteile oder erhebliche Belästigungen für die Allgemeinheit oder die *Nachbarschaft* herbeizuführen". Der Begriff der Nachbarschaft ist also auch für das öffentliche Recht relevant und wird dort auch gesetzlich verwendet. Es ist nur konsequent, dass § 5 Abs. 1 S. 1 BImSchG fordert, dass genehmigungsbedürftige Anlagen so zu errichten und zu betreiben sind, dass schädliche Umwelteinwirkungen und sonstige Gefahren, erhebliche Nachteile und Belästigungen für die Allgemeinheit und für die *Nachbarschaft* nicht hervorgerufen werden können.

Der Schwerpunkt des öffentlich-rechtlichen Nachbarschutzes liegt aber wieder einmal bei § 906 BGB, der somit auch ins öffentliche Recht ausstrahlt. Danach sind nämlich auch Beeinträchtigungen durch hoheitliche Tätigkeit nur in den Grenzen des § 906 BGB zu dulden. Führt die Tätigkeit nämlich zu wesentlichen Beeinträchtigungen und kann sie zugleich aus anderen Gründen nicht untersagt werden, so besteht ein vor den Verwaltungsgerichten verfolgbarer eingeschränkter Abwehranspruch auf Schutzmaßnahmen, wenn diese ohne unzumutbare Aufwendungen und ohne wesentliche Beschränkung der hoheitlichen Tätigkeit möglich ist.[89] Beispielhaft dafür, dass Einwirkungen nicht untersagt werden können, ist, dass sie Bereiche der sogenannten „Daseinsvorsorge", also etwa Mülldeponien[90] oder Kläranlagen[91] betreffen und von diesen Anlagen ausgehen.

Ebenso wie im Zivilrecht hat der Betroffene allerdings auch dann, wenn ein Abwehranspruch nach dem soeben Gesagten rechtlich oder tatsächlich ausgeschlossen ist, einen sogenannten öffentlich-rechtlichen Entschädigungsanspruch.[92] Dies entspricht der Sache nach und auch vom Umfang her § 906 Abs. 2 S. 2 BGB.[93] Im für den Nachbarn bzw. Anwohner praktisch besonders relevanten Fall des dauerhaften Verkehrslärms richtet sich die Grenze nach den Wertentscheidungen des

---

89 OVG Koblenz NJW 1986, 953.
90 BGH NJW 1980, 770.
91 BGH NJW 1976, 1204; 1984, 1876.
92 BGHZ 54, 358.
93 BGH NJW 1988, 900.

BImSchG.[94] Hier schließt sich der Kreis gleichsam. Zugleich wird deutlich, warum das BImSchG auch den Begriff der Nachbarschaft enthält.

Nachbar im Sinne des Immissionsschutzes ist also auch jeder, der nur zu einem Ort im Einwirkungsbereich des schädigenden Emittenten eine besondere persönliche Bindung hat.[95] Es ist nicht erforderlich, dass er dort seinen Wohnsitz hat, sondern es reicht, dass er dort arbeitet.[96] Erst dieser weite Nachbarbegriff im Immissionsschutzrecht macht den Zusammenhang zwischen Nachbarrecht und Umweltrecht deutlich. Daraus ergeben sich freilich auch Probleme: Vor allem die unmittelbare Verursachung von umweltschädigenden Emissionen in Industriegebieten ist oft sehr schwer tatsächlich feststellbar und noch schwerer rechtlich zu würdigen. Das hängt mit der bis in die sechziger Jahre des vorherigen Jahrhunderts praktizierten „Politik der hohen Schornsteine" zusammen: Man glaubte lange Zeit, dass die Emissionen sich in der Atmosphäre bis zur Unerheblichkeit verflüchtigten, wenn man nur die Schornsteine hoch genug baute. Tatsächlich führte dieser naive Glaube vor allem dazu, dass es gerade in Ballungsgebieten nahezu unmöglich geworden ist, Immissionen möglichen Emittenten rechtlich zuzuordnen. Die Problematik dieser sogenannten „summierten Immissionen"[97] ist gerade im Verhältnis zum Nachbarschutz eines der schwierigsten Probleme des Umwelthaftungsrechts.[98]

Auch für die juristische Methodenlehre hat das Nachbarrecht eine nicht zu unterschätzende Bedeutung, veranschaulicht es doch in besonderer Weise den Weg von der Interessenjurisprudenz zur Wertungsjurisprudenz. Schon *Rudolf von Ihering* hatte den Versuch unternommen, nachbarliche Interessenkollisionen im Wege einer Interessenanalyse einer Lösung zuzuführen.[99] Noch deutlicher hat *Philipp Heck*, der „geistige Vater" der Interessenjurisprudenz, die Interessengemeinschaft infolge „notwendiger Nutzungsgemeinschaft" betont und für die Methodenlehre fruchtbar gemacht.[100] Danach ist § 906 BGB das Resultat einer Abwägung des Gesetzgebers zwischen dem Abwehrinteresse des Gestörten und dem Interesse des Nachbarn an der Verfolgung seiner wirtschaftlichen und sonstigen Ziele. Die Duldungspflicht erscheint so als gesetzgeberische Leitentscheidung für

---

94 Der Bundesgerichtshof (BGH NJW 1988, 900) hält für maßgeblich, ob die zugelassene Straßennutzung die durch die öffentlichen Verhältnisse geprägte Funktion des betroffenen Grundstücks schwer und unerträglich trifft.
95 BVerwG UPR 1983, 70.
96 OVG Lüneburg GewArchiv 1978, 341.
97 Hierzu die Dissertation von *Rummel*, Ersatzansprüche bei summierten Immissionen, 1968.
98 Näher dazu *Petersen*, Duldungspflicht und Umwelthaftung, 1996, S. 78 ff.
99 Vgl. den Titel seines Aufsatzes: „Zur Lehre von den Beschränkungen des Grundeigentums im Interesse des Nachbarn", IJ 6 (1863), 81 ff.
100 *Heck*, Sachenrecht, 1930, § 50 unter 2.

den Fall, dass das Abwehrinteresse infolge unwesentlicher Beeinträchtigung hinter dem Urheberinteresse zurückstehen muss. *Harry Westermann* hat schließlich die Bedeutung des Nachbarrechts für die von ihm favorisierte Wertungsjurisprudenz erkannt.[101] Die Wertungsjurisprudenz verlangt vom Richter vor allem, die der Norm zugrunde liegende Wertung festzustellen und danach zu entscheiden.[102] Dafür taugt § 906 BGB in besonderer Weise, weil hier die Wertungen verhältnismäßig offen zu Tage treten, nämlich so, wie sie von den Vertretern der Interessenjurisprudenz entwickelt wurden; insofern kann man auch durchaus von einer Fortbildung der Interessenjurisprudenz zur Wertungsjurisprudenz sprechen.[103] Somit trägt das Nachbarrecht zu einer „wertenden Einordnung des Grundeigentums in die Sozialordnung" bei.[104]

Abschließend zeigt ein kurzer lehrreicher Fall Verbindungslinien zwischen dem allgemeinen Zivilrecht und dem Nachbarrecht. Eine aus 200 Mitgliedern bestehende Bürgerinitiative hatte sich gegen die Errichtung eines Kohlekraftwerkes formiert. Der Betreiber des Kraftwerkes hatte den Klägern, deren Hausgrundstücke etwa 800 Meter entfernt vom Kohlekraftwerk lagen, jeweils 20.000,– DM dafür gezahlt, dass sie forthin keine Einwendungen mehr gegen die Anlage erheben; die Sprecher der Bürgerinitiative bekamen sogar 40.000,– DM (!). Der Bundesgerichtshof hat die Vereinbarung nicht für sittenwidrig i. S. d. § 138 BGB gehalten.[105]

---

101 *Westermann*, Die Funktion des Nachbarrechts, Festschrift für Larenz, 1973, S. 1003, 1007 f.
102 *Larenz*, Über die Unentbehrlichkeit der Jurisprudenz als Wissenschaft, 1966, S. 17 f.
103 So *Westermann*, Die Funktion des Nachbarrechts, Festschrift für Larenz, 1973, S. 1003, 1006.
104 *Westermann*, Die Funktion des Nachbarrechts, Festschrift für Larenz, 1973, S. 1003, 1008.
105 BGHZ 79, 131. Skeptisch *Medicus/Petersen*, Allgemeiner Teil des BGB, 12. Auflage 2024, Rn. 702.

4. Prüfungsgespräch (Bereicherungsrecht)

Das vierte Prüfungsgespräch betrifft schwerpunktmäßig das Bereicherungsrecht, vor allem das Verhältnis von Leistungs- und Nichtleistungskondiktion. Anhand eines zunächst eher untypischen Falles wird das Grundproblem der Subsidiarität der Nichtleistungskondiktion behandelt. Sodann wird auf dieser Grundlage eine der Leitentscheidungen des Bundesgerichtshofs besprochen.

Prüferin: Der Bundesgerichtshof hatte folgenden Fall zu entscheiden:[106] Der Schauspieler und Fernsehmoderator Joachim Fuchsberger ließ sich anlässlich der Einweihungsfeier eines Modehauses, mit dessen Inhaber er befreundet war, von einem Pressefotografen mit einer bestimmten Brille ablichten. Das Foto gelangte über einen Einkaufsverband, dem mehrere hundert Optikergeschäfte angehörten, an einen Optiker, damit dieser seine Pressearbeit und Dekoration verbessern konnte. Der Optiker warb mehrmals mit dem Foto, das die Unterschrift „Fuchsberger probiert die neue Brille" trug, in der örtlichen Tageszeitung. Der Moderator, der einer solchen Verwendung nicht zugestimmt hatte, verlangt von dem Optiker die übliche Lizenzgebühr als Entgelt sowie das Honorar aus einem wegen der Veröffentlichung gescheiterten anderweitigen Werbevertrag. Woraus könnte Herr Fuchsberger die geltend gemachten Ansprüche Ihres Erachtens begründen?

Kandidat: Man könnte zunächst an einen deliktischen Anspruch aus § 823 Abs. 1 BGB denken. Als verletztes Rechtsgut im Sinne dieser Vorschrift kommt das allgemeine Persönlichkeitsrecht in Frage. Dies ist von der Rechtsprechung seit langem anerkannt.

Prüferin: Gewiss, aber lassen Sie uns noch einen Moment überlegen, ob es wirklich das *allgemeine* Persönlichkeitsrecht ist, das hier verletzt sein könnte.

Kandidat: Nun, wenn Sie das *allgemeine* betonen, könnte hier möglicherweise ein *besonderes* Persönlichkeitsrecht beeinträchtigt sein.

Es ist durchaus legitim, dass der Kandidat auch nichtjuristisch gefärbte Faktoren wie die Tonlage in Rechnung stellt. Allerdings muss er dann auch in der Lage sein, mit den sich daraus ergebenden Indizien juristisch zu arbeiten.

---

106 BGH NJW 1992, 2084.

Prüferin: Welches besondere Persönlichkeitsrecht kommt denn hier in Betracht?

Kandidat: Da der Moderator auf einem Foto abgebildet war, könnte man an das Recht am eigenen Bild denken.

Prüferin: Genau. Wo findet sich denn dazu eine Regelung, wissen Sie das zufällig?

Aus dem letztgenannten Wort („zufällig") lässt sich ersehen, dass es sich hier nicht mehr um unmittelbaren Pflichtfachstoff handelt. Auch wenn der Kandidat das Folgende also nicht wüsste, so würde seine ursprüngliche Antwort – Verletzung des allgemeinen Persönlichkeitsrechts – durchaus gewürdigt.

Kandidat: Das Recht am eigenen Bild ist außerhalb des BGB, nämlich in § 22 Kunsturhebergesetz geregelt. Es stellt ein Schutzgesetz dar, so dass eine Verletzung grundsätzlich durchaus unter § 823 Abs. 2 BGB subsumierbar wäre, eine Verletzung des allgemeinen Persönlichkeitsrechts als absolutes Recht hingegen unter § 823 Abs. 1 BGB.

Prüferin: Sehr schön, könnte es sich dabei irgendwie auswirken, dass der Moderator prominent ist?

Kandidat: Nach § 22 Kunsturhebergesetz dürfen Bildnisse nur mit Einwilligung des Abgebildeten verbreitet werden. Eine Ausnahme hiervon stellt jedoch § 23 Abs. 1 Kunsturhebergesetz dar. Prominente, oder wie das Gesetz sagt: Bildnisse aus dem Bereich der Zeitgeschichte, dürfen gemäß § 23 Abs. 1 Nr. 1 Kunsturhebergesetz grundsätzlich auch gegen ihren Willen und somit ohne ihre Einwilligung abgelichtet werden. Dies findet jedoch nach § 23 Abs. 2 Kunsturhebergesetz eine Einschränkung durch das berechtigte Interesse des Abgebildeten, so dass eine Abwägung zwischen den Persönlichkeitsinteressen des Abgebildeten und dem Informations- bzw. Öffentlichkeitsinteresse im Einzelfall erforderlich ist.

Prüferin: Schön. Da Sie in diesem Bereich beschlagen sind, wissen sie vielleicht, wie die Rechtsprechung den Begriff der Person der Zeitgeschichte abstuft? Das müssen sie natürlich nicht wissen.

Die Prüferin macht hier deutlich, dass der Kandidat sich bereits im Bereich der Pluspunkte bewegt. Das ist in einem derart frühen Stadium der Prüfung selten, erklärt sich hier aber daraus, dass Nebengesetze zur Anwendung kommen. Gerade wenn die Prüferin mit einem guten Kandidaten die Prüfung beginnt, kann diese Situation jedoch vorkommen.

Kandidat: Man unterscheidet zwischen absoluten und relativen Personen der Zeitgeschichte.[107] Absolute Personen der Zeitgeschichte sind alle Prominenten, die gleichsam jeder kennt, wohingegen relative Personen der Zeitgeschichte solche sind, die in Abhängigkeit von einem bestimmten Ereignis, also beispielsweise durch einen Unfall, eine Entführung, Rettungstat oder einem sonstigen spektakulären Ereignis, über das in den Medien berichtet wurde, bekannt geworden sind.[108]

Prüferin: Wie würden Sie den Betroffenen in unserem Fall einordnen?

Kandidat: Als über Jahrzehnte in den Medien präsenten Schauspieler und Moderator würde ich ihn als absolute Person der Zeitgeschichte einordnen.

Prüferin: Demnach könnte er also ohne weiteres abgebildet werden?

Die Nachfrage ist etwas tückisch, weil auf der Hand liegt, dass es so einfach nicht geht. Der Kandidat muss im Folgenden auf der Hut sein, um sich nicht widersprüchlich einzulassen.

Kandidat: § 23 Abs. 1 Nr. 1 Kunsturhebergesetz gestattet in den dort genannten Fällen nur die Abbildung gegen den Willen der betroffenen Person. Im vorliegenden Fall liegt allerdings die Besonderheit darin, dass der Optiker mit dem Foto auch warb. Er hat dies mehrmals in der örtlichen Tageszeitung getan. Damit handelt es sich jetzt jedoch um eine andere Form der Nutzung. Es geht nicht einfach um die Abbildung als solche, sondern um die Verwertung des Bildes zu Werbezwecken. Damit wird jedoch nicht dem Informationsbedürfnis der Allgemeinheit entsprochen, so dass sich diese Form der Abbildung auch nicht nach § 23 Abs. 1 Nr. 1 Kunsturhebergesetz rechtfertigen lässt.[109]

Prüferin: Was folgt damit für unseren deliktischen Anspruch?

Kandidat: Jedenfalls die gewerbliche Nutzung des Bildes ist eine Verletzung des Persönlichkeitsrechts des Moderators. Damit unterfällt sie § 823 Abs. 1 BGB.

Prüferin: Wie sieht es mit den weiteren Voraussetzungen aus?

Kandidat: Erforderlich sind des Weiteren die Rechtswidrigkeit und das Verschulden des mit dem Bild Werbenden. Die Rechtswidrigkeit ergibt

---

107 Grundlegend *Neumann-Duesberg*, Bildberichterstattung über absolute und relative Personen der Zeitgeschichte, JZ 1960, 114; a.A. *Petersen*, Medienrecht, 5. Auflage 2010, § 3 Rn. 5 ff., 16 ff.
108 Vgl. zum Ganzen etwa BGH NJW 1965, 2148; vgl. auch BVerfG NJW 1997, 2669; 2000, 2190.
109 Vgl. dazu bereits BGHZ 20, 345, 350 (Paul Dahlke).

sich hier bereits daraus, dass sich der Optiker nicht auf § 23 Abs. 1 Nr. 1 Kunsturhebergesetz berufen kann. Problematisch erscheint mir jedoch das Verschulden. Der Optiker, der mit dem Foto warb, hat das Foto ja durch einen Einkaufsverband, dem andere Optikergeschäfte angehörten, erhalten. Er war also „gutgläubig". Es gibt keine Hinweise, die darauf deuten, dass ihn ein Verschulden bezüglich der Nutzung traf. Einen deliktischen Anspruch würde ich daher mangels Verschulden ablehnen.

Prüferin: Gut, aber muss man sich nicht stärker vergewissern?

Der Kandidat ist offensichtlich auf der richtigen Fährte und sollte sich durch diese letzte Frage nicht aus dem Tritt bringen lassen. Die Prüferin möchte hier nicht, dass der Kandidat sein Urteil revidiert, sondern er soll lediglich noch einen weiteren Gesichtspunkt in Rechnung stellen. In derartigen Situationen ist die Gefahr für den Kandidaten, unter dem Eindruck einer neuen Frage „einzuknicken", besonders groß. Ergibt sich jedoch aus dem Gesamtzusammenhang, dass der eingeschlagene Weg durchaus folgerichtig war, so sollte man diesen ungeachtet derartiger Einwürfe und Gesichtspunkte weiterverfolgen. Es kommt dann zumeist nur noch darauf an, einen zusätzlichen Gesichtspunkt zu verwerten.

Kandidat: Grundsätzlich obliegen den Medien erhöhte Prüfungspflichten, bevor sie derartige Fotos publizieren.[110] Das kann also durchaus im einzelnen Fall einmal zu einer Nachfragepflicht vor der Nutzung eines solchen Fotos führen, wenn das Foto von einer Werbe- oder Presseagentur etwa erworben wird.[111] Derartige Prüfungspflichten obliegen hier dem Optiker, der allein die schädigende Handlung begangen haben soll, jedoch unter keinem denkbaren Gesichtspunkt, so dass ein Verschulden nicht vorliegt.

Prüferin: Gut. Gibt es vielleicht einen weiteren Anspruch, der in Betracht kommt?

Kandidat: Es kann sich also nur noch um verschuldensunabhängige Ansprüche handeln. Man könnte an einen Anspruch aus ungerechtfertigter Bereicherung denken. Zu prüfen wäre insbesondere eine Nichtleistungskondiktion gemäß § 812 Abs. 1 S. 1 Alt. 2 BGB.

Prüferin: Sie sagen „insbesondere"; was wäre dabei zu beachten?

---

110 Vgl. BGH LM zu § 23 KUG Nr. 5; *Petersen*, Medienrecht, 5. Auflage 2010, § 6 Rn. 16 ff.
111 BGH NJW 1980, 994, 995; OLG Frankfurt GRUR 1986, 614, 615.

Kandidat: Nach dem Grundsatz der Subsidiarität der Nichtleistungskondiktion kommt eine solche nur in Frage, wenn keine vorrangige Leistungskondiktion in Betracht kommt. Geleistetes kann nämlich grundsätzlich nicht im Wege der Nichtleistungskondiktion zurückgefordert werden.[112]

Prüferin: Wie sieht es in unserem Fall aus? Gibt es eine vorrangige Leistungsbeziehung?

Kandidat: Es geht damit um die Frage, ob nicht in irgendeinem Verhältnis eine Leistungsbeziehung vorliegt. So könnte etwa im Verhältnis des Verbandes zum Optiker eine Leistungsbeziehung darin bestehen, dass dem Optiker das Bild durch den Verband geleistet worden ist.

Prüferin: Sie sagen „das Bild" könnte geleistet worden sein. Können Sie das etwas genauer darstellen.

Die Prüferin hilft dem Kandidaten in diesem sehr anspruchsvollen Abschnitt der Prüfung, welchem auch der Hauptteil der zugrundeliegenden Entscheidung gewidmet ist. Die besondere Schwierigkeit des Falles liegt darin, dass er am Rande ins Immaterialgüterrecht führt. Auf der anderen Seite handelt es sich lediglich um eine spezielle Ausprägung von allgemeinen Grundsätzen, die ohne Zweifel zum paraten Examensstoff gehören. Gleichwohl wird die Prüferin hier den Ausführungen des Kandidaten mit besonderer Nachsicht begegnen.

Kandidat: Man müsste sich Klarheit darüber verschaffen, was genau geleistet worden ist. Wenn ich vorhin sagte „das Bild", so meinte ich, dass ihm offensichtlich das Bild als Fotografie zugewendet wurde. Darüber hinaus wäre jedoch zu fragen, ob dies auch für das Recht, den Betroffenen abzubilden, gilt.

Der Kandidat ist sich offensichtlich noch im Unklaren, hat aber erkannt, dass er bezüglich des Bildes differenzieren muss. Auch hier haben wir es mit dem Phänomen von der allmählichen Verfertigung der Gedanken beim Reden zu tun. Wer kein Kenner des Immaterialgüterrechts ist, hat sich in der Regel noch keine Klarheit darüber verschafft, wie die Rechtsverhältnisse bei der werbenden Abbildung ausgestaltet sind. Im Fokus der bereicherungsrechtlichen Diskussion potenzieren sich die Schwierigkeiten gleichsam, so dass nicht erwartet werden kann, dass jemand, der die Entscheidung nicht kennt, aus dem Stand die richtige Lösung findet. Weil in aller

---

112 Vgl. dazu *Larenz/Canaris*, Schuldrecht II/2, 13. Auflage 1994, § 67 III 2 c, § 67 IV 3 mit eingehender Kritik am Subsidiaritätsdogma.

Regel auch nicht die Entscheidungskenntnis verlangt ist, sondern das juristische Mitdenken und die Einordnung in bekannte Kategorien, wird ein derartiges, tastendes Vorgehen, wie es der Kandidat hier unternimmt, keineswegs negativ ausgelegt.

Prüferin: Ihre Unterscheidung geht in die richtige Richtung, ist aber noch nicht ganz scharf.

Kandidat: Wenn man sich vergegenwärtigt, was genau geleistet worden ist, so muss man zunächst sagen, dass dem Optiker das Bild als Sache geleistet worden ist. Gegenständlich betrachtet ist die Fotografie eine Sache im Sinne des § 90 BGB. Hier geht es aber um etwas anderes. Wir haben eben festgestellt, dass die konkrete Verwertung dieser Sache problematisch war. Der unzulässige Teil betrifft also eher das Verwertungsrecht.

Der Kandidat hat den Kern der Differenzierung erkannt. Besonders gelungen ist hier der Umstand, dass der Kandidat sich bemüht, die beim deliktischen Anspruch zutage geförderten Ergebnisse aufzugreifen und auch für den vorliegenden Fall fruchtbar zu machen. Auch wenn Delikts- und Bereicherungsanspruch im Ausgangspunkt völlig unterschiedlich gelagert sind, ist doch die zugrundeliegende Wertung hier nicht uneinheitlich.

Prüferin: Was würde aus Ihrer Argumentation für den Grundsatz der Subsidiarität der Nichtleistungskondiktion folgen?

Kandidat: Geleistet wurde von dem Verband an den Optiker nur das Bild als Sache. Nicht dagegen wurde die Verwertungsbefugnis geleistet. Darüber konnte der Verband nach den Gegebenheiten des Sachverhalts auch gar nicht verfügen.[113] Der Vorrang der Leistungskondiktion kann aber nur für das gelten, was leistungsmäßig erlangt worden ist. Leistungsmäßig erlangt wurde aber nur das Bild als Sache, nicht das Verwertungsrecht. Deshalb greift hier auch das Subsidiaritätsdogma nicht ein. Daraus folgt, dass der Weg frei ist für die Prüfung der Eingriffskondiktion.

Prüferin: Wie würden Sie diese prüfen?

Kandidat: Man muss sich zunächst fragen, wie genau der Eingriffsakt zu qualifizieren ist. Hier stehen sich zwei divergierende Auffassungen gegenüber. Die ältere Lehre geht davon aus, dass die Rechtswidrigkeit

---

113 Vgl. dazu auch *Medicus/Petersen*, Bürgerliches Recht, 29. Auflage 2023, Rn. 727.

den Eingriff kennzeichnet.[114] Die heute herrschende Lehre geht jedoch davon aus, dass in den Zuweisungsgehalt eines fremden Rechts eingegriffen wird.[115]

Prüferin: Kommt es hier auf den Streit an?

Kandidat: Nach der Rechtswidrigkeitstheorie kommt es darauf an, ob die konkrete Nutzung rechtswidrig war. Das ist hier der Fall, wie wir gesehen haben, weil der Optiker kein Verwertungsrecht bezüglich des Fotos hatte. Auch wenn er nicht schuldhaft handelte, war doch sein Handeln objektiv rechtswidrig. Nach der Lehre vom Zuweisungsgehalt ist entscheidend, ob der Optiker in den Zuweisungsgehalt fremden Rechts eingegriffen hat. Das ist auch der Fall, weil die Verwertung und kommerzielle Nutzung des Fotos allein dem darauf Abgebildeten zugewiesen ist. Der Streit muss hier also nicht entschieden werden.

Prüferin: Was hat der in Anspruch Genommene demnach auszugleichen?

Kandidat: Der Optiker hat nach § 818 Abs. 1 und Abs. 2 BGB den rechtsgrundlos erlangten Vermögenszuwachs auszugleichen. Nach § 818 Abs. 1 BGB muss der Optiker als Bereicherungsschuldner die Nutzungen herausgeben. Ist dieses, wie vorliegend wegen der Beschaffenheit des Kondiktionsgegenstandes nicht möglich, so hat er gemäß § 818 Abs. 2 BGB deren Wert zu ersetzen. In Betracht kommt daher die Entrichtung einer angemessenen Lizenzgebühr an den Moderator, die dieser ja auch fordert.[116] Fraglich ist, wie diese Lizenzgebühr hier zu bemessen ist. Man könnte daran denken, sie so zu veranschlagen, wie der Betrag dessen aussehen würde, was der Optiker bereit gewesen wäre, für die konkrete Nutzung des Bildes zu zahlen. Auf der anderen Seite könnte man auch auf den Moderator abstellen und sich fragen, was dieser üblicherweise für eine derartige Nutzung genommen hätte.

Prüferin: Was würden Sie für richtig halten?

Kandidat: Stellt man auf den Optiker ab, so würde dieser wahrscheinlich sagen, dass er, wenn er gewusst hätte, was für ein Bild er in Händen hat, gar nicht bereit gewesen wäre, für die Nutzung zu zahlen. Er hätte

---

114 Rechtswidrigkeitstheorie; grundlegend *Schulz*, System der Rechte auf den Eingriffserwerb, AcP 105 (1909), 1 ff.; *Jakobs*, Eingriffserwerb und Vermögensverschiebung, 1963.

115 Grundlegend insoweit *Wilburg*, Die Lehre von der ungerechtfertigten Bereicherung nach österreichischem und deutschem Recht, 1934; *v. Caemmerer*, Bereicherung und unerlaubte Handlung, Festschrift für Rabel, Bd. I, 1954, S. 333, 352, 396 ff.; *Larenz/Canaris*, Schuldrecht II/2, 13. Auflage 1994, § 69 I 1 b sowie BGHZ 82, 299, 306; 107, 111, 120 f.

116 Vgl. dazu bereits BGH GRUR 1987, 128.

dann wahrscheinlich auf die konkrete Art der Werbung verzichtet. Dann aber ginge der Bereicherungsgläubiger leer aus. Nach dem Zweck des Bereicherungsrechts sollen die im Vermögen des Bereicherungsschuldners vorhandenen Vermögensvorteile abgeschöpft werden. Hier hat aber der Optiker objektiv einen Vermögensvorteil in Gestalt der Nutzungsmöglichkeit erhalten. Das spricht dafür, dass in unserem Fall auf den Bereicherungsgläubiger abgestellt wird, der für eine derartige Werbung mit einem Foto typischerweise ein Entgelt genommen hätte. Also kommt es darauf an, was er ansonsten für ein Honorar genommen hätte.[117]

Prüferin: Nun ist dies aber schwer zu beziffern. Welche Indizien könnten Sie sich hier vorstellen für die konkrete Bemessung?

Kandidat: Der Optiker hat mehrmals in der örtlichen Tageszeitung geworben. Es wäre daher unbillig, die Höhe des Entgelts an den überregionalen Tageszeitungen zu bemessen. Da das Bereicherungsrecht, wie gesagt, nur Vermögensvorteile abschöpfen soll, aber keinen Strafcharakter hat, erscheint es mir sachgerecht, auch die Auflagenstärke der jeweiligen Publikation in Rechnung zu stellen.[118] Auf der anderen Seite muss man allerdings auch die konkrete Werbewirkung mit in Rechnung stellen.[119]

Prüferin: Kann man aber nicht sagen, dass sich der Moderator doch gleichsam gratis dem Fotografen präsentiert hat?

Kandidat: Auch hier muss man auf das jeweilige Personenverhältnis abstellen. Gratis präsentiert hat sich der Moderator nur gegenüber seinem Freund. Hier gelangte jedoch das Bild durch andere Kanäle zum Optiker. Diesem gegenüber hatte der Moderator keine entsprechende freundschaftliche Verpflichtung oder auch nur Berechtigung ausgesprochen. Das bedeutet, dass Fuchsberger nur dem ihm befreundeten Optiker seine Popularität unentgeltlich zur Verfügung stellen wollte.

Prüferin: Aber dann hätte der Moderator doch auf diese Weise noch ein Geschäft gemacht mit einer Tat, die ursprünglich auf rein freundschaftlicher Basis angelegt war, oder?

Diese harmlose Nachfrage ist wiederum ein Beispiel dafür, dass sich der Kandidat auf dem richtigen Weg befand und jetzt sein Ergebnis nur noch abrunden muss. Wie-

---

117 Vgl. auch BGHZ 30, 7, 17; BGH GRUR 1982, 286, 288.
118 Ebenso OLG Hamburg AfP 1983, 282, 283.
119 Vgl. BGH GRUR 1961, 138, 140.

derum soll es nicht ganz in Frage gestellt, sondern nur um eine weitere Nuance verfeinert werden. Keinesfalls sollte der Kandidat jetzt eine Kehrtwende einleiten. Er kann durchaus bei seinem Ergebnis bleiben, muss sich aber auf der anderen Seite auch fragen, ob man diesen Gesichtspunkt, den die Prüferin mit ihren letzten beiden Fragen zur Diskussion gestellt hat, noch zur besseren Nachvollziehbarkeit seines Ergebnisses verwenden kann.

Kandidat: Nun, man könnte sich fragen, ob nicht derjenige Anteil des Werts, der auf die Werbewirkung zugunsten des befreundeten Optikers entfällt, aus dem Bereicherungsanspruch herausgerechnet werden kann.[120] Dann wäre nur noch dasjenige als marktübliche Vergütung herauszugeben, was der Optiker an Werbekraft für sein eigenes Unternehmen erlangt hat. Dieses Ergebnis erscheint vorzugswürdig, weil der Bereicherungsgläubiger sich auch nicht „über Gebühr" bereichern soll.[121]

Prüferin: Was würden Sie zusammenfassend als den Schwerpunkt dieser Entscheidung ansehen?

Eine neuartige Art der Fragestellung. Sie kann jedoch den Zweck haben, zum einen vom Kandidaten zu erfragen, wo er die Schwerpunkte sieht. Das ist besonders dann ein probates Mittel, wenn, wie regelmäßig der Fall, mehrere Kandidaten zugleich geprüft werden. Dann kann ein anderer Kandidat noch einmal daraufhin getestet werden, ob er die Schwerpunkte des Falles zu gewichten weiß. Zum anderen kann diese Art der Fragestellung aber auch dazu dienen, einen Punkt des Falles noch einmal zu vertiefen. So liegt es hier.

Kandidat: Unter konstruktiven Gesichtspunkten ist wohl die schwierigste Klippe des Falles die Subsidiarität der Leistungskondiktion.

Prüferin: Richtig. Wir hatten uns dorther gefragt, was genau erlangt worden ist. Erinnert Sie das vielleicht an eine andere – prominentere – Konstellation?

Hier soll kein stereotypes Entscheidungswissen abgeprüft werden. Da es hier nurmehr um die Vertiefung des Falles geht, sind auch lediglich Pluspunkte zu erwarten. Es kann jedoch auf diese Weise herausgefunden werden, ob der Kandidat gleichsam

---

120 In diese Richtung BGH NJW 1992, 2084, 2085.
121 Zusammenfassung der Entscheidung des BGH bei *Petersen*, Medienrecht, 5. Auflage 2010, § 6 Rn. 15 ff.

flächendeckend denken kann und sich im bürgerlich-rechtlichen Anspruchssystem zu behaupten weiß. Da gerade die vorliegende Problematik einen hohen Grad an Abstraktheit aufweist, kann es nicht bemängelt werden, wenn der Kandidat hier keine parallele Entscheidung zur Hand hat. Da jedoch die vorliegende Entscheidung im einschlägigen Schrifttum zur Examensvorbereitung im gleichen Zusammenhang erörtert wird mit der Entscheidung, auf die die Prüferin anspielt, ist die Frage zumindest nicht unlösbar.[122]

Kandidat: Die Problematik des Vorrangs der Leistungskondiktion ist vom Jungbullenfall her geläufig.[123] Dort konnte nur der Besitz, nicht aber das Eigentum geleistet werden. Deshalb konnte im Hinblick auf das Eigentum auch die Nichtleistungskondiktion nicht durch die Leistung des Besitzes verdrängt werden.

Prüferin: Richtig, könnten Sie das etwas genauer darlegen, vielleicht anhand des Falles selbst?

Kandidat: Jemand hatte zwei Jungbullen gestohlen und selbige dann an einen Gutgläubigen weiter verkauft, der sie zu Fleischwaren verarbeitete. Der Eigentümer wandte sich gegen den Gutgläubigen mit einem Anspruch aus § 951 BGB in Verbindung mit § 812 Abs. 1 S. 1 Alt. 2 BGB, weil dieser die Tiere verarbeitet hatte. Seiner Eingriffskondiktion könnte eine vorrangige Leistungsbeziehung entgegenstehen. Geleistet wurde aber im Verhältnis des Diebs zum Gutgläubigen nur der Besitz, weil der Dieb das Eigentum wegen § 935 BGB nicht verschaffen konnte.

Es ist, wie gesagt, eher außergewöhnlich, dass der Kandidat aufgefordert wird, einen so komplexen Fall mit mannigfaltigen rechtlichen Problemen selbst darzustellen. Zumindest zählt dies nicht mehr zum Pflichtprogramm. Es verdient aber natürlich Pluspunkte, wenn jemand dazu in der Lage ist, einen einschlägigen Parallelfall nicht nur selbst zu bilden, sondern auch im Hinblick auf die relevanten Rechtsprobleme vergleichend einzubringen.

Prüferin: Sehr schön. Was würden sie im Jungbullenfall für ausschlaggebend halten, den Subsidiaritätsgrundsatz oder den gerade von Ihnen genannten § 935 BGB?

---

[122] Vgl. *Medicus/Petersen*, Bürgerliches Recht, 29. Auflage 2023, Rn. 727.
[123] BGHZ 55, 176.

Hier und im Folgenden bewegt sich die Prüfung auf einem bereicherungsrechtlich hohen, nahezu wissenschaftlichen Niveau, so dass dies von einem durchschnittlichen Kandidaten mitnichten erwartet werden könnte.

Kandidat: Beide wirken hier in gewisser Weise zusammen: Der Subsidiaritätsgrundsatz steht nicht entgegen, weil das Geleistete mit dem Herausverlangten nicht im Rechtssinne identisch ist, sondern im ersten Fall Besitz und im zweiten Fall Eigentum ist. Dies geht jedoch letztlich zurück auf § 935 BGB, der insoweit also die entscheidende Wertung darstellt.

Prüferin: Ausgezeichnet. Wie könnte man also, um diesem Grundsatz Rechnung zu tragen, das Subsidiaritätsprinzip formulieren?

Kandidat: Man könnte sagen, dass Geleistetes im Grundsatz nicht durch die Nichtleistungskondiktion zurückverlangt werden kann, es sei denn, dass im Einzelfall eine Wertung, wie zum Beispiel § 935 BGB, entgegensteht.[124]

Prüferin: Aber wie kommen wir da gerade auf § 935 BGB, der gehört doch einem anderen Rechtsgebiet innerhalb des BGB an?

Kandidat: Es handelt sich dabei um eine zentrale sachenrechtliche Wertung. Diese sachenrechtlichen Wertungen sollen auch mit dem Begriff der Subsidiarität nicht ausgehebelt werden.

Prüferin: Gut, versuchen wir das auf unseren Ausgangsfall zu übertragen, könnten wir auch da eine entsprechende sachenrechtliche Wertung finden?

Kandidat: In unserem Ausgangsfall haben wir es nicht mit Besitz und Eigentum zu tun, sondern mit dem Bild als Sache und dem Bild als Gegenstand eines Verwertungsrechts. Leistungsmäßig erlangt war nur das Bild als Sache, nicht aber das Verwertungsrecht. Die sachenrechtliche Wertung des § 935 BGB hilft bezogen auf die Verwertung nicht weiter. Nach dem was ich eben gesagt habe, dass nämlich Geleistetes nicht im Wege der Nichtleistungskondiktion zurück verlangt werden kann, es sei denn, dass eine sachenrechtliche Wertung entgegensteht, müsste sich somit auch hier die Abkehr vom Subsidiaritätsdogma aufgrund einer sachenrechtlichen Wertung rechtfertigen

---

124 Vgl. zum ganzen *Larenz/Canaris*, Schuldrecht II/2, 13. Auflage 1994, § 67 IV, wonach die Problematik „nicht allein mit einer rein bereicherungsimmanenten Sichtweise, sondern unter Rückgriff auf die sachenrechtlichen Wertungen zu lösen ist". Vgl. auch *Petersen*, Von der Interessenjurispudenz zur Wertungsjurisprudenz, 2001, S. 88 f.

lassen.[125] Man muss sich also aus Sicht des Moderators fragen, welche Behelfe ihm zur Verfügung und zu Gebote gestanden hätten, die konkrete Nutzung des Bildes zu untersagen. Im Fall des Jungbullen war dies § 985 BGB, da der Berechtigte geltend machen konnte, dass er sein Eigentum wegen § 935 BGB nie verloren hatte. Hier dagegen geht es darum, dass der Moderator gegen eine unbefugte Nutzung seines Bildes hätte einschreiten können.

Prüferin: Woraus hätte sich denn ein solcher Anspruch ergeben?

Kandidat: Es müsste sich um einen negatorischen Anspruch handeln, also einen Abwehranspruch mit dem Inhalt, dass die entsprechende Publikation der Fotografie unterbleibt.[126]

Prüferin: Kennen Sie da eine Anspruchsgrundlage?

Kandidat: Direkt geregelt sind solche Abwehransprüche gegen unzulässige Veröffentlichungen nicht. Man kann hier jedoch eine Gesamtanalogie all der Vorschriften heranziehen, die einen negatorischen Schutz vermitteln, also § 12 BGB für das Namensrecht, § 862 BGB für Störungen des Besitzes und § 1004 BGB für Störungen in Bezug auf das Eigentum.

Prüferin: Sie würden also eine Gesamtanalogie zu den genannten Vorschriften, also §§ 12, 862, 1004 BGB, heranziehen. Vergleichen wir dies einmal mit dem von Ihnen richtig herausgearbeiteten Grundsatz.

Kandidat: Zumindest zwei dieser Vorschriften entstammen auch dem Sachenrecht. § 862 BGB und § 1004 BGB sind zentrale sachenrechtliche Wertungen. Wenn der Moderator entsprechend diesen Vorschriften also die Veröffentlichung verbieten konnte, so muss sich diese sachenrechtliche Wertung auch im Bereicherungsrecht durchsetzen.[127]

Diese gesamten Überlegungen gehen nun schon weit über den Pflichtfachstoff hinaus. Sie dienen hier nur zur Abrundung des komplexen Falles. Gerade bei guten Prüfungskandidaten kann sich jedoch in der mündlichen Prüfung durchaus gegen Ende ein anspruchsvolles Rechtsgespräch heraus entwickeln, bei dem – selbstverständlich unter Beachtung schwächerer Kandidaten – den Besseren auch Möglichkeiten gegeben werden, ihr Wissen oder ihre Fähigkeit zum rechtlichen Denken unter Beweis

---

125 Grundlegend zum Ganzen *Canaris*, Der Bereicherungsausgleich im Dreipersonenverhältnis, Festschrift für Larenz, 1973, S. 799.

126 Allgemein zu derartigen negatorischen Ansprüchen *Larenz/Canaris*, Schuldrecht II/2, 13. Auflage 1994, §§ 86 ff.

127 *Canaris*, Der Vorrang außerbereicherungsrechtlicher, insbesondere dinglicher Wertungen gegenüber der Saldotheorie und dem Subsidiaritätsdogma, JZ 1992, 1114, 1119.

zu stellen. Die schwächeren Kandidaten, die diesen Abschnitt dann eher staunend mitverfolgen, dürfen sich dadurch nicht eingeschüchtert fühlen. Hier zeigt sich im Übrigen, dass die in den eingangs geäußerten Vorüberlegungen genannten Gründe zur sogenannten Vornotenorientierung stichhaltig sind. Es ist in diesem Stadium des Prüfungsgesprächs nicht mehr entscheidend, welche Vornote jemand erworben hat, sondern ob er den Erörterungen folgen kann. Wer sich auf dieser Ebene des Gesprächs als ansprechbar erweist, kann sich ungeachtet seiner Vornote des positiven Eindrucks aller Prüfer sicher sein. Auf diese Weise kann es auch bei durchschnittlich vorbenoteten Kandidaten zu erheblichen Punktsprüngen kommen. Illegitim wäre es nur, wenn das Prüfungsgespräch sogleich auf einem so hohen Niveau ansetzt und den schwächeren Kandidaten gar nicht erst die Möglichkeit bietet mitzureden.

Prüferin: Lassen sie uns abschließend zur Funktion des Bereicherungsrechts in derartigen Fällen kommen. Welchen Sinn hat hier gerade die Eingriffskondiktion?

Kandidat: Die Eingriffskondiktion ist vom Rechtsfortwirkungsgedanken getragen.[128] Sie soll also erreichen, dass der nicht mehr durchsetzbare dingliche Anspruch bereicherungsrechtlich fortwirkt. Die klassische Konstellation ist allerdings der Spezialfall der Eingriffskondiktion in § 816 BGB. Ist die Verfügung eines Nichtberechtigten dem Berechtigten gegenüber wirksam, so soll dieser wenigstens das Erlangte herausfordern können, wenn er schon das Eigentum an der Sache verliert.

Prüferin: Wie können wir diesen Rechtsfortwirkungsgedanken in Einklang bringen zu unseren vorherigen Überlegungen?

Kandidat: Das bedeutet, dass die Eingriffskondiktion, hier also der Anspruch des Moderators aus § 812 Abs. 1 S. 1 Alt. 2 BGB, nicht schwächer ausgestaltet sein darf als sein unzweifelhaft bestehender negatorischer Anspruch.[129] Daher darf sie auch nicht versperrt sein durch eine Leistungskondiktion.

Es ist typisch, dass eine derartige anspruchsvolle Prüfung endet mit dem Rekurs auf einen allgemeinen Grundsatz. Hier können sich auch schwächere Kandidaten

---

128 Grundlegend *Wilburg*, Entwicklung eines beweglichen Systems im bürgerlichen Recht, AcP 163 (1964), 346, 348 f.; *ders.* bereits in: Die Lehre von der ungerechtfertigten Bereicherung nach österreichischem und deutschem Recht, 1934, S. 49. Vgl. auch *Larenz/Canaris*, Schuldrecht II/2, 13. Auflage 1994, § 69 I 1 b (a.E.): „Vindikationsersatzfunktion der Nichtleistungskondiktion".
129 *Canaris*, Der Vorrang außerbereicherungsrechtlicher, insbesondere dinglicher Wertungen gegenüber der Saldotheorie und dem Subsidiaritätsdogma, JZ 1992, 1114, 1119.

wieder einschalten, weil der Rechtsfortwirkungsgedanke durchaus zum paraten Examensstoff gehört. In einer solch anspruchsvollen Prüfungssituation ist es aber selten ganz falsch, wenn nach einem tragenden Grundsatz gefragt wird und ein solcher genannt wird. Das gilt umso mehr, als ein anderer entscheidender Grundsatz – der Abschöpfungsgedanke des Bereicherungsrechts – schon zu Beginn angeklungen ist. Da es der Prüferin aber offensichtlich eher darauf ankam, funktionelles Rechtsdenken im Bereicherungsrecht auf der Grundlage zweier Fälle zu illustrieren, wird man es nicht für indiskutabel halten dürfen, wenn der Kandidat einen anderen entscheidenden Grundsatz zur Diskussion stellt.

5. Prüfungsgespräch (Mobiliarsachenrecht)

Das folgende Gespräch geht von einer ganz einfachen Sachverhaltskonstellation aus, die sich in rechtlicher Hinsicht freilich als überaus komplex und daher für die gutachterliche Falllösung sehr anspruchsvoll erweist. Die Veräußerung einer fremden Sache durch den Minderjährigen ist allerdings ein gängiges Examensproblem. Die Schwierigkeit besteht vor allem im Zusammenwirken von Schuld- und Sachenrecht, ersteres in Gestalt des Bereicherungsrechts, letzteres in Bezug auf den gutgläubigen Erwerb. Ergänzt wird dieses Gespräch durch den klassischen Menzelbilderfall des Reichsgerichts und die Rechtsprechung des Bundesgerichtshofs zur Kondiktionsfestigkeit des Ersitzungserwerbs.

Prüfer:	Beginnen wir mit einem kleinen Fall: E verkauft und übereignet dem minderjährigen M eine bewegliche Sache, wobei M, der sich besser auskennt, den E über Herkunft und Wert der Sache arglistig getäuscht hat. M veräußert die Sache weiter an den gutgläubigen G. Kann jetzt E, der gegenüber dem gesetzlichen Vertreter des M die Anfechtung erklärt hat, von G die Herausgabe der Sache verlangen?
Kandidat:	Ich würde mit einem Anspruch aus § 985 BGB beginnen. Das setzt voraus, dass G Besitzer ist. Dies ist hier der Fall, da er die tatsächliche Sachherrschaft im Sinne des § 854 BGB innehat. Problematisch ist allerdings, ob E Eigentümer der Sache geblieben ist. Ursprünglich war E Eigentümer. Er könnte sein Eigentum jedoch an M durch Übereignung nach § 929 S. 1 BGB verloren haben. Voraussetzung neben der Übergabe wäre, dass sich beide über den Eigentumsübergang geeinigt haben. Es stellt sich damit die Frage, ob der dingliche Vertrag, den E und M miteinander geschlossen haben, wirksam ist.
Prüfer:	Haben Sie da Bedenken?
Kandidat:	Ein Problem könnte sich daraus ergeben, dass M, der an der Übereignung mitgewirkt hat, minderjährig ist. Grundsätzlich bedarf eine Willenserklärung – eine solche ist auch die Willenserklärung bei der Übereignung nach § 929 BGB – der Einwilligung des gesetzlichen Vertreters. Etwas anderes gilt jedoch dann, wenn die Erklärung für ihn lediglich rechtlich vorteilhaft ist. Das ergibt sich aus § 107 BGB.[130]
Prüfer:	Ist die Erklärung hier lediglich rechtlich vorteilhaft?

---

[130] Näher zu den Fragen der Geschäftsfähigkeit und des Minderjährigenrechts *Petersen*, Jura 2003, 97 ff. Instruktiv zu dieser Fallkonstellation *Neuner*, Sachenrecht, 7. Auflage 2024, Fall 1.

Kandidat: Hier geht es nur um den dinglichen Vertrag, das heißt um die auf den Übereignungserfolg abzielende Willenserklärung, wonach der Minderjährige Eigentum erwerben soll. Der Erwerb von Eigentum ist jedoch für ihn lediglich rechtlich vorteilhaft, wie es § 107 BGB verlangt. Folglich sieht es so aus, als sei er Eigentümer geworden.

Bislang ging es nur um Grundlagenstoff, bei dem der Prüfer keinerlei Hilfestellung bieten musste. Diesen Teil des Falles hätte wohl typischerweise ein eher schlecht vorbenoteter Kandidat prüfen müssen. Es versteht sich, dass hier mit keinem Wort auf den zugrundeliegenden Kaufvertrag eingegangen werden durfte. Man sollte diesen Begriff auch am besten ganz vermeiden, um nicht unliebsame Nachfragen des Prüfers zu provozieren. Unsicherheiten in diesem Bereich ziehen nahezu zwangsläufig Verstöße gegen das Trennungs- und Abstraktionsprinzip nach sich.

Prüfer: Was meinen Sie damit, dass es so aussieht, als sei er Eigentümer geworden?

Kandidat: E könnte das Eigentum durch Anfechtung rückwirkend, wie es § 142 Abs. 1 BGB vorsieht, wieder erlangt haben.

Auch in der mündlichen Prüfung gilt, dass immer mit der Rechtsfolge begonnen wird und deshalb nicht auf § 123 BGB, sondern auf § 142 Abs. 1 BGB abgestellt wird.

Ist dies der Fall, so hat E sein Eigentum im Rechtssinne niemals verloren.

Prüfer: Welcher Anfechtungsgrund kommt in Betracht?

Kandidat: Aufgrund der arglistigen Täuschung kommt § 123 Abs. 1 Alt. 1 BGB in Betracht. Da sich E dem Sachverhalt nach auch über Herkunft und Wert der Sache geirrt hat, könnte man des Weiteren an § 119 Abs. 2 BGB denken.

Prüfer: Ist dies einschränkungslos gültig?

Kandidat: Man muss differenzieren: Verkehrswesentliche Eigenschaften im Sinne des § 119 Abs. 2 BGB sind alle wertbildenden Faktoren, die der Sache auf Dauer anhaften. Dazu gehört die Herkunft, nicht aber der Wert, weil die Herkunft den Wert bildet, nicht aber der Wert sich selbst.[131] Demnach wäre allenfalls die Herkunft der Sache eine verkehrswesentliche Eigenschaft.

---

131 *Brox/Walker*, Allgemeiner Teil des BGB, 48. Auflage 2024, § 18 Rn. 13; *Rüthers/Stadler*, Allgemeiner Teil des BGB, 21. Auflage 2022, § 25 Rn. 49.

Prüfer:	Welchen Anfechtungsgrund würden Sie in den Vordergrund stellen?
Kandidat:	Ich würde mit § 123 Abs. 1 Alt. 1 BGB beginnen. Bei der Anfechtung nach § 119 Abs. 2 BGB wäre zusätzlich zu klären und problematisch, ob und inwieweit dieser Irrtum auch die hier interessierende dingliche Ebene erfasst. Grundsätzlich wirkt ein derartiger Irrtum nämlich auf der schuldrechtlichen Ebene. Bei den hier einschlägigen Anfechtungsgründen ist aber entscheidend, dass sie auch und gerade den dinglichen Vertrag betreffen. Schließlich geht es allein um die Übereignung nach § 929 S. 1 BGB. Während bei § 119 Abs. 2 BGB zweifelhaft ist, ob auch die dingliche Ebene erfasst wird, zerstört die Anfechtung wegen arglistiger Täuschung nicht nur das schuldrechtliche Verpflichtungsgeschäft, sondern auch das dingliche Verfügungsgeschäft.
Prüfer:	Wie nennt man diese Erscheinung?
Kandidat:	Man spricht hier von Fehleridentität.[132]
Prüfer:	Was bedeutet dieser Begriff?
Kandidat:	Damit ist gemeint, dass derselbe Fehler sowohl auf der schuldrechtlichen als auch auf der dinglichen Ebene wirkt. Entscheidend ist also, dass die Täuschung hier bei der Übereignung fortwirkt. Das ist bei der Anfechtung nach § 123 Abs. 1 Alt. 1 BGB grundsätzlich zu bejahen.
Prüfer:	Wie sähe es bei § 119 Abs. 2 BGB aus?
Kandidat:	Dort wird dies uneinheitlich beurteilt.[133]
Prüfer:	Kennen Sie den diesbezüglichen Streitstand?
Kandidat:	Das Reichsgericht nahm an, dass auch der Eigenschaftsirrtum die dingliche Ebene berührt, sofern beide Geschäfte in einem Willensakt zusammenfallen.[134] Im Schrifttum sind die Meinungen geteilt. Während einige die Anfechtbarkeit des Verfügungsgeschäfts ohne weiteres annehmen,[135] lehnen andere die Anfechtung des Verfügungsgeschäfts schlechthin ab.[136] Eine vermittelnde Auffassung hält die

---

132 Vgl. dazu *Medicus/Petersen*, Allgemeiner Teil des BGB, 12. Auflage 2024, Rn. 231 ff.
133 Vgl. zum Ganzen *Grigoleit*, Abstraktion und Willensmängel – Die Anfechtbarkeit des Verfügungsgeschäfts, AcP 199 (1999), 379, 396 ff.
134 RGZ 66, 385, 390; großzügiger noch RG Warnmeyer 5/1912, 1, 3.
135 Vgl. *Flume*, Allgemeiner Teil des Bürgerlichen Rechts II, 4. Auflage 1992, § 24 2 b; *Singer*, Selbstbestimmung und Verkehrsschutz im Recht der Willenserklärungen, 1995, S. 50; *Grundmann*, Zur Anfechtbarkeit des Verfügungsgeschäfts, JA 1985, 80, 83.
136 *Stadler*, Gestaltungsfreiheit und Verkehrsschutz durch Abstraktion, 1996, S. 178.

Anfechtung des Verfügungsgeschäfts für möglich, sofern dadurch keine Interessen redlicher Dritter berührt werden.[137]

Prüfer: Welche Ansicht würden Sie favorisieren?

Kandidat: Gegen die Anfechtung des Verfügungsgeschäfts nach § 119 Abs. 2 BGB spricht, dass Eigenschaften der beteiligten Personen bzw. solche des Gegenstandes, über den verfügt wird, im Hinblick auf die Verfügungserklärung kaum je verkehrswesentlich sein dürften.[138]

Prüfer: Gut, lassen Sie uns mit der Anfechtung nach § 123 BGB fortfahren, die Sie auch zutreffend in den Mittelpunkt gestellt haben.

Die Anfechtung des Verfügungsgeschäfts ist eines der anspruchsvolleren Probleme im Bereich des Abstraktionsprinzips. Selten wird der Irrtum über eine verkehrswesentliche Eigenschaft der einzige Grund der Anfechtung sein, da die Lösungen je nach der vertretenen Ansicht vollkommen divergieren.[139] Der Fall bietet aber immerhin die Möglichkeit, dieses Problem von Seiten des Prüfers kurz aufzuwerfen. An dieser Stelle dürfte jedoch die Reihe an einen der besseren Kandidaten gelangen, da die Beantwortung dieser Frage gründliche Vorkenntnisse und Sicherheit im Bereich des Zivilrechts verlangt.

Kandidat: Hier lag eine arglistige Täuschung vor, so dass E mit Erfolg dem gesetzlichen Vertreter gegenüber gemäß § 131 Abs. 2 BGB anfechten konnte und folglich Eigentümer der Sache geblieben ist.

Prüfer: Besteht noch eine Möglichkeit, dass E das Eigentum verloren hat?

Kandidat: E könnte das Eigentum in der Folge jedoch durch gutgläubigen Erwerb des G verloren haben nach §§ 929 S. 1, 932 Abs. 1 BGB. Die Voraussetzungen des gutgläubigen Erwerbs liegen an sich auch vor, so dass G gutgläubig erworben haben könnte. E war wegen der rückwirkenden Anfechtung Eigentümer geblieben, so dass ein Erwerb vom Berechtigten nicht in Frage kommt.

Prüfer: Trotzdem scheinen Sie ein Unbehagen zu empfinden, gutgläubigen Erwerb hier anzunehmen?

Kandidat: Die Besonderheit liegt hier darin, dass M, der die Sache veräußert, minderjährig ist. Auf der anderen Seite veräußert er keine eigene

---

137 *Lindemann*, Die Durchbrechungen des Abstraktionsprinzips durch die höchstrichterliche Rechtsprechung seit 1900, 1989, S. 48 ff.

138 Vgl. *Grigoleit*, Abstraktion und Willensmängel – Die Anfechtbarkeit des Verfügungsgeschäfts, AcP 199 (1999), 379, 398 f.

139 Vgl. *Petersen*, Das Abstraktionsprinzip, Jura 2004, 98, 100.

	Sache, sondern eine fremde. Für ihn ist also das Rechtsgeschäft zumindest nicht rechtlich nachteilhaft.
Prüfer:	Aber § 107 BGB verlangt doch, wie Sie vorhin selbst gesagt haben, dass es lediglich rechtlich vorteilhaft ist.
Kandidat:	Hier ist es für ihn an sich weder rechtlich nachteilhaft noch lediglich rechtlich vorteilhaft; es ist schlicht neutral für ihn.
Prüfer:	Wie würden Sie mit einem derart neutralen Geschäft für den Minderjährigen verfahren?
Kandidat:	Aus meiner Sicht ist der Schutzzweck der §§ 105 ff. BGB in einem solchen Fall nicht berührt. Ich hätte daher keine Bedenken, die Verfügung für wirksam zu halten.
Prüfer:	Gibt es vielleicht in einem anderen Bereich des Allgemeinen Teils eine Wertung, die Ihr Ergebnis – die Unbedenklichkeit des rechtlich neutralen Geschäfts – stützt?
Kandidat:	Das Minderjährigkeitsrecht ist in vieler Hinsicht ähnlich strukturiert wie das Stellvertretungsrecht. Dort bestimmt § 165 BGB, dass die Wirksamkeit einer von oder gegenüber einem Vertreter abgegebenen Willenserklärung nicht dadurch beeinträchtigt wird, dass der Vertreter in der Geschäftsfähigkeit beschränkt ist.
Prüfer:	Was ist der Sinn dieser Vorschrift?
Kandidat:	Da der Vertreter zwar eine eigene Willenserklärung abgibt, diese jedoch nicht für und gegen ihn, sondern nur gegen den Vertretenen wirkt, wie dies § 164 BGB sagt, ist es unbedenklich, wenn der Vertreter in der Geschäftsfähigkeit beschränkt ist.
Prüfer:	Was könnte man daraus für unseren Fall folgern?
Kandidat:	Analog § 165 BGB könnte man das rechtlich neutrale Geschäft, das wir hier vorliegen haben, in gleicher Weise behandeln, so dass auch bei der Veräußerung einer fremden Sache durch den Minderjährigen ein gutgläubiger Erwerb des G in Betracht kommt.
Prüfer:	So sieht es auch die herrschende Meinung.[140] Gibt es vielleicht gleichwohl einen Punkt, der uns zweifeln lassen kann?

An dieser Stelle der Prüfung würde typischerweise ein etwas besserer Kandidat das Wort erhalten. Der Fall wurde bewusst bisher unter Zugrundelegung der herr-

---

140 Vgl. *Schreiber,* Neutrale Geschäfte Minderjähriger (§ 107 BGB), Jura 1987, 221; *Coester-Waltjen,* Nicht zustimmungsbedürftige Rechtsgeschäfte beschränkt geschäftsfähiger Minderjähriger, Jura 1994, 668, 669; *Schröder,* Rezension zu Medicus, Bürgerliches Recht, 8. Auflage 1978, FamRZ 1979, 643 f.

schenden Meinung gelöst; jetzt kommt noch eine wichtige Stimme des Schrifttums ins Gespräch.

Kandidat: Man wird möglicherweise bedenken müssen, dass es sich um ein Problem des gutgläubigen Erwerbs handelt.

Prüfer: Richtig, was ist denn eigentlich der Zweck des gutgläubigen Erwerbs?

Kandidat: Der Zweck des gutgläubigen Erwerbs besteht im Verkehrsschutz.[141]

Prüfer: Wie soll also der Verkehrsteilnehmer gestellt werden?

Kandidat: Er soll grundsätzlich so gestellt werden, wie er bei Richtigkeit seiner Vorstellung, also dass der Veräußerer Berechtigter wäre, stünde.

Prüfer: Wie stünde er denn, wenn seine Vorstellung zutreffend wäre?

Kandidat: G würde davon ausgehen müssen, dass er vom Minderjährigen als Berechtigtem erwirbt. Nur dann und nur insoweit verdient sein guter Glaube Schutz.

Prüfer: Wie wäre es aber denn, wenn er vom Minderjährigen als Berechtigten erwerben wollte?

Kandidat: Legt man seine Annahme zugrunde, so ist sein Veräußerer ein Minderjähriger. Dessen Übereignungserklärung wäre aber nach den §§ 105 ff. BGB unwirksam.

Prüfer: Zu welchem Ergebnis käme man dann letztlich?

Kandidat: Vom Minderjährigen als Berechtigten könnte der Dritte wegen den §§ 105 ff. BGB nicht erwerben. Die Merkwürdigkeit des Ergebnisses bestünde darin, dass der Erwerber nur deshalb Eigentum gutgläubig erwerben kann, weil er von einem Minderjährigen erwirbt.[142]

Prüfer: Wie würde man das mit dem gutgläubigen Erwerb in Einklang bringen?

Kandidat: Der Zweck des gutgläubigen Erwerbs besteht darin, den redlichen Verkehrsteilnehmer so, und nur so zu stellen, wie er stünde, wenn seine Vorstellung richtig wäre. Bei der Veräußerung einer fremden Sache durch den Minderjährigen würde er aber besser gestellt, nur weil der Veräußerer gerade minderjährig ist. Er kann vom Nichtberechtigten erwerben, obwohl ihm gleiches vom Berechtigten nicht gelänge. Das ist aber eigentlich nicht im Interesse der Vorschriften über den gutgläubigen Erwerb.[143]

---

141 Grundlegend *J. Hager*, Verkehrsschutz durch redlichen Erwerb, 1990.

142 *Medicus/Petersen*, Bürgerliches Recht, 29. Auflage 2023, Rn. 540.

143 Vgl. auch *Braun*, Gutgläubiger Erwerb vom Minderjährigen gem §§ 107, 932 BGB, Jura 1993, 459; zusammenfassend zum vorliegenden Problem auch *Petersen*, Der Minderjährige im Schuld- und Sachenrecht, Jura 2003, 399, 401.

Prüfer:	Auf der anderen Seite haben wir aber doch eben gesehen, dass die Gutglaubensvorschriften, wie Sie selbst gesagt haben, an sich eingreifen. Wie könnte man das Problem dann rechtstechnisch lösen?
Kandidat:	Nach der Ansicht, die ich soeben skizziert habe, müsste man über eine teleologische Reduktion der Gutglaubensvorschriften nachdenken.
Prüfer:	Was ist eigentlich eine teleologische Reduktion?
Kandidat:	Eine Vorschrift, die an sich ihren Voraussetzungen nach anwendbar wäre, wird im Einzelfall nicht angewendet, weil der Zweck der Vorschrift etwas anderes gebietet.
Prüfer:	Ist das nicht eigentlich ungeheuerlich?
Kandidat:	Es war innerhalb der Methodenlehre lange Zeit diskutiert worden, ob so etwas überhaupt sein darf. Heute jedoch steht die Zulässigkeit der teleologischen Reduktion außer Frage, weil es sich letztlich nur um einen Unterfall der Analogie handelt. Es geht der Sache nach um eine Art „umgekehrte Analogie".[144]

Derartige Ausflüge in die Methodenlehre sind, wo immer sich Anlass bietet, typisch und bezeichnend für die mündliche Prüfung. Man darf nie vergessen, dass die mündliche Prüfung der geeignete Ort ist, den Kandidaten auch dort „auf den Zahn zu fühlen", wo in der Klausur keine weitergehenden Erörterungen verlangt werden können und auch gar nicht angebracht wären. Dabei geht es aber häufig um angewandte Methodenlehre. Gerade in diesem Bereich argwöhnen viele Prüfer, dass die nur im Repetitorium geschulten Kandidaten zu oberflächlich gearbeitet haben. In diesem Punkt sollte sich also der Kandidat keine Blöße geben. Ein anderes beliebtes Beispiel sind die Voraussetzungen der Analogie. Voraussetzung ist nämlich nicht nur die Vereinbarkeit mit Sinn und Zweck der analog anzuwendenden Vorschrift, sondern zuvor das Vorliegen einer Gesetzeslücke. Dabei wird von den Kandidaten häufig von einer „planwidrigen Regelungslücke" gesprochen. Das ist unscharf, denn die Lücke, die es zu definieren gilt, ist bereits eine planwidrige Unvollständigkeit.[145]

Prüfer:	Lassen Sie uns gleichwohl vom Standpunkt der herrschenden Meinung aus weiter prüfen, die ja davon ausgeht, dass ein gutgläubiger Erwerb möglich ist. Dennoch sind Sie ein wenig schnell über die

---

144 Eingehend zum Ganzen *Larenz*, Methodenlehre der Rechtswissenschaft, 6. Auflage 1991, S. 391 ff.
145 Grundlegend *Canaris*, Die Feststellung von Lücken im Gesetz, 1964, S. 17 ff.

Gutgläubigkeit hinweggegangen. Muss man hier nicht die Besonderheiten der Anfechtung berücksichtigen?

Kandidat: Für die Gutgläubigkeit im Sinne des § 932 Abs. 2 BGB kommt es im vorliegenden Fall wegen § 142 Abs. 2 BGB auf die Anfechtbarkeit an und nicht auf das Eigentum, da M zur Zeit der Übereignung mangels einer Anfechtungserklärung noch Eigentümer war. Da G aber gutgläubig bezüglich der Anfechtbarkeit war, erwirbt er Eigentum. Insbesondere ist der gutgläubige Erwerb auch nicht nach § 935 Abs. 1 BGB ausgeschlossen. Der Berechtigte, nach erfolgter Anfechtung der E, hat den Besitz an der Sache nicht ohne seinen Willen verloren.[146] Vielmehr hat er ihn freiwillig auf M übertragen. Ein Abhandenkommen scheidet demnach aus. Im Ergebnis hat also der G nach § 929 S. 1 BGB in Verbindung mit §§ 932, 142 Abs. 2 BGB Eigentum erlangt. Der Herausgabeanspruch aus § 985 BGB besteht also nicht.

Prüfer: Welche weiteren Ansprüche kommen in Frage?

Kandidat: Aus § 1007 BGB kann E keine Ansprüche herleiten. G war bei Besitzerwerb gutgläubig und die Sache war dem E auch nicht abhanden gekommen. Er hat den Besitz ja nicht unfreiwillig verloren, sondern von sich aus hergegeben. Auch ein Anspruch aus § 861 BGB liegt nicht vor, da der E den Besitz nicht durch verbotene Eigenmacht im Sinne des § 858 BGB verloren hat.

Prüfer: Wie sieht es denn mit Bereicherungsrecht aus?

Kandidat: Ein Anspruch aus Leistungskondiktion gemäß § 812 Abs. 1 S. 1 Alt. 1 BGB kommt nicht in Betracht, da im Verhältnis E – G keine Leistung, also keine zweckgerichtete, bewusste Vermehrung fremden Vermögens vorliegt. Zu denken wäre an eine Nichtleistungskondiktion gemäß § 812 Abs. 1 S. 1 Alt. 2 BGB. Allerdings ist nach dem Grundsatz der Subsidiarität der Nichtleistungskondiktion der Rückgriff auf die Nichtleistungskondiktion versperrt, wenn in einem anderen Personenverhältnis eine Leistung vorliegt. Nach unserer Lösung ist ja dem G das Eigentum durch M geleistet worden.

Prüfer: Ist das auch wertungsmäßig folgerichtig?

Kandidat: Wenn man annimmt, dass G gutgläubig Eigentum erworben hat und dem Institut des gutgläubigen Erwerbs nicht die eben genannten Bedenken entgegenstehen, so ist dies wertungsmäßig folgerichtig,

---

146 Vgl. MüKoBGB/*Oechsler*, 9. Auflage 2023, § 935 Rn. 6 ff.

weil der Gutglaubenserwerb nicht durch das Bereicherungsrecht wieder aus den Angeln gehoben werden soll.[147]

Prüfer: Gibt es nicht vielleicht doch eine Möglichkeit, einen etwas entlegeneren bereicherungsrechtlichen Anspruch zumindest zu diskutieren?

Bei dem Folgenden handelt es sich eigentlich um ein Standardproblem, das gleichwohl im konkreten Fall regelmäßig schwer zu finden ist. Es ist jedoch ein typisches Folgeproblem der oben behandelten Konstellation der Veräußerung einer fremden Sache durch den Minderjährigen. Es stellt sich jedoch nur dann, wenn man im Einklang mit der hier vertretenen – wenngleich sehr fragwürdigen – Ansicht davon ausgeht, dass G gutgläubig erworben hat. Aus diesem Grund ist der hier eingeschlagene Weg prüfungstaktisch vorzugswürdig, mögen die besseren Gründe auch für die Mindermeinung sprechen, welche die Möglichkeit des gutgläubigen Erwerbs in der Konstellation verneint.[148]

Kandidat: Man könnte an einen Anspruch aus § 816 BGB als Spezialfall der Eingriffskondiktion denken.

Prüfer: Da müssten Sie dann aber Satz und Absatz näher angeben.

Ausnahmsweise schien es hier geraten, zunächst pauschal § 816 BGB anzugeben, obwohl dies an sich ein unzulässig vergröberndes Zitat ist. Getreu dem Grundsatz von der allmählichen Verfertigung der Gedanken beim Reden kann es jedoch vorzugswürdig sein, sich zunächst alle Optionen offen zu halten und den Prüfer damit zu ermutigen, den richtigen Weg zu weisen. Ist § 816 BGB abwegig, so hilft auch ein genaues Zitat nicht. Ist er jedoch in einem seiner Sätze und Absätze einschlägig, so wird in einer derart schwierigen und verfahrenen Situation kein Prüfer Anstoß daran nehmen, dass die Vorschrift nicht exakt zitiert worden ist.

Kandidat: Man könnte zunächst an § 816 Abs. 1 S. 1 BGB denken, der voraussetzt, dass ein Nichtberechtigter eine Verfügung über einen Gegenstand trifft, die dem Berechtigten gegenüber wirksam ist. So liegt es jedoch nur in dem Verhältnis des E gegenüber M. M hat also dem E das durch die Verfügung Erlangte herauszugeben.

---

147 Vgl. zum Ganzen das vorangehende Prüfungsgespräch.
148 Näher zu den Konsequenzen für die Fallbearbeitung *Petersen*, Der Minderjährige im Schuld- und Sachenrecht, Jura 2003, 399, 401.

Streng genommen ist es unzulässig, im Rahmen eines klar bezeichneten Personen-
verhältnisses ein anderes Personenverhältnis zu prüfen. Hier jedoch ist es aus-
nahmsweise zweckmäßig und wohl auch weiterführend. Getreu dem soeben zitierten
Grundsatz wird es niemand dem Kandidaten übel nehmen, wenn er sich die recht-
liche Einordnung der Personenverhältnisse auf diese Weise noch einmal vergegen-
wärtigt. Denn § 816 BGB ist eine so schwierige Regelung, dass man sich – zumal in
der angespannten Situation der mündlichen Prüfung – immer Klarheit darüber
verschaffen muss, in welchem Personenverhältnis man sich gerade befindet. Zudem
kann es aus Gründen der wertungsmäßigen Folgerichtigkeit förderlich sein, festzu-
stellen, dass dem E ein bereicherungsrechtlicher Anspruch gegenüber seinem Ver-
tragspartner M zusteht.

	Auf das vorliegende Personenverhältnis E gegen G bezogen kommt daher allenfalls § 816 Abs. 1 S. 2 BGB in Betracht. Dieser setzt jedoch voraus, dass Unentgeltlichkeit vorliegt. Unentgeltlichkeit bedeutet, dass die Verfügung zum Vollzug einer Schenkung vorgenommen wurde. Eine Schenkung ist hier jedoch nicht ersichtlich.
Prüfer:	Was liegt statt der Schenkung vor?
Kandidat:	Der Minderjährige hat die Sache veräußert, also wohl verkauft. Und möglicherweise ist es der Gesichtspunkt der Minderjährigkeit, der hier die Brücke zu § 816 Abs. 1 S. 2 BGB bauen kann. Denn wenn die Verfügung nicht unentgeltlich, aber doch nichtig war, also in der bereicherungsrechtlichen Terminologie rechtsgrundlos erfolgt, so kann man sich fragen, ob dem schenkweisen Erwerb der rechtsgrundlose gleichgestellt werden kann.[149]
Prüfer:	Was würden Sie von einer derartigen Gleichstellung halten?
Kandidat:	Für sie spricht, dass von der Verpflichtung aus betrachtet keiner eine Gegenleistung erbringen muss. Ist der Vertrag nichtig und das Geleistete somit rechtsgrundlos erfolgt, so muss, da eine Verpflichtung nicht besteht, die Gegenleistung nicht erbracht werden. Gleiches gilt, wenn ein Gegenstand geschenkt worden ist; auch dann besteht keine Pflicht, eine Gegenleistung zu erbringen. Auf der anderen Seite muss man berücksichtigen, dass zwar keine Gegenleistung erbracht werden muss, aber möglicherweise im konkreten Fall eine solche bereits erfolgt ist. Man darf nämlich nicht unberücksichtigt lassen, dass G hier seine Leistung an den minderjährigen Vertragspartner bereits erbracht haben kann. Würde man dem E gestatten, sich

---

149 Vgl. dazu *Medicus/Petersen*, Bürgerliches Recht, 29. Auflage 2023, Rn. 390.

analog § 816 Abs. 1 S. 2 BGB sogleich an G zu wenden, so bliebe der Umstand unberücksichtigt, dass G seine Leistung an M schon erbracht hat.

Prüfer: Aber er könnte sich dann doch an M wenden.

Kandidat: Gewiss, doch würde ihn das mit dem Risiko belasten, dass er von diesem womöglich nichts erhalten würde. Denn als Minderjähriger hat er das Geld vielleicht schon ausgegeben, ist also entreichert im Sinne des § 818 Abs. 3 BGB und haftet vielleicht nicht verschärft nach den §§ 819 Abs. 1, 818 Abs. 4 BGB.

Prüfer: Auch dann nicht, wenn er wie hier arglistig gehandelt hat?

Kandidat: Das hängt von der Frage ab, ob man für die Bösgläubigkeit des minderjährigen Bereicherungsschuldners auf den Minderjährigen selbst abstellt oder auf seine gesetzlichen Vertreter. Im Rahmen der hier einschlägigen Leistungskondiktion wird mehrheitlich auf den gesetzlichen Vertreter abgestellt, der aber vielleicht von alledem nichts wusste. Mit einem Anspruch gegen den Minderjährigen stünde G also schlecht da.

Prüfer: Wie würde man denn ein Vorgehen des E gegen den G rechtstechnisch bezeichnen?

Kandidat: Es würde sich um einen Durchgriff handeln. Der E setzt sich nicht mit seinem Vertragspartner, dem M auseinander, sondern greift gleich gegen den G durch.

Prüfer: Was ist davon bereicherungsrechtlich zu halten?

Kandidat: Grundsätzlich sollte die Abwicklung in den jeweiligen Kausalverhältnissen erfolgen und der Durchgriff die Ausnahme sein. Zwar stellt § 816 Abs. 1 S. 2 BGB einen gesetzlich geregelten Fall des Durchgriffs dar, doch sollte man ihn auf die Fälle reduzieren, in denen die tatbestandlichen Voraussetzungen auch gegeben sind. Andernfalls kommt es – wie hier – zu Problemen bei der Rückabwicklung, was man besonders daran sehen kann, dass die Abwicklung im Verhältnis G – M zu Problemen führt. Zu berücksichtigen ist schließlich, was ich eingangs geprüft hatte, nämlich dass dem E ja gegen den M selbst ein Anspruch aus § 816 Abs. 1 S. 1 BGB auf Herausgabe des Erlangten zusteht. Bei dieser gesetzlichen Regelung sollte man es also bewenden lassen.

Prüfer: Schön, jetzt sind wir ja schon relativ weit ins Bereicherungsrecht vorgedrungen und haben die sachenrechtlichen Grundlagen nicht aus den Augen verloren. Lassen sie uns den kurzen Sachverhalt noch ein wenig erweitern. Nehmen sie an, G hat die Sache jetzt weiterverschenkt an D. Kann G die Sache von D auch zehn Jahre später noch zurückverlangen, wenn sich herausstellt, dass G bei der Vornahme der Schenkung und Übereignung unerkannt geisteskrank gewesen ist?

Kandidat: Ich würde zunächst die Vindikation prüfen. § 985 BGB setzt voraus, dass G nach wie vor Eigentümer der Sache ist. Er könnte das Eigentum wiederum nach § 929 S. 1 BGB verloren haben. Jedoch war die auf den Übereignungserfolg gerichtete dingliche Willenserklärung wegen der Geisteskrankheit des G im Sinne von § 104 Nr. 2 BGB gemäß § 105 Abs. 1 BGB nichtig. G ist also zunächst Eigentümer geblieben. Die Besonderheit des Falles besteht jedoch darin, dass inzwischen zehn Jahre vergangen sind. Deshalb muss man an die Möglichkeit der Ersitzung gemäß § 937 BGB denken, deren Voraussetzungen hier offenbar auch vorliegen. G hat also sein Eigentum zwar nicht rechtsgeschäftlich, wohl aber kraft Gesetzes durch die Ersitzung gemäß § 937 BGB verloren.

Prüfer: Gut, wie sieht es mit einem bereicherungsrechtlichen Anspruch aus?

Kandidat: Problematisch ist hier, was genau erlangt worden ist: Letztlich hat D hier zwar Eigentum und Besitz erlangt. Durch Leistung, also zweckgerichtete bewusste Mehrung fremden Vermögens, wurde aber nur der Besitz erlangt. Das Eigentum hat D erst kraft Ersitzung, also durch Gesetz, erlangt.

Prüfer: Wie sieht es mit dem Rechtsgrund aus?

Kandidat: Als Rechtsgrund kommt hier § 937 BGB in Betracht. Dafür spricht im Übrigen auch die Rechtssicherheit.

Prüfer: Warum, was hat das mit der Rechtssicherheit zu tun?

Kandidat: Dem Sinn und Zweck des § 937 BGB entsprechend könnte man argumentieren, dass die Norm mit dem Eintritt der zehnjährigen Frist vollendete Tatsachen schaffen möchte. Danach soll es, so könnte man sagen, bei der gegenwärtigen Rechtsgüterzuordnung bleiben. Wie alle Fristen und Zeitbestimmungen dient sie in besonderer Weise der Rechtssicherheit, so dass diese gefährdet wäre, wenn man gleichwohl einen bereicherungsrechtlichen Anspruch zulassen würde, denn dann wäre der Ersitzungserwerb letztlich nicht kondiktionsfest.

Prüfer: Das ist sehr gut vertretbar,[150] betrachten wir aber noch einmal genau, was erlangt worden ist. Sie hatten gesagt, dass letztlich Eigentum

---

150 Vgl. etwa *Prütting*, Sachenrecht, 38. Auflage 2024, Rn. 450 f.; *Baur/Stürner*, Sachenrecht, 18. Auflage 2009, § 53 Rn. 91.

und Besitz erlangt worden sind, durch Leistung aber lediglich der Besitz. Kann denn dann bei der Leistungskondiktion § 937 BGB wirklich einen Behaltensgrund für den leistungsmäßig allein erworbenen Besitz darstellen?

Auch hier hat die Prüfung bereits sehr schnell einen regelrecht bedrohlichen Schwierigkeitsgrad angenommen. Es ist jedoch zu bedenken, dass sich all diese Erörterungen relativ am Ende des Prüfungsgesprächs befinden. Auch hier geht es nurmehr darum, Pluspunkte zu Gunsten des Kandidaten zu sammeln. Wenn man aber merkt, dass ein Kandidat, wie hier, im Bereicherungsrecht bereits hinreichend sattelfest ist, so wird man ihn auch Schwierigeres noch fragen dürfen, um ihm die Möglichkeit zu geben, Zusatzpunkte zu erwerben.

Kandidat: Man könnte daran denken, dass zumindest für die Leistungskondiktion § 937 BGB keinen Behaltensgrund darstellt. Das würde für eine Trennung zwischen den Kondiktionstypen, also Leistungs- und Eingriffskondiktion, sprechen.[151]

Der Prüfer hat dem Kandidaten hier die mögliche andere Sichtweise förmlich in den Mund gelegt. Geschickterweise greift der Kandidat dies einfach nur auf und versucht eine mögliche Differenzierung anzubieten. Hier können endgültig keine präzisen Kenntnisse mehr verlangt werden.

Prüfer: Was könnte dann nach dieser Lösung eigentlich kondiziert werden?

Kandidat: Da eine Leistungskondiktion vorliegt und nur der Besitz leistungsmäßig erlangt worden ist, kann auch nur dieser im Wege der Bereicherung herausverlangt werden.

Prüfer: Aber fallen dann Besitz und Eigentum nicht auseinander? Wie soll der Besitz isoliert herausverlangt werden?

Kandidat: Nach § 818 Abs. 1 BGB erstreckt sich die Verpflichtung zur Herausgabe auf die gezogenen Nutzungen sowie auf dasjenige, was der Empfänger aufgrund eines erlangten Rechts oder als Ersatz für die Zerstörung, Beschädigung oder Entziehung des Gegenstandes erwirbt. Als Nutzung im Sinne des § 100 BGB könnte man hier vielleicht das „ersessene" Eigentum ansehen. Denn indem der Kondiktionsschuldner die Sache zehn Jahre in Besitz hat, wurde aus dem Besitz Eigentum,

---

151 Vgl. *Larenz/Canaris*, Schuldrecht II/2, 13. Auflage 1994, § 67 III 2 b und IV 2 b; *Petersen*, Die klassische Entscheidung. Der Menzelbilderfall (RGZ 130, 69), Jura 1999, 297 ff.

das sich sozusagen als Nutzung des Besitzes darstellt. Dann wäre nach § 812 Abs. 1 S. 1 Alt. 1 BGB in Verbindung mit § 818 Abs. 1 BGB auch das Eigentum zurückzugewähren.

Prüfer: Sehr schön, wissen sie was für ein Fall dieser Konstellation in der Praxis zugrunde lag?

Kandidat: Es dürfte sich um den sogenannten Menzelbilderfall handeln, in dem die geisteskranke Nichte des Malers Adolf von Menzel der Münchner Pinakothek Bilder ihres Onkels geschenkt hatte und ihr Vormund diese später zurückverlangte.[152]

Auch hier wird natürlich keine präzise Entscheidungskenntnis und schon gar nicht die Kenntnis des zugrunde liegenden Sachverhalts erwartet. Mündliche Prüfungen enden aber nicht selten damit, dass der Prüfer die Frage freigibt, welcher Fall seiner Prüfung zugrunde lag. Der Prüfungsverlauf zeigt zudem, dass es aus Sicht des Kandidaten sehr viel eleganter ist, die etwaige Kenntnis um den Ausgangsfall solange zurückzuhalten, bis der Prüfer direkt danach fragt. Es wirkt in jedem Fall vorzugswürdig, wenn der Kandidat keine Entscheidungskenntnis demonstriert, sondern stattdessen den Fall gutachtlich mit Verständnis durchprüft. Kommt dann die Frage auf die Entscheidung selbst, so kann dies wie vorliegend immer noch beantwortet werden.

Anhang: Kondiktionsfestigkeit des Ersitzungserwerbs

I. Menzelbilderfall des Reichsgerichts

Die Klägerin war Nichte des Malers Adolf von Menzel (1815–1905). Im Jahre 1908 hatte sie 66 geerbte Bilder ihres Onkels der Münchener Pinakothek geschenkt. Mehr als zehn Jahre später verlangt der Vormund die Bilder vom bayerischen Staat als Träger der Pinakothek heraus, weil die Klägerin bei der Vornahme der Schenkung geisteskrank gewesen sei.

Der Menzelbilderfall ist und bleibt ein Prüfstein zivilrechtlicher Examensvorbereitung. Zudem ist die Problematik aufgrund der verhältnismäßig einfach darzustellenden Sachverhaltskonstellation leicht neben anderen Problemen in ei-

---

152 Vgl. RGZ 130, 69.
Anmerkung: Zuerst erschienen in Jura 1999, 297.

ne Examensprüfung einzufügen.[153] Wie vertrackt der Fall für die Examensvorbereitung ist, zeigt sich, wenn man versucht, ihn gutachterlich zu lösen:

1. § 985 BGB scheidet als Anspruchsgrundlage aus: Zwar war infolge der Geisteskrankheit auch die dingliche Einigungserklärung nach §§ 105 Abs. 1, 104 Nr. 2 BGB nichtig,[154] so dass die Nichte trotz der Schenkung Eigentümerin blieb. Jedoch erfolgte der Eigentumserwerb durch Ersitzung gemäß § 937 Abs. 1 BGB. Eine Vindikation scheidet demnach aus.

2. In Betracht kommt weiterhin ein Anspruch aus § 812 Abs. 1 S. 1 Alt. 1 BGB (Leistungskondiktion). Problematisch ist dabei schon, was genau erlangt worden ist. Letztlich hat zwar die Pinakothek Besitz und Eigentum an den Bildern erlangt. Dabei darf indes nicht übersehen werden, dass nur der Besitz durch Leistung, d. h. bewusste, zweckgerichtete Mehrung fremden Vermögens, erlangt wurde. Der Besitz beinhaltet gewissermaßen die Möglichkeit, das Eigentum nach einer bestimmten Zeit zu erwerben; das ändert indessen nichts daran, dass zunächst nur der Besitz erlangt wurde. Das Eigentum hat die Pinakothek erst kraft Ersitzung (§ 937 BGB) erworben.[155] Eine Eingriffskondiktion kommt jedoch insoweit nicht in Frage, weil § 937 BGB jedenfalls hinsichtlich dieser einen Rechtsgrund darstellt.[156]

Problematisch ist, ob die Leistung des Besitzes ohne Rechtsgrund erfolgte. Als solcher kommt § 937 BGB in Betracht. Das erscheint auf den ersten Blick naheliegend, da die von der Vorschrift bezweckte Rechtssicherheit dazu führen soll, dass Eigentum und Besitz nicht auf Dauer auseinanderfallen. Das würde dafür sprechen, dass der Erwerb auch in jedem Fall kondiktionsfest sein sollte.

---

153 So lag es etwa in einer bayerischen Examensklausur. Zu Beweisfragen rund um Eigentum und Ersitzung vgl. BGH MDR 2019, 1191; dazu *Jauß*, Jura 2020, 365 ff.

154 Nicht zuletzt deshalb tauchen in den Klausuren so viele unerkannt Geisteskranke auf. Neben der Minderjährigkeit ist es für den Klausurersteller ein probates Mittel, in aller Kürze klarzustellen, dass alle in Betracht kommenden Erklärungen auf schuldrechtlicher und auf dinglicher Ebene nichtig sein sollen. Der Menzelbilderfall, den insofern kein Klausurersteller besser hätte erfinden können, illustriert immerhin, dass dies auch im wirklichen Leben vorkommt.

155 Die besondere Schwierigkeit besteht also darin, dem Umstand Rechnung zu tragen, dass im Falle der Ersitzung der Besitz gleichsam ins Eigentum „übergeht".

156 Das zeigt sich im Vergleich zum genau anders gelagerten Jungbullenfall (BGHZ 55, 176), der bereits Gegenstand des vorherigen Prüfungsgesprächs war. Dort hatte der Herausgabepflichtige wegen § 935 BGB nur den Besitz durch die Leistung des Diebes erhalten, das Eigentum jedoch erst durch eigene Verarbeitung. Folglich war er der Eingriffskondiktion des Alteigentümers ausgesetzt, weil die Verarbeitung ausweislich § 951 BGB insoweit keinen Rechtsgrund darstellt; vgl. auch *Medicus/Petersen*, Bürgerliches Recht, 29. Auflage 2023, Rn. 727.

Näher zu untersuchen ist jedoch, wofür genau § 937 BGB einen Grund zum Behaltendürfen darstellt: Das geleistete „Etwas" ist, wie gezeigt, allein der Besitz, weil das Eigentum erst kraft Gesetzes (§ 937 BGB) erworben wurde. Somit kann § 937 BGB auch keinen Behaltensgrund für den leistungsmäßig allein erworbenen Besitz darstellen. Dieser ist folglich rechtsgrundlos erlangt und mithin kondizierbar. Also ist der Besitz nach § 818 Abs. 1 BGB zurückzugewähren. Nach § 818 Abs. 1 BGB muss der Kondiktionsschuldner nicht nur das ursprünglich Erlangte, sondern auch die Nutzungen und Surrogate herausgeben. Hier ist das ersessene Eigentum bei wirtschaftlicher Betrachtung gewissermaßen „die Frucht des Besitzes",[157] so dass auch das Eigentum vom Kondiktionsanspruch erfasst ist. Da also die Pinakothek aufgrund des Besitzes inzwischen (§ 937 BGB) das Eigentum erlangt hat, ist auch die Rückübereignung geschuldet. Klarzustellen ist, dass die Herausgabepflicht auf das Eigentum selbst und nicht auf Wertersatz gerichtet ist, da kein Fall von § 818 Abs. 2 BGB vorliegt. Die Leistungskondiktion ist folglich auch nach der Ersitzung noch möglich.[158] An dieser Stelle kann die gefundene Lösung wertungsmäßig untermauert werden: Wenn der wirksame Eigentumserwerb 30 Jahre kondizierbar ist, darf der unwirksame nicht schon nach zehn Jahren unangreifbar werden.[159]

Die besondere Schwierigkeit bei der Falllösung besteht also darin, dass die Prüfung der einzelnen Voraussetzungen der Leistungskondiktion kaum „isoliert" erfolgen kann, sondern jeweils genau zu prüfen ist, was genau durch Leistung erlangt wurde und wofür demnach § 937 BGB einen Rechtsgrund darstellt.

II. Rechtsprechung des Bundesgerichtshofs

Anders sieht nunmehr der Bundesgerichtshof das Problem rund um die Kondiktionsfestigkeit des Ersitzungserwerbs und geht von einer grundsätzlichen Kondiktionsfestigkeit aus.[160] Demnach „trägt der Ersitzungserwerb seinen Rechtsgrund in sich"[161] und ist zum Zwecke der Rechtssicherheit endgültig.

157 So Westermann/*Gursky*, Sachenrecht, 8. Auflage 2011, § 51 III 2 b.
158 Selbstverständlich ist in der Prüfung mit entsprechenden Argumenten auch die Gegenansicht gut vertretbar.
159 *Harms*, Sachenrecht, Wiederholungs- und Vertiefungskurs, 4. Auflage 1983, S. 274.
160 BGHZ 208, 316. Die Entscheidung des Bundesgerichtshofs befasste sich mit einer Buchersitzung eines Erbbaurechts nach § 900 BGB.
161 BGHZ 208, 316 Rn. 38 f. unter Verweis etwa auf *Finkenauer*, Eigentum und Zeitablauf, 2000, S. 120 f.; vgl. auch *Prütting*, Sachenrecht, 38. Auflage 2024, Rn. 450 f.

Hierfür sprechen nach Ansicht des Bundesgerichtshofs unter anderem ein der Ersitzung ermangelnder gesetzlicher Ausgleichstatbestand und eine fehlende Verweisung ins Bereicherungsrecht, wie diese in §§ 951 Abs. 1 S. 1, 977 BGB bei anderen originären Erwerbstatbeständen vorliegen, so dass im Umkehrschluss die Ersitzung kondiktionsfest sei.[162] Nach Ansicht des BGH begründe sich die Kondiktionsfestigkeit des Ersitzungserwerbs auch historisch mit dem Willen des Gesetzgebers, „nach der die Ersitzung den Mangel deckt, der dem sofortigen Erwerb des Eigentums entgegenstand".[163]

Zur Vertiefung ist in diesem Zusammenhang im Übrigen zu berücksichtigen: Nach der Änderung des Verjährungsrechts auf die Regelverjährung von drei Jahren und Einführung der absoluten Ausschlussfrist des § 199 Abs. 4 BGB kann auch mit der Leistungskondiktion der Besitz nicht erfolgreich herausverlangt werden, denn zehn Jahre nach der Entstehung des Anspruchs ist auch der Anspruch aus Leistungskondiktion verjährt. Damit wird die Konstellation des Menzelbilderfalles in ihrer verjährungsrechtlichen Seite, die früher ein zentrales Argument für die Unterscheidung zwischen Leistungs- und Eingriffskondiktion darstellte, wesentlich entschärft.

Ferner sei unerheblich, ob es sich um eine Leistungs- oder Eingriffskondiktion handele, da so etwaige Wertungswidersprüche vermieden werden, die ansonsten durch eine differenzierte Behandlung beider Kondiktionen entstünden.[164] Damit sind Ansprüche aus ungerechtfertigter Bereicherung nach Ansicht des BGH generell ausgeschlossen.

Ein Spannungsfeld tut sich im Hinblick auf die Rechtsprechungsänderung jedoch in Bezug auf den Schutz Geschäftsunfähiger bzw. beschränkt Geschäftsfähiger auf. Ist nur das Verpflichtungsgeschäft unwirksam, die rechtsgeschäftliche Verfügung indes wirksam, besteht ein Bereicherungsanspruch aus § 812 Abs. 1 S. 1 Alt. 1 BGB. Ist der Fall hingegen wie bei den Menzelbildern ausgestaltet, so dass das Verpflichtungsgeschäft und das rechtsgeschäftliche Verfügungsgeschäft unwirksam sind, jedoch ein Eigentumsverlust durch Ersitzung nach § 937 BGB stattfand, besteht aufgrund der grundsätzlichen Kondiktionsfestigkeit des Ersitzungserwerbs kein Anspruch auf Herausgabe. Daher könnte hier eine Ausnahme von diesem Grundsatz aus Gründen des Schutzes von Geschäftsunfähigen bzw. beschränkt Geschäftsfähigen in Betracht gezogen werden.[165]

---

162 Krit. hierzu *Wilhelm*, NJW 2017, 193, 196.
163 BGHZ 208, 316 Rn. 40 mit Bezug auf Mugdan, Materialien, Bd. 3, S. 195.
164 BGHZ 208, 316 Rn. 42.
165 Sehr instruktiv *Buchwitz*, Bereicherungsausgleich nach gesetzlichem Eigentumserwerb – Ein Überblick, JuS 2016, 1067, 1069 f., lehrreich auch zu möglichen prozessualen Konsequenzen.

III. Hinweise für die mündliche Prüfung

Die äußerst anspruchsvolle Problematik der Konditionsfestigkeit des Ersitzungserwerbs ist wegen der zwischenzeitlichen Rechtsprechungsänderung nicht nur für
das Klausurexamen, sondern auch für die mündliche Prüfung examensrelevant.
Gewiss kann die exakte Kenntnis der Einzelheiten des Menzelbilderfalles und der
sich daran anschließenden jahrzehntelangen dogmatischen Überlegungen von
niemandem als parates Examenswissen verlangt werden. Dies gilt umso mehr, als
in der neueren Rechtsprechung des Bundesgerichtshofs noch eine Kehrtwende
vollzogen wurde. Aber das Grundprinzip ist gerade für die mündliche Prüfung
aufschlussreich: Eine klassische Entscheidung, anhand derer sich elementare
Probleme zwischen Schuld– und Sachenrecht veranschaulichen lassen, wird un-
versehens wieder aktuell.

Zudem zeigt sich auch am Beispiel des Anspruchsaufbaus, dass zunächst auf
der dinglichen Ebene in Gestalt des Herausgabeanspruchs aus § 985 BGB Grundwissen geprüft werden kann und erst beim Bereicherungsanspruch die schwer zu
sehenden Wertungsfragen zu beantworten sind. Das ermöglicht Abstufungen im
Rahmen der Notengebung. Im Rahmen der Behandlung des eigentlichen Rechtsproblems der Konditionsfestigkeit des Ersitzungserwerbs kann dann jeder tragfä-
hige Gedanke, der im Prüfungsgespräch vorgetragen wird, eine neue Notenstufe
eröffnen. Wer also etwa ohne vertieftes Vorwissen im Laufe des Gesprächs auf den
Gedanken kommt, dass § 937 BGB einen Rechtsgrund im Sinne des § 812 Abs. 1 S. 1
Alt. 1 BGB – somit einen dauerhaften Grund zum Behaltendürfen der streitgegen-
ständlichen Sache – bilden könnte, darf mit größtem Wohlwollen bei der Notengebung rechnen.

6. Prüfungsgespräch (Immobiliarsachenrecht)

Vorbemerkung

Das Hypothekenrecht gehört aus Sicht der Studierenden ohne Zweifel zu den unbeliebtesten Prüfungsthemen. Gleichwohl muss damit gerechnet werden, und zwar nicht nur in der schriftlichen, sondern auch in der mündlichen Prüfung. Kaum ein Bereich eignet sich aus Sicht der Prüfer so sehr dafür zu erkennen, ob die Kandidatin das Gesetz richtig anwenden kann und den gesetzlichen Regelungszusammenhang verstanden hat. Gleichwohl ist natürlich auch der Prüferin in der mündlichen Prüfung klar, dass hypothekenrechtliche Fälle eine besondere Herausforderung darstellen, weil die Regelungen vergleichsweise schwer zu verstehen und angesichts der Umstände der mündlichen Prüfung noch schwerer anzuwenden sind. Umso wichtiger ist es, einige Grundprinzipien verstanden zu haben und in der mündlichen Prüfung mit einfachen Worten erklären zu können. Mehr wird in aller Regel auch nicht verlangt.

Prüferin:	Der Schuldner S hat beim Gläubiger G ein Darlehen in Höhe von 100.000,– Euro aufgenommen und bestellt ihm dafür eine Briefhypothek an seinem Grundstück. Als das Darlehen fällig wird, zahlt der Schuldner 70.000,– Euro, da er zurzeit nicht mehr hat. Bezüglich der restlichen 30.000,– Euro bittet er um Stundung für ein halbes Jahr. Der Gläubiger gewährt sie ihm. Über die Vereinbarung der Stundungsabrede wird ganz vergessen, die Zahlung auf dem Hypothekenbrief zu vermerken. G, der selbst Geld benötigt, tritt die Darlehensforderung, die er dem Dritten D als in Höhe von vollen 100.000,– Euro bestehend angibt, in öffentlich beglaubigter Form ab. Von der Zahlung in Höhe von 70.000,– Euro berichtet er ihm nichts. Auch die dem S gewährte Stundung verschweigt er. S, der nicht wusste, dass G die Forderung samt Hypothek an D abgetreten hat, zahlt nunmehr 20.000,– Euro an den Gläubiger. Was kann der Dritte D von dem Schuldner S verlangen?
Kandidatin:	Ich würde im Ausgangspunkt zwischen einem Vorgehen aus der Darlehensforderung und einem Vorgehen aus der Hypothek unterscheiden. Dabei würde ich mit der Forderung anfangen.
Prüferin:	Warum?
Kandidatin:	Forderung und Hypothek stehen in einem Akzessorietätsverhältnis zueinander. Die Hypothek ist abhängig von der zugrundeliegenden Forderung, wie vor allem § 1153 BGB zeigt.
Prüferin:	Was heißt eigentlich Akzessorität?

Mit derartigen Zwischenfragen muss man immer rechnen, wenn man selbst einen neuen Begriff ins Spiel gebracht hat, hier den der Akzessorietät. Nichts ist peinlicher, als wenn man diesen dann nicht erklären kann. Daher sollte man nur dann Fachbegriffe ins Gespräch bringen, wenn man sich restlos sicher darüber ist, dass man sie auch angemessen beschreiben kann.

Kandidatin: Akzessorietät bedeutet Abhängigkeit des Sicherungsrechts, hier der Hypothek, vom Bestand und Umfang des zu sichernden Rechts, hier der Forderung.

Prüferin: Gut, darauf kommen wir sicherlich noch einmal zurück.

Das darf nicht als Drohung verstanden werden. Es ist eher ein Hinweis der Prüferin an die Kandidatin dahingehend, dass dieser Gesichtspunkt das Prüfungsgespräch mitbestimmen wird. Daher kann es gerade dann von Vorteil sein, sich auf diesen Aspekt zurückzubesinnen, wenn die Kandidatin, aus welchen Gründen auch immer, nicht weiter weiß.

Kandidatin: Die Frage ist zunächst, ob D gegen S einen Zahlungsanspruch aus dem Darlehen gemäß § 488 Abs. 1 S. 2 BGB hat. Da er die Forderungen nur durch Abtretung erworben haben kann, kommt es ferner auf § 398 BGB an. Ein Darlehensvertrag zwischen G und S bestand ursprünglich, das Darlehen wurde dem S auch ausgezahlt. Diese Darlehensforderung könnte der D nur durch Abtretung gemäß § 398 BGB erworben haben. Insoweit haben sich die Beteiligten D und G auch geeinigt.

Prüferin: Genügt das oder bedarf es eines zusätzlichen Erfordernisses?

Kandidatin: Es kommt ferner auf § 1154 BGB an, wonach zur Abtretung der Forderung die Erteilung der Abtretungserklärungen in schriftlicher Form und die Übergabe des Hypothekenbriefs erforderlich ist. § 1154 Abs. 1 BGB macht also eine Ausnahme von dem Grundsatz des § 398 BGB, wonach die Abtretung formlos möglich ist. Eine hypothekarisch gesicherte Forderung kann demnach nur auf diese Weise abgetreten werden. Hier wurde aber offensichtlich der Hypothekenbrief übergeben.

Prüferin: Ja, gehen Sie davon ruhig aus.

Kandidatin: Die Frage ist allerdings, ob der Gläubiger, der vorgab, dass er Inhaber einer Forderung in Höhe von 100.000,– Euro sei, insoweit auch wirklich berechtigt war. Zu berücksichtigen ist nämlich, dass er inzwischen eine Teilleistung in Höhe von 70.000,– Euro bekommen hat, so dass die Darlehensforderung nach § 362 BGB in dieser Höhe erloschen sein könnte.

Prüferin: Sie sprechen von einer „Teilleistung"; ist so etwas eigentlich ohne weiteres möglich?

Auch hier greift die Prüferin einen Begriff der Kandidatin auf. Da es sich um einen Rechtsbegriff handelt, lädt er zur Nachfrage ein.

Kandidatin: An sich ist der Schuldner nach § 266 BGB zu Teilleistungen nicht berechtigt. Der Sinn dieser Vorschrift besteht darin, den Gläubiger nicht mit vielen kleinen Teilleistungen zu belästigen. Teilleistung ist dabei jede unvollständige Leistung.[166] Auch die Leistung von lediglich 70.000,– Euro stellt mithin eine Teilleistung dar. Als solche muss der Gläubiger sie nicht annehmen, sondern kann sie ablehnen, ohne in Annahmeverzug zu geraten. Allerdings hat der Gläubiger in unserem Fall die Zahlung nicht abgelehnt, sondern angenommen. § 266 BGB wurde damit konkludent abbedungen.

Die Kandidatin pariert insoweit geschickt als sie den vielleicht zuvor etwas ungeschickt ins Gespräch gebrachten Begriff der Teilleistung hier noch einmal angemessen erläutert.

In jedem Fall aber bestand die Berechtigung des Gläubigers nunmehr in Höhe von 30.000,– Euro. Nur insoweit konnte die Forderung bestehen und somit auch abgetreten werden. Diese erste Zahlung hat also bewirkt, dass der Anspruch des D gegen S nur noch in Höhe von 30.000,– Euro bestehen kann. Dabei kommt auch ein gutgläubiger Erwerb in Höhe des Restbetrags nicht in Frage. Denn ein gutgläubiger Erwerb ist bei Forderungen mit Ausnahme des Sonderfalls im Sinne des § 405 BGB von vornherein nicht vorgesehen.

Prüferin: Warum ist das eigentlich so?

Die Kandidatin hat hier einen häufig in Klausuren anzutreffenden Standardsatz mit dem Hinweis auf § 405 BGB angesprochen. Um sicher zu gehen, dass es sich hier nicht um eine einfach auswendig gelernte Floskel handelt, fragt die Prüferin nach. Auch das ist typisch für mündliche Prüfungen, weil es gerade derartig routiniert wirkende Sätze sind, die die Prüferin neugierig machen können. Man sollte sich also

---

166 MüKoBGB/*Krüger*, 9. Auflage 2022, § 266 Rn. 2 ff.

gerade bei derartigen Sentenzen Gewissheit darüber verschaffen, dass man sie im Bedarfsfall auch erklären kann. Dieses Problem stellt sich im schriftlichen Staatsexamen naturgemäß nicht so wie im mündlichen.

Kandidatin: Die Möglichkeit gutgläubigen Erwerbs besteht nicht zuletzt im Interesse des Verkehrsschutzes. Der redliche Rechtsverkehr soll geschützt werden.

Das ist ein brauchbarer Aspekt, der zweckmäßigerweise an den Anfang gehört, weil damit teleologisch argumentiert wird.

Bei Forderungen besteht das Interesse an einem entsprechenden Verkehrsschutz aus Sicht des Gesetzgebers nicht. Die Forderung wirkt nach dem Grundsatz der Relativität des Schuldverhältnisses nur zwischen Gläubiger und Schuldner. Zwar kann sie durchaus im Einzelfall eine gewisse Drittwirkung zeitigen, wie gerade die Möglichkeit der Abtretung zeigt. Allerdings ist beim gutgläubigen Erwerb zu berücksichtigen, dass sich der Gutglaubensschutz immer und gerade auch auf einen bestimmten Rechtsscheinträger beziehen können muss. Daran fehlt es bei der Forderung. Nur im Fall des § 405 BGB, der ja auch eine Folgeregelung der Abtretungsvorschriften ist, gibt es einen derartigen Rechtsscheinträger in Gestalt der Schuldurkunde. Darauf kann der Dritte dann vertrauen.[167]

Prüferin: Dann machen Sie mal weiter.

Kandidatin: Die Frage ist nun, wie sich die Zahlung der weiteren 20.000,– Euro seitens des S gegenüber G auswirkt. Zu berücksichtigen ist dabei, dass inzwischen die Abtretung der hypothekarisch gesicherten Forderung stattgefunden hat. Da der Schuldner nicht an den neuen Gläubiger D, sondern an den Zedenten gezahlt hat, fragt sich, ob der Zessionar D diese Leistung gegen sich gelten lassen muss. Dann wäre auch insoweit nach § 362 BGB Erfüllung eingetreten.

Prüferin: Und muss er das?

Kandidatin: In Betracht kommt insoweit § 407 BGB, der gerade diesen Fall regelt. Es handelt sich nämlich um eine Leistung an den Altgläubiger nach der Abtretung und S hatte keine Kenntnis von dieser Abtretung zum Zeitpunkt der Leistung. Deshalb ist der Darlehensanspruch aus § 488 Abs. 1 BGB auch in Höhe dieser weiteren 20.000,– Euro untergegan-

---

167 Siehe zum Ganzen *Petersen*, Allgemeines Schuldrecht, 12. Auflage 2025, Rn. 380.

gen. Damit besteht nurmehr ein Restanspruch des D gegen S in Höhe von 10.000,– Euro.

Prüferin: Und was ist mit der Stundung?

Kandidatin: Nachdem wir bisher das Erlöschen des Zahlungsanspruchs aus § 488 Abs. 1 BGB geprüft haben, kommt es jetzt auf die Durchsetzbarkeit an.

Eine derartige Überleitung empfiehlt sich, weil sie zeigt, dass im herkömmlichen Anspruchsaufbau (Anspruch entstanden, Anspruch erloschen, Anspruch durchsetzbar) geprüft wird.

Die dem S gewährte Stundung ist lediglich eine Einrede.

Prüferin: Was heißt lediglich?

Kandidatin: Im Gegensatz zur Erfüllung ist die Stundung keine Einwendung, das heißt, sie ist nicht von Amts wegen zu prüfen. Dadurch unterscheiden sich Einrede und Einwendung voneinander. Die Einrede muss vom Schuldner selbst geltend gemacht werden.

Diese klassische Abgrenzung im Grundlagenbereich lassen sich Prüfer selten entgehen.

Problematisch könnte jedoch sein, dass die Stundungsabrede nur zwischen Gläubiger und Schuldner, also zwischen G und S, geschlossen wurde. Hier stellt sich jedoch die Frage, ob sie auch dem D entgegengehalten werden kann. Insoweit könnte § 404 BGB einschlägig sein, wonach der Schuldner dem neuen Gläubiger die Einwendungen entgegensetzen kann, die zur Zeit der Abtretung der Forderung gegen den bisherigen Gläubiger begründet waren.

Auch wenn relativ offensichtlich ist, dass ein Fall des § 404 BGB vorliegt, empfiehlt sich doch die Formulierung im Konjunktiv, da der Wortlaut nicht ganz eindeutig ist.

Dabei ist zu berücksichtigen, dass § 404 BGB dem Wortlaut nach nur von Einwendungen spricht, wobei es sich hingegen bei der Stundung, wie gerade gesagt, um eine Einrede handelt. Der Begriff der Einwendung in § 404 BGB ist jedoch anerkanntermaßen sehr weit zu verstehen, so dass er insbesondere auch die Einreden erfasst.[168] Das ergibt sich aus dem Schutzzweck der Vorschrift, der nicht zuletzt

---

168 Vgl. MüKoBGB/*Kieninger*, 9. Auflage 2022, § 404 Rn. 5 ff.

darin besteht, dass die Interessen des Schuldners durch die Abtretung, die ja ohne seine Mitwirkung vollzogen wird, nicht berührt werden sollen.

Spätestens beim Wortlaut des § 404 BGB hätte es sich die Prüferin wohl nicht nehmen lassen, nach der Unterscheidung von Einrede und Einwendung zu fragen. Die Kandidatin tut hier gut daran, auf den scheinbar entgegenstehenden Wortlaut von sich aus aufmerksam zu machen. Die Prüferin hätte ohnehin nachgefragt und so kann die Kandidatin von sich aus demonstrieren, dass sie es mit dem Wortlaut der Vorschriften genau nimmt.

Die Voraussetzungen des § 404 BGB liegen hier auch vor, weil die Stundung als Einrede schon vor der Abtretung der Forderung gegen den bisherigen Gläubiger G bestanden hat. Deshalb muss sie sich der Zessionar mithin nach § 404 BGB entgegenhalten lassen.

Bemerkenswert ist, dass die Kandidatin von sich aus das Begriffspaar Zedent – Zessionar ins Gespräch bringt. Damit dokumentiert sie eine gewisse Vertrautheit im Umgang mit den Abtretungsvorschriften.

Daraus ergibt sich, dass der D gegen S einen Zahlungsanspruch aus § 488 Abs. 1 S. 2 BGB in Verbindung mit §§ 398, 1154 BGB in Höhe von 10.000,– Euro hat. Allerdings ist dieser Anspruch erst dann durchsetzbar, wenn die Stundungsfrist von einem halben Jahr, die D dem S gewährt hatte, abgelaufen ist.

Prüferin: Was könnte D von S noch verlangen? Sie haben ja eingangs gesagt, dass Sie zwischen Hypothek und Forderung trennen.

Kandidatin: D könnte gegen S nach § 1147 BGB einen Anspruch auf Duldung der Zwangsvollstreckung in das Grundstück haben.

Prüferin: Ist das eigentlich wirklich ein Anspruch?

Kandidatin: Als Anspruch bezeichnet das Gesetz in § 194 Abs. 1 BGB das Recht, von einem anderen ein Tun oder ein Unterlassen zu verlangen. Legt man diese Legaldefinition zugrunde, so wäre es im strengen Sinne kein Anspruch. D kann nämlich von S in diesem Sinne kein Tun oder Unterlassen verlangen. Die Formulierung „Duldung der Zwangsvollstreckung" ist daher eher behelfsmäßig gefasst. § 1147 BGB sagt nämlich an sich nicht mehr als das die Befriedigung des Gläubigers aus dem Grundstück und den Gegenständen, auf die sich die Hypothek erstreckt, im Wege der Zwangsvollstreckung erfolgt.

Prüferin: Warum sprechen Sie dann gleichwohl von einem Anspruch?

Typisch für die mündliche Prüfung ist, dass vermeintlich Selbstverständliches von der Prüferin hinterfragt wird. Natürlich ist die allgemeine Formulierung des Anspruchs auf Duldung der Zwangsvollstreckung aus § 1147 BGB nicht falsch. Um jedoch sicher zu gehen, dass hier nichts Erlerntes stereotyp wiedergegeben wird, fragt die Prüferin nach und vergewissert sich sogleich, ob die Kandidatin die Grundzüge des Hypothekenrechts verstanden hat.

Kandidatin: Zu berücksichtigen ist in diesem Zusammenhang § 1142 BGB. Danach ist der Eigentümer des Grundstücks berechtigt, den Gläubiger zu befriedigen, wenn die Forderung ihm gegenüber fällig geworden oder wenn der persönliche Schuldner zur Leistung berechtigt ist. Aus dem Zusammenspiel von § 1142 BGB und § 1147 BGB kann man entnehmen, dass der Eigentümer, hier also S, das Recht hat, die Zwangsvollstreckung durch Zahlung abzuwenden. Auch wenn der Schuldner also nicht unmittelbar zur Zahlung aus der Hypothek verpflichtet ist, wird er dennoch in aller Regel zahlen, damit es erst gar nicht zur Zwangsvollstreckung kommt, von der in § 1147 BGB die Rede ist. Daher hat sich die Formulierung eines Anspruchs auf Duldung der Zwangsvollstreckung in das Grundstück aus § 1147 BGB eingebürgert.

Prüferin: Was wäre zur Entstehung dieses Anspruchs zu sagen?

Kandidatin: Der Anspruch ist entstanden, wenn D Hypothekengläubiger geworden ist. Er müsste also die Hypothek erworben haben.

Prüferin: Ohne Haarspalterei betreiben zu wollen, aber ist es wirklich die Hypothek, die er erworben haben muss?

Kandidatin: Genau genommen ist es die hypothekarisch gesicherte Forderung, die er erworben haben muss. Auch das folgt aus § 1153 BGB, ergibt sich jedoch schon aus dem § 1113 BGB, indem es unter anderem heißt, dass ein Grundstück in der Weise belastet werden kann, dass an denjenigen, zu dessen Gunsten die Belastung erfolgt, eine bestimmte Geldsumme zur Befriedigung wegen einer ihm zustehenden Forderung aus dem Grundstück zu zahlen ist. Eine entsprechende Einigung mit dem Inhalt des § 1113 BGB war hier erfolgt. Zugleich ist nach § 873 Abs. 1 BGB die Eintragung des beschränkt dinglichen Rechts in das Grundbuch erforderlich. Des Weiteren muss nach § 1117 BGB der Hypothekenbrief übergeben worden sein.

Prüferin: Gehen Sie davon aus, das all dies erfolgt ist.

Kandidatin: Da eine zu sichernde Forderung in Gestalt des Darlehens besteht, fragt sich nunmehr, ob die Hypothek, bzw. genauer gesagt die hypothekarisch gesicherte Forderung, nach den §§ 1153, 1154 BGB auf D übertragen wurde. Auch insoweit wird also im strengen Sinne nicht die Hypothek abgetreten, sondern die hypothekarisch gesicherte Forderung. Die Hypothek geht dann mit der Forderung auf den Zessionar über, wie § 1153 BGB festlegt. Hier war die Forderung in der Form des § 1154 Abs. 1 BGB abgetreten worden. Die Frage ist nur, ob und inwieweit G zur Abtretung auch berechtigt war. Er gab sich als Inhaber einer Forderung von 100.000,– Euro aus. Allerdings war die Forderung, wie wir gesehen haben, in Höhe von 70.000,– Euro erloschen. Das hat zur Folge, dass die Hypothek in eben dieser Höhe in eine Eigentümergrundschuld umgewandelt wird.

Prüferin: Woher entnehmen Sie das?

Kandidatin: Man kann das dem § 1163 Abs. 1 S. 2 BGB in Verbindung mit § 1177 Abs. 1 BGB entnehmen. Nach § 1163 Abs. 1 S. 2 BGB erwirbt der Eigentümer die Hypothek, wenn die Forderung erlischt. Damit wird der Rang für den Eigentümer gewahrt. § 1177 Abs. 1 S. 1 BGB stellt zudem klar, dass sich die Hypothek in eine Grundschuld verwandelt, wenn sie sich mit dem Eigentum in einer Person vereinigt, ohne dass dem Eigentümer auch die Forderung zusteht. Aus alledem entnimmt man, dass die Hypothek in diesem Fall zu einer Eigentümergrundschuld wird. Letztlich ergibt sich daraus, dass die Hypothek, die mit der Forderung akzessorisch verbunden ist, dann keinen Bestand mehr hat, wenn und soweit keine Forderung mehr besteht, die sie sichern soll. Wenn also in dieser Höhe eine Eigentümergrundschuld zugunsten des S als dem Grundstückseigentümer besteht, so bedeutet dies zugleich, dass der Gläubiger in dieser Höhe materiell nicht mehr als Berechtigter verfügen konnte. Daraus folgt, dass der Dritte nach § 1154 BGB lediglich eine Hypothek in Höhe von 30.000,– Euro erworben haben kann.

Prüferin: Gibt es hier vielleicht noch eine andere Möglichkeit, auch die Hypothek in voller Höhe zu erwerben?

Durch diese Formulierung („hier") hilft die Prüferin der Kandidatin. Anders als oben bei der Darlehensforderung kommt insoweit nämlich ein gutgläubiger Erwerb in Frage.

Kandidatin: In Betracht kommt ein gutgläubiger Erwerb der Hypothek in Höhe der Differenz von 70.000,– Euro. Ein gutgläubiger Erwerb der Hypothek könnte sich aus § 1138 BGB in Verbindung mit § 892 BGB ergeben.

Prüferin: Erklären Sie doch bitte einmal die dogmatische Struktur des § 1138 BGB. Ergibt sich das, was Sie in Betracht ziehen, wirklich aus dem Wortlaut?

Hier ist die Kandidatin gefordert. § 1138 BGB ist eine der Schlüsselvorschriften des Hypothekenrechts, die jedoch aus sich heraus nur schwer zu verstehen ist. Daher lässt sich die Prüferin die Möglichkeit nicht entgehen, der Kandidatin diese Vorschrift erklären zu lassen. Aus der letzten Frage der Prüferin ergibt sich zudem, dass ihr an einer exakten Subsumtion des Wortlauts der Vorschrift liegt.

Kandidatin: Nach § 1138 BGB gelten die Vorschriften der §§ 891–899 BGB für die Hypothek auch in Ansehung der Forderung und der dem Eigentümer nach § 1137 BGB zustehenden Einreden. Betrachten wir zunächst den ersten Teil der Vorschrift, so sehen wir, dass die §§ 891 ff. BGB, also vor allem die wichtige Gutglaubensvorschrift des § 892 BGB, auf die ich eingangs Bezug genommen habe, für die Hypothek auch in Ansehung der Forderung gelten.

Es ist geschickt, dass die Kandidatin den Nachsatz des § 1138 BGB („und der dem Eigentümer nach § 1137 BGB zustehenden Einreden") hier noch nicht behandelt, dies jedoch mit ihrer Formulierung („zunächst") zurückstellt. Damit gibt sie zu erkennen, dass es auf § 1137 BGB später, nämlich bei der Stundungseinrede, noch ankommen wird.

Wesentlich ist der Wortlaut des § 1138 BGB, der bewusst davon spricht, dass die Gutglaubensvorschriften für die Hypothek gelten. Auch hier wird keine Ausnahme von dem Grundsatz gemacht, dass die Forderung nicht im Wege des gutgläubigen Erwerbs erworben werden kann. Lediglich „in Ansehung", also hinsichtlich der Forderung, gelten die Gutglaubensvorschriften. § 1138 BGB führt also nicht etwa dazu, dass der Dritte die Forderung erwirbt, sondern er erwirbt lediglich die Hypothek, sofern insoweit die Voraussetzungen des § 892 BGB vorliegen.

Prüferin: Wie bringen Sie das in Einklang mit dem, was sie über die Akzessorietät gesagt haben?

Kandidatin: In der Tat läuft dies auf eine partielle Durchbrechung des in § 1153 Abs. 2 BGB zum Ausdruck kommenden Grundsatzes, wonach die Hypothek nicht ohne die Forderung übertragen werden kann, hinaus. § 1138 BGB schlägt hier eine Art Brücke für die Forderung, damit die Hypothek, die an sich akzessorisch ist, gutgläubig erworben werden kann. Damit kommt es zu einer „forderungsentkleideten" Hypothek.[169]

Prüferin: Was folgt daraus für das Verständnis der Akzessorietät, wenn sie das Verhältnis zwischen Forderung und Hypothek einmal zu anderen akzessorischen Sicherungsrechten in Beziehung setzen?

Kandidatin: Vergleicht man das Grundpfandrecht der Hypothek insoweit mit dem sogenannten Faustpfandrecht, also dem Pfandrecht im Sinne der §§ 1204 ff. BGB, so zeigt sich der Unterschied am deutlichsten anhand des § 1250 Abs. 1 BGB in Verbindung mit § 1252 BGB. Diese beiden Vorschriften sind Ausdruck der strengen Akzessorietät beim Pfandrecht. Eine Vorschrift nach Art des § 1138 BGB findet sich dort gerade nicht. Bei der Hypothek ist also die Akzessorietät im Interesse des Verkehrsschutzes gelockert.

Prüferin: Gut, dann prüfen Sie § 1138 BGB.

Kandidatin: Hier geht es um den Erwerb eines Rechts an einem Grundstück. Ein Rechtsgeschäft im Sinne eines Verkehrsgeschäfts liegt vor.

Prüferin: Was wollen Sie mit diesem Satz sagen?

Der Satz der Kandidatin findet sich in sehr vielen Klausuren. Nicht immer hat die Prüferin den Eindruck, dass die Bedeutung dieses – an sich nicht unrichtigen – Satzes voll erfasst wird. Die mündliche Prüfung ist daher eine gute Gelegenheit, der Kandidatin „auf den Zahn zu fühlen".

Kandidatin: Da der hauptsächliche Zweck des gutgläubigen Erwerbs im Verkehrsschutz besteht, muss es sich auch um ein Verkehrsgeschäft handeln. D muss also gleichsam als fremder, dritter Teilnehmer des Rechtsverkehrs handeln. Das Erfordernis des Rechtsgeschäfts ergibt sich daraus, dass die Möglichkeit gutgläubigen Erwerbs nur bei solchen besteht, nicht dagegen bei einem auf Gesetz beruhenden Erwerb. Erwirbt jemand einen Gegenstand oder ein Recht an einem Gegenstand kraft Gesetzes, so genügt dies grundsätzlich nicht für den Rechtsverlust auf Seiten des ursprünglich Berechtigten.

Prüferin: Aber die Hypothek geht doch, wie Sie gesagt haben, unmittelbar und damit kraft Gesetzes auf den Erwerber der gesicherten Forderung über, wie sich auch aus § 1153 BGB, den Sie zitiert haben, ergibt.

Kandidatin: Gewiss, aber dies beruht letztlich mittelbar auf der Forderungsabtretung und damit einem Rechtsgeschäft. Das genügt für die An-

---

169 Vgl. *Petersen*, Allgemeines Schuldrecht, 12. Auflage 2025, Rn. 367.

wendbarkeit des § 892 BGB. Weiterhin war das Grundbuch hier auch unrichtig, denn es weist eine Hypothek zu Gunsten des G in Höhe von 100.000,– Euro aus, während in Wahrheit die Hypothek zu Gunsten des G nurmehr in Höhe von 30.000,– Euro besteht, in Höhe von 70.000,– Euro hingegen eine Eigentümergrundschuld des S. Insoweit ist das Grundbuch also unrichtig. D war auch gutgläubig. Er hatte keine positive Kenntnis von der Unrichtigkeit des Grundbuches und ein Widerspruch war nicht eingetragen. Schließlich ergab sich die Unrichtigkeit auch nicht aus dem Hypothekenbrief. Dabei ist zu beachten, dass nach § 1140 S. 1 BGB die Berufung auf die §§ 892 ff. BGB ausgeschlossen ist, soweit die Unrichtigkeit des Grundbuchs aus dem Hypothekenbrief hervorgeht. Da hier jedoch die Zahlung an G in Höhe von 70.000,– Euro nicht vermerkt wurde, ergibt sie sich auch nicht aus dem Hypothekenbrief. Das alles hat zur Folge, dass der Inhalt des Grundbuchs zugunsten des Dritten als richtig gilt. Damit hat er gutgläubig eine Hypothek in voller Höhe, also in Höhe von 100.000,– Euro, erworben.

Prüferin: Was prüfen Sie jetzt nach der Entstehung des Anspruchs?

Kandidatin: Zu prüfen ist des Weiteren, wie sich die Zahlung in Höhe von 20.000,– Euro nach der Abtretung auswirkt. Insofern stellt sich die Frage, ob auch in dieser Höhe die Hypothek in eine Eigentümergrundschuld verwandelt wurde. Das wäre dann der Fall, wenn sich D die Zahlung des Schuldners in Höhe von 20.000,– Euro entgegenhalten lassen muss. Fraglich ist somit, ob insoweit § 407 BGB weiter hilft. Jedoch ist hier, das heißt beim Vorgehen aus der Hypothek, die Regelung des § 1156 S. 1 BGB zu beachten. Danach finden die für die Übertragung der Forderung geltenden Vorschriften der §§ 406 – 408 BGB auf das Rechtsverhältnis zwischen dem Eigentümer und dem neuen Gläubiger in Ansehung der Hypothek keine Anwendung. Das bedeutet, dass anders als bei der Forderung hinsichtlich der Hypothek insbesondere § 407 BGB ausgeschlossen ist.[170] Somit wirkt sich die Zahlung in Höhe von 20.000,– Euro auf die Hypothek nicht aus. Die Hypothek besteht weiterhin in voller Höhe, dass heißt in Höhe von 100.000,– Euro.

Prüferin: Welchen Sinn hat § 1156 S. 1 BGB?

Kandidatin: Die Vorschrift schützt den Erwerber einer Verkehrshypothek davor, dass die Hypothek durch Rechtsgeschäfte zwischen dem bisherigen

---

170 Vgl. *Petersen*, Allgemeines Schuldrecht, 12. Auflage 2025, Rn. 394 f.

Gläubiger und dem persönlichen Schuldner beeinträchtigt wird. Im
Ergebnis erhält der Erwerber jetzt eine forderungslose Hypothek.[171]

Prüferin: Und wie steht es hier mit der Durchsetzbarkeit?

Kandidatin: Die Frage ist, wie sich die Stundungsabrede gegenüber der Hypothek
verhält. Da es sich insoweit um eine Einrede des Eigentümers handelt, ist § 1137 BGB zu beachten. Der Eigentümer kann danach gegen
die Hypothek die dem persönlichen Schuldner gegen die Forderung
zustehenden Einreden geltend machen. Das würde bedeuten, dass S
auch dem D gegenüber die Stundungseinrede entgegenhalten könnte.

Prüferin: Kann es bei diesem Befund ernstlich bleiben?

Kandidatin: An dieser Stelle könnte der zweite Teil des § 1138 BGB, von dem bereits die Rede war, zum Tragen kommen. Danach gelten die Gutglaubensvorschriften, insbesondere § 892 BGB, für die Hypothek auch
in Ansehung der dem Eigentümer nach § 1137 BGB zustehenden
Einreden. Wendet man dies auf unseren Fall an, so folgt daraus, dass
D bezüglich der Stundung auch gutgläubig einredefrei erwerben
konnte, sofern auch diese weder im Grundbuch eingetragen oder auf
dem Hypothekenbrief vermerkt ist. Wenn wir dies unterstellen, so
konnte D die Hypothek in voller Höhe einredefrei erwerben.

Prüferin: Zu welchem Endergebnis kommen wir damit also?

Kandidatin: Wir müssen unterscheiden zwischen der Darlehensforderung und
der Hypothek. Aus der Forderung schuldet S dem G nurmehr 10.000,–
Euro. Aus der Hypothek dagegen ist er in voller Höhe der Zwangsvollstreckung unterworfen.

Prüferin: Erscheint Ihnen das nicht unbillig?

*Die Frage ist nicht ohne Tücke: Nach dem Gesagten kann es nur noch darauf an-
kommen, dass am Gesetz orientierte und hergeleitete Ergebnis angemessen zu begründen und wertungsmäßig zu untermauern.*

Kandidatin: Das Ergebnis sieht auf den ersten Blick unbillig aus. Jedoch ist es bei
näherem Hinsehen wertungsmäßig folgerichtig. Zum einen ist der
Unterschied zwischen persönlicher Haftung, die für die Darlehens-
schuld besteht, und „dinglicher Haftung" mit dem Grundstück zu
berücksichtigen. Während also der Schuldner für die persönliche
Schuld unbeschränkt und mit seinem ganzen Vermögen haftet, kann
aus der Hypothek nur im Hinblick auf das Grundstück vorgegangen

---

171 A.A. Jauernig/*Chr. Berger*, 19. Auflage 2023, § 1156 Rn. 1, der von einer Grundschuld ausgeht.

werden. Hier zeigt sich noch einmal eindrücklich der Unterschied zwischen der persönlichen Haftung und der „Duldung der Zwangsvollstreckung". Vor allem aber ist zu berücksichtigen, dass der Schuldner es unterlassen hat, die Zahlungen in Höhe von 70.000,– Euro auf dem Hypothekenbrief vermerken zu lassen. Da dieser nämlich der maßgebliche Rechtsscheinträger ist, hätte sich anderenfalls aus dem Brief ergeben, dass insoweit die Schuld jedenfalls getilgt ist. Folglich wäre auch ein gutgläubiger Erwerb gemäß §§ 1138, 892 BGB zugunsten des D nicht mehr möglich gewesen. Entsprechendes gilt für die Stundungsabrede. Sofern S nicht dafür gesorgt hat, dass diese ins Grundbuch eingetragen oder auf dem Hypothekenbrief vermerkt wird, geht er bewusst das Risiko ein, dass nach §§ 1138, 1137 BGB die Hypothek gutgläubig einredefrei erworben wird.

So anspruchsvoll der Fall ist, muss doch berücksichtigt werden, dass er sich allein mit Hilfe des Gesetzes lösen ließ. Insbesondere ist zu berücksichtigen, dass das vieldiskutierte Problem des Schuldnerschutzes bei Trennung von Hypothek und Forderung, das unter den Stichworten „Einheits- und Trennungstheorie" (von Klausurbearbeitern häufig vergröbernd als Mitreißtheorie bezeichnet) diskutiert wird,[172] hier nicht in dem Fall angelegt ist. Es kann nicht oft genug betont werden, dass nicht um jeden Preis Standardprobleme oder klassische Streitfragen in einem Prüfungsfall gesucht und gefunden werden müssen. Gerade auf einem so anspruchsvollen Terrain wie dem vorliegenden ist die reine Gesetzesanwendung mitunter schon eine so große Herausforderung, dass der Fall damit Examensniveau erreicht. Keinesfalls sollte die Bearbeiterin jedwedes anhand des Gesetzes erarbeitete Ergebnis in vermeintlichem Perfektionismus am Ende selbst noch einmal unter Hinweis auf einen vorgeblichen Streit oder eine behauptete Unbilligkeit in Frage stellen. Das entwertet die vorangegangene Gesetzesanwendung und erregt das Unverständnis der Prüferin. Erst wenn diese selbst einen entsprechenden Hinweis gibt oder eine diesbezügliche Andeutung macht, sollte darüber nachgedacht werden.

---

172 *Petersen/Rothenfußer*, Der Schutz des Schuldners bei Trennung von Hypothek und gesicherter Forderung, WM 2000, 657.

Anhang 1: Die Grundschuld

Grundschulden fristen trotz ihrer immensen praktischen Bedeutung in Prüfungen mitunter ein Schattendasein. Doch muss, wer ins Examen geht, mit ihnen vertraut sein, da sich die Systematik ohne Hintergrundwissen sonst kaum erschließt.

I. Gesetzliche Regelung

Die Grundschuld ist unter den Grundpfandrechten[173] dasjenige Kreditsicherungsmittel,[174] das in der Bankpraxis bevorzugt wird,[175] weil es im Unterschied zur Hypothek nicht akzessorisch, also unabhängig von der zu sichernden Forderung ist und deswegen im Hinblick auf die erhöhte Verkehrsfähigkeit günstiger ausgestaltet ist.[176] Für die Entstehungsvoraussetzungen der Grundschuld gilt § 873 Abs. 1 BGB („Belastung eines Grundstücks mit einem Recht").[177] Die Grundschuld ist nur in vergleichsweise – nämlich bezogen auf die Hypothek – wenigen Vorschriften eigens geregelt.[178] Der Gesetzgeber hat sich mit einer Generalverweisung beholfen, die es den Studierenden nicht eben einfach macht: Auf die Grundschuld finden nach § 1192 Abs. 1 BGB die Vorschriften über die Hypothek, also die §§ 1113 bis 1190 BGB, entsprechende Anwendung, soweit sich nicht daraus ein anderes ergibt, dass die Grundschuld keine Forderung voraussetzt („Grundschuld ist ohne Schuldgrund"). Entsprechend anwendbar sind also nur diejenigen Regelungen innerhalb der §§ 1113 bis 1190 BGB, die nicht Ausdruck der Akzessorietät sind, die zwischen Forderung und Hypothek besteht.[179]

Anmerkung: Zuerst erschienen in Jura 2017, 528.

173 Zu ihnen *Reischl*, Grundfälle zu den Grundpfandrechten, JuS 1998, 125 ff.; 220 ff.; 318 ff.; 414 ff., 516 ff.

174 *Seckelmann*, Grundschuld als Sicherungsmittel, 1963; *Gladenbeck/Samhat*, Kreditsicherung durch Grundschulden, 11. Auflage 2024.

175 *Rauch/Zimmer*, Grundschuld und Hypothek (Bankpraxis), 2. Auflage 1998.

176 *Lopau*, Die Sicherungsgrundschuld im Spannungsfeld von Eigentümer- und Verkehrsinteressen, JuS 1976, 553. Skeptisch im Hinblick auf § 1192 Abs. 1a BGB jedoch Staudinger/*Wolfsteiner* (2019), § 1192 Rn. 31.

177 *Schreiber*, Sachenrecht, 8. Auflage 2022, Rn. 497.

178 Zu ihr *Huber*, Die Sicherungsgrundschuld, 1965; *Clemente*, Recht der Sicherungsgrundschuld, 4. Auflage 2008; *ders.*, Sicherungsabreden im Spiegel der neueren Rechtsprechung, ZIP 1985, 193; *ders.*, Die Sicherungsabrede der Sicherungsgrundschuld – eine Bestandsaufnahme, ZIP 1990, 969; *H. Roth*, Rechtsformunabhängiges Grundpfandrecht, Festschrift für Laufs, 2006, S. 623.

179 Zur Anwendbarkeit des Hypothekenrechts auf die Grundschuld eingehend *Goertz/Roloff*, Die Anwendung des Hypothekenrechts auf die Grundschuld, JuS 2000, 762.

1. Verweisung auf das Hypothekenrecht

Es wäre eine stumpfsinnige Gedächtnisübung, wenn man alle Vorschriften des Hypothekenrechts auswendig lernen wollte, die auf die Grundschuld unanwendbar oder entsprechend anwendbar sind. Stattdessen sollte man auf systematisches Verständnis setzen und sich auf die Forderungsunabhängigkeit der Grundschuld besinnen.

a) Anwendbare Vorschriften

Unproblematisch auf die Grundschuld anwendbar sind diejenigen Vorschriften, die lediglich das dingliche Recht als solches berühren.[180] Das gilt für die §§ 1114– 1119 BGB, so dass man etwa zwischen Brief- und Buchgrundschuld unterscheidet (§§ 1116, 1192 Abs. 1 BGB). Anwendbar sind auch die §§ 1120–1136 BGB, von denen gerade die Anfangsregelungen über die Erstreckung von Zubehör (§§ 1120, 97 BGB) prüfungsrelevant sind.[181] Noch prüfungsrelevanter ist § 1147 BGB, weil er für gewöhnlich als Anspruchsgrundlage zitiert wird, obwohl es im technischen Sinne kein Anspruch ist (vgl. § 194 Abs. 1 BGB). Auch bei der Grundschuld kann man aber von einem „Anspruch auf Duldung der Zwangsvollstreckung" aus §§ 1147, 1192 Abs. 1 BGB ausgehen, wenn aus dem dinglichen Recht vorgegangen wird. Anwendbar sind ferner § 1140, die §§ 1144 f. sowie § 1160 BGB, um nur die wichtigeren zu nennen. Schließlich ist § 1157 S. 1 BGB ohne weiteres anwendbar, wie sich aus § 1192 Abs. 1a S. 2 BGB ergibt. Zu dem prüfungsrelevanteren § 1157 S. 2 BGB hingegen findet sich in § 1192 Abs. 1a S. 1 BGB eine gesonderte Bestimmung, von der weiter unten die Rede sein wird.

b) Unanwendbare Vorschriften

Dagegen ist etwa § 1153 BGB, der geradezu Ausdruck der Abhängigkeit des Sicherungsrechts Hypothek vom zu sichernden Recht – der Forderung – ist, unanwendbar. Ebenso klar liegt es bei der Eingangsvorschrift des § 1113 Abs. 1 BGB („wegen einer ihm zustehenden Forderung"). Prüfungsrelevant ist erfahrungsgemäß die Unanwendbarkeit der §§ 1137 bis 1139 BGB. Es sind dies die klassischen spezifisch hypothekenrechtlichen Vorschriften – vor allem der klausurrelevante § 1138 BGB –, die auf die Grundschuld unanwendbar sind, weil sie die Forderung voraussetzen, wie sich aus dem Wortlaut der §§ 1137 f. BGB deutlich ergibt. Gerade wenn Einreden geltend gemacht werden, darf also bei der Grundschuld keinesfalls

---

180 Hier und im Folgenden MüKoBGB/*Lieder*, 9. Auflage 2023, § 1192 Rn. 2.
181 Vgl. nur *Medicus/Petersen*, Bürgerliches Recht, 29. Auflage 2023, Rn. 484, zu den Anwartschaften im Haftungsverband.

§ 1137 BGB angewendet werden; rechtshemmende Einreden gegenüber der persönlichen Forderung können also nicht dem Anspruch aus §§ 1192, 1147 BGB entgegengesetzt werden.[182] Dafür kommt § 1157 BGB große Bedeutung zu, wie weiter unten noch dargestellt wird.

Auch § 1141 Abs. 1 S. 1 BGB ist auf die Grundschuld ersichtlich unanwendbar, wie sich aus der ersten Voraussetzung ergibt („Hängt die Fälligkeit der Forderung von einer Kündigung ab"). Gleiches gilt für § 1163 Abs. 1 BGB. Ebenso ist § 1164 BGB nach vorzugswürdiger Ansicht nicht anwendbar auf die Grundschuld, da die Regelung Ausdruck und Ausprägung der Forderungsabhängigkeit ist.[183] Das Problem der gesetzlichen Forderungsauswechslung im Zusammenhang der §§ 1164, 415 f. BGB stellt sich daher nur im Hypothekenrecht.[184]

c) Entsprechend anwendbare Vorschriften

Entsprechend anwendbar sind nach § 1192 Abs. 1 BGB folgende Vorschriften mit der Maßgabe, dass dort gegebenenfalls ‚Grundschuld' an Stelle von ‚Forderung' zu lesen ist. Auch hier seien die wichtigeren genannt, wie etwa §§ 1115 Abs. 1 Hs. 1, 1149, 1150, 1151, 1152, 1168 Abs. 3, 1176, 1188, 1189 BGB. Gleiches gilt für § 1142 BGB, der im Zusammenhang mit dem oben genannten „Anspruch" aus § 1147 BGB zur Geltung kommt, weil er zur Erläuterung dafür dienen kann, dass es eben im technischen Sinne kein Anspruch ist, sondern eine Abwendungsbefugnis, damit es nicht zur Zwangsvollstreckung kommt.[185] Umstritten ist hingegen, ob § 1143 BGB entsprechend anwendbar ist.[186] Außerdem sind für die Übertragung die §§ 1154 f. BGB entsprechend anwendbar. Erneut sei aber betont, dass es nicht um das Auswendiglernen, sondern um das systematische Verständnis der Vorschriften geht. Gerade bei der Begründung der entsprechenden Anwendung geht es in Prüfungsfällen nicht selten darum, dasselbe Ergebnis, das im Hypothekenrecht gelten würde, über die Auslegung des Sicherungsvertrags auch für die Grundschuld nachvollziehbar herzuleiten und interessengerecht zu untermauern.

---

182 *Schreiber*, Sachenrecht, 8. Auflage 2022, Rn. 501.
183 *D. Reinicke/Tiedtke*, Die Rechtsstellung des Kreditnehmers und des Grundstückseigentümers als Sicherungsgeber einer Grundschuld, WM 1991, Beilage 5, S. 2, 10; MüKoBGB/*Lieder*, 9. Auflage 2023, § 1164 Rn. 25; für die Anwendbarkeit auf die Sicherungsgrundschuld vgl. demgegenüber *Dieckmann*, Zur entsprechenden Anwendung der §§ 1164, 1165 BGB im Grundschuldrecht, WM 1990, 1481.
184 Klausurfall bei *Petersen*, Allgemeines Schuldrecht, 12. Auflage 2025, Rn. 414 ff.
185 Siehe dazu vorangegangenes Prüfungsgespräch.
186 Dafür: MüKoBGB/*Lieder*, 9. Auflage 2023, § 1191 Rn. 146, § 1192 Rn. 3; dagegen: Grüneberg/*Herrler*, 84. Auflage 2025, § 1143 Rn. 7, BGHZ 105, 154.

II. Die Sicherungsgrundschuld

Die praktisch wichtigste und auch für die mündliche Prüfung relevanteste Form der Grundschuld ist die Sicherungsgrundschuld.[187] Gesetzlich geregelt ist sie in § 1192 Abs. 1a S. 1 BGB: Die dortige Legaldefinition setzt voraus, dass die Grundschuld zur Sicherung eines Anspruchs verschafft worden ist. Ungeachtet dessen ist auch die Sicherungsgrundschuld nicht akzessorisch, also prinzipiell unabhängig vom Bestand einer Forderung.[188]

1. Sicherungsabrede

Die formlos mögliche Sicherungsabrede bildet den Rechtsgrund für die Einräumung des dinglichen Rechts und bedeutet eine schuldrechtliche Verknüpfung des dinglichen Rechts, also der Grundschuld, mit der zu sichernden Forderung, so dass der Gläubiger nur bei Verwertungsreife und Vorliegen eines entsprechenden Sicherungsbedürfnisses aus der Grundschuld gegen den Schuldner vorgehen oder sie isoliert übertragen darf.[189] Der Sicherungsnehmer kann also erst und nur dann aus der Grundschuld vollstrecken, wenn der Rückzahlungsanspruch fällig ist, was wiederum voraussetzt, dass die zu sichernde Forderung überhaupt valutiert und entstanden ist; ansonsten hat der Sicherungsgeber eine dingliche Einrede gegen die Grundschuld (§ 1192 Abs. 1a S. 1 BGB).[190]

Wenn die zu sichernde Forderung nicht (mehr) besteht, ist der Gläubiger verpflichtet, die Grundschuld dem Eigentümer des belasteten Grundstücks zurück zu übertragen. Uneinheitlich beurteilt wird die Frage, welche Anspruchsgrundlage in diesem Fall heranzuziehen ist:[191] die Sicherungsabrede selbst,[192] ein Rückgewähranspruch aus §§ 346 Abs. 1, 323, 280 Abs. 1, 3, 281 BGB oder ein Bereicherungsanspruch nach § 812 Abs. 1 S. 1 Alt. 2 BGB.[193] Die schuldrechtliche Natur der Sicherungsabrede bringt es mit sich, dass der Inhaber der Grundschuld als dinglich

---

187 Lehrreich *Tiedtke*, Die Sicherungsgrundschuld, Jura 1980, 407; *Meyer*, Einwendungen und Einreden des Grundstückeigentümers gegen den Grundschuldgläubiger nach neuem Recht, Jura 2009, 561 (zu Einreden und Einwendungen); *Lopau*, Die Nichtakzessorietät der Grundschuld, JuS 1972, 502; *Weller*, Die Sicherungsgrundschuld, JuS 2009, 969; *Lamb*, Die Sicherungsgrundschuld, JA 1987, 1. Klausurfall *Vogel*, „Die Grundschuldzession nach dem Risikobegrenzungsgesetz", JA 2012, 887.
188 *Schreiber*, Sachenrecht, 8. Auflage 2022, Rn. 497.
189 *Habersack*, Sachenrecht, 10. Auflage 2024, Rn. 393 f.
190 *Medicus/Petersen*, Bürgerliches Recht, 29. Auflage 2023, Rn. 496.
191 *Schreiber*, Sachenrecht, 8. Auflage 2022, Rn. 500 mit Fn. 206.
192 Westermann/*Eickmann*, Sachenrecht, 8. Auflage 2011, § 116 II 2.
193 *Prütting*, Sachenrecht, 38. Auflage 2024, Rn. 768 f.

Berechtigter und daher wirksam, wenngleich abredewidrig, über sie verfügen kann.[194] Er schuldet dann freilich gegebenenfalls Schadensersatz. Wegen des Abstraktionsprinzips ist die Bestellung der Sicherungsgrundschuld grundsätzlich (Ausnahme: bei Fehleridentität) auch dann wirksam, wenn die Sicherungsabrede nichtig ist.[195]

2. Erfüllung der zu sichernden Forderung

Wie bereits soeben dargestellt, kann der Sicherungsgeber verlangen, dass ihm die Sicherungsgrundschuld zurückgewährt wird, wenn er die Forderung, für die sie bestellt wurde, getilgt hat. Zu fragen ist dann jedoch, ob der Schuldner nur auf die Forderung oder auch auf die Grundschuld gezahlt hat. Ob das Eine oder auch das Andere anzunehmen ist, bemisst sich nach dem Willen des Zahlenden. In der Praxis wird häufig vertraglich vereinbart, dass auf die Forderung gezahlt wird, der Schuldner kann aber gleichwohl auch auf die Grundschuld zahlen.[196] Doch fehlen häufig Anhaltspunkte für einen entsprechenden Willen des Sicherungsgebers.

Ergibt sich, dass nur auf die Forderung gezahlt wird, dann besteht ein Anspruch auf Rückgewähr der Sicherungsgrundschuld aus dem Sicherungsvertrag, weil und sofern der Sicherungszweck fortgefallen ist. Der Sicherungsgeber kann dann wahlweise Aufhebung nach § 875 BGB, Verzicht auf die Grundschuld (§§ 1168 f. BGB) oder Rückübertragung nach §§ 1154, 1192 Abs. 1 BGB verlangen.[197] Wird dagegen auf Forderung und Grundschuld gezahlt, so erlischt die Forderung (§ 362 BGB), während die Grundschuld entsprechend §§ 1142 f., 1192 BGB[198] bzw. §§ 1168, 1171, 1192 BGB zur Eigentümergrundschuld wird.[199] Der Sicherungsgeber hat folglich einen Anspruch auf Grundbuchberichtigung aus § 894 BGB.[200]

3. Einreden

Der Eigentümer kann einer Grundschuld demnach forderungsbezogene Einreden zwar nicht unmittelbar, wohl aber über die schuldrechtliche Sicherungsabrede entgegenhalten. Daneben kommen grundschuldbezogene Einreden aus von der

---

194 *Habersack*, Sachenrecht, 10. Auflage 2024, Rn. 393.
195 Hier und im Folgenden *Medicus/Petersen*, Bürgerliches Recht, 29. Auflage 2023, Rn. 495, 499 ff.
196 Aus der Rechtsprechung BGH NJW 1976, 2132 f.
197 BGH NJW-RR 1994, 847; *Wilhelm*, Die Entwicklung des Zivilrechts aus seinen Grundsätzen am Beispiel des Anspruchs auf Rückgewähr der nicht valutierten Sicherungsgundschuld in Zwangsversteigerung und Zwangsvollstreckung, JZ 1998, 18.
198 Dafür etwa *Baur/Stürner*, Sachenrecht, 18. Auflage 2009, § 44 Rn. 23 ff.
199 Für den letztgenannten Weg *Wolff/Raiser*, Sachenrecht, 10. Bearbeitung 1957, § 156 Fn. 11.
200 Zum Grundbuchberichtigungsanspruch der gleichnamige Aufsatz *Petersen*, Jura 2016, 872.

Sicherungsabrede unabhängigen schuldrechtlichen Vereinbarungen in Betracht. Wird die Grundschuld isoliert an einen Dritten übertragen – fallen also Grundschuldgläubiger und Sicherungsnehmer auseinander –, stellt sich die Frage nach der im Hypothekenrecht gemäß § 1157 S. 2 BGB ohne weiteres gegebenen Möglichkeit des gutgläubigen einredefreien Erwerbs einer Grundschuld zulasten des Eigentümers. An dieser Stelle kommt die über die Legaldefinition hinausgehende wichtigere Aussage des § 1192 Abs. 1a S. 1 Halbsatz 1 BGB zum Tragen: Danach können Einreden, die dem Eigentümer aufgrund des Sicherungsvertrags mit dem bisherigen Gläubiger gegen die Grundschuld zustehen – hier muss der Tatbestand der Einrede bereits vor dem Erwerb abgeschlossen sein[201] – oder sich aus dem Sicherungsvertrag ergeben, auch jedem Erwerber der Grundschuld entgegengesetzt werden.[202] Damit wird der gutgläubige einredefreie Erwerb nach § 1157 S. 2 BGB zum Schutz des Schuldners gegen Abtretungen ausgeschlossen, wie § 1192 Abs. 1a S. 1 Halbsatz 2 BGB klarstellt.[203] Das schränkt die eingangs angesprochene Verkehrsfähigkeit der Sicherungsgrundschuld empfindlich ein.[204] Allerdings bleibt § 1157 BGB nach § 1192 Abs. 1a S. 2 BGB im Übrigen unberührt. Die Möglichkeit des gutgläubigen Wegerwerbs bleibt somit für solche Einreden bestehen, die sich nicht aus dem Sicherungsvertrag ergeben. Darunter fallen etwa die Stundung der Sicherungsgrundschuld oder Verwertungsbeschränkungen.[205]

---

201 Hk-BGB/*A. Staudinger*, 12. Auflage 2024, § 1192 Rn. 4.

202 Zu dieser im Gefolge der Finanzkrise eingeführten Neuerung *Kiehnle*, Ein Widerspruch zwischen § 1192 Abs. 1a und § 1156 Satz 1 BGB?, BKR 2009, 157; *Langenbucher*, Kredithandel nach dem Risikobegrenzungsgesetz, NJW 2008, 3169; *Meyer*, Die Regelung der Sicherungsgrundschuld in § 1192 Abs. 1a BGB – ein nicht durchdachter Schnellschuss des Gesetzgebers, WM 2010, 58; *Nietsch*, Grundschulderwerb nach dem Risikobegrenzungsgesetz. Der Ausschluss des gutgläubigen einredefreien Erwerbs nach § 1192 Ia BGB, NJW 2009, 3606; *Wellenhofer*, Das Recht der Sicherungsgrundschuld nach dem Risikobegrenzungsgesetz, JZ 2009, 1077.

203 Zur Abtretbarkeit der Sicherungsgrundschuld nach der Neuregelung durch das Risikobegrenzungsgesetz siehe den gleichlautenden Aufsatz *Sokolowski*, JR 2009, 309.

204 *Heinze*, Die abstrakte Verkehrshypothek, AcP 211 (2011), 105 f.; *Redeker*, Renaissance der Hypothek durch Abschaffung des gutgläubigen einredefreien Erwerbs bei der Grundschuld?, ZIP 2009, 208, 211.

205 Jauernig/*Chr. Berger*, 19. Auflage 2023, § 1191 Rn. 20; Erman/*Wenzel*, 17. Auflage 2023, § 1191 Rn. 62.

Anhang 2: Die Vormerkung

Die Vormerkung zählt zu den klassischen Themen des Immobiliarsachenrechts. Im Folgenden seien einige prüfungsrelevante Probleme im Überblick dargestellt, die auch im mündlichen Examen vorkommen können.

I. Prüfungsrelevante Systematik

Ausweislich seiner Überschrift regelt § 883 BGB die Voraussetzungen und Wirkungen der Vormerkung.[206] Jene bestimmt § 883 Abs. 1 BGB, diese § 883 Abs. 2 BGB.[207] Da aber in der Fallbearbeitung von den Wirkungen, also der Rechtsfolge her gedacht wird,[208] ist die in Abs. 2 zum Ausdruck kommende relative Unwirksamkeit für den prüfungsrelevanten Fall der vormerkungswidrigen Veräußerung eines Grundstücks von besonderer Bedeutung:[209] Eine Verfügung, die nach der Eintragung der Vormerkung über das Grundstück getroffen wird, ist insoweit unwirksam, als sie den Anspruch vereiteln oder beeinträchtigen würde. Der Anspruch, den § 883 Abs. 2 S. 1 BGB voraussetzt, ist in diesem Fall der Anspruch auf Übereignung des Grundstücks aus dem Kaufvertrag gemäß § 433 Abs. 1 BGB. Zur Sicherung dieses Anspruchs kann nach § 883 Abs. 1 BGB eine Vormerkung in das Grundbuch eingetragen werden.

1. Fortbestehen des Primäranspruchs

Gäbe es § 883 Abs. 2 BGB nicht, dann würde dem Primäranspruch auf Übereignung des Grundstücks § 275 Abs. 1 BGB entgegenstehen.[210] Denn dem Schuldner wäre die Leistung – Übereignung des Grundstücks – unmöglich. In der Fallbearbeitung ist in aller Regel dieser Anspruch zuerst zu prüfen. Ist zur Sicherung eines Anspruchs des Käufers auf Übereignung eines Grundstücks eine Vormerkung eingetragen und veräußert der Verkäufer das Grundstück dessen ungeachtet an einen Dritten, so

---

Anmerkung: Zuerst erschienen in Jura 2016, 495.

206 Monographisch *Assmann*, Die Vormerkung (§ 883 BGB), 1998; *Stamm*, Die Auflassungsvormerkung, 2003; aus dem älteren Schrifttum *Biermann*, Widerspruch und Vormerkung, 1901.
207 Zur dogmatischen Einordnung des § 883 Abs. 2 BGB *Canaris*, Festschrift für Flume, 1978, S. 384.
208 Instruktiver Klausurfall bei *Canaris*, JuS 1969, 80.
209 Lehrreich und dogmatisch weiterführend *J. Hager*, JuS 1990, 429; ferner *Stamm*, JuS 2003, 48 (examensrelevante Probleme); *Löhnig/Gietl*, JuS 2008, 102 (Grundfälle).
210 Siehe dazu etwa *Mülbert*, AcP 197 (1997), 335, 364.

empfiehlt es sich auch dann, wenn die Fallfrage offen ist („Wie ist die Rechtslage?"), mit dem Primäranspruch des Käufers gegen den Verkäufer aus dem Kaufvertrag gemäß § 433 Abs. 1 BGB auf Verschaffung des Eigentums an dem Grundstück zu beginnen. Sodann kann im Gutachtenstil erwogen werden, dass dieser Anspruch nach § 275 Abs. 1 BGB untergegangen sein könnte, nur um zu der Feststellung zu gelangen, dass dies wegen der in § 883 Abs. 2 BGB normierten relativen Unwirksamkeit nicht der Fall ist.[211]

2. Unselbständiger Hilfsanspruch

Soweit der Erwerb eines eingetragenen Rechts gegenüber demjenigen, zu dessen Gunsten eine Vormerkung besteht, unwirksam ist, kann dieser nach § 888 BGB von dem Erwerber die nach § 19 GBO nötige Zustimmung zu der Eintragung verlangen, die zur Verwirklichung des durch die Vormerkung gesicherten Anspruchs erforderlich ist. Es handelt sich dabei um einen unselbständigen Hilfsanspruch, mit dem der Vormerkungsberechtigte gegenüber demjenigen, der im Grundbuch eingetragen ist, seinen Anspruch auf Eigentumsverschaffung verwirklichen kann. Ob auf den Anspruch die Regelungen über den Verzug anwendbar sind, ist umstritten, wurde aber vom Bundesgerichtshof lange Zeit mit der Begründung verneint, dass Vorschriften des allgemeinen Schuldrechts auf dingliche Ansprüche nicht ohne weiteres anwendbar seien.[212] Die Gegenansicht – der sich mittlerweile auch der Bundesgerichtshof anschloss[213] – hält die Anwendung der §§ 280 Abs. 1, 2, 286 BGB auf einen Anspruch aus § 888 BGB entsprechend § 990 Abs. 2 BGB wenigstens dann für möglich, wenn der Schuldner bösgläubig ist.[214]

3. Grundbuchberichtigungsanspruch?

Ein Grundbuchberichtigungsanspruch[215] des Vormerkungsberechtigten gegen den in das Grundbuch eingetragenen Dritten nach § 894 BGB darf dagegen nicht leichthin angenommen werden (typischer Fehler). Denn die zentrale Voraussetzung, dass das Grundbuch unrichtig ist, liegt nicht vor, weil eine vormerkungswidrige Verfügung das Grundbuch nicht unrichtig macht. Der Dritterwerber hat vom Berechtigten erworben und ist demnach Eigentümer geworden. Daran ändert

---

211 *Wilhelm*, Sachenrecht, 7. Auflage 2021, Rn. 2226: „Die Sicherung besteht darin, dass der Schuldner sein Leistungsvermögen nicht verliert (dh dass keine subjektive Unmöglichkeit iSv § 275 I eintreten kann)".

212 So noch BGHZ 49, 263.

213 BGHZ 208, 133; dazu *K. Schmidt*, JuS 2016, 844.

214 *Wilhelm*, Sachenrecht, 7. Auflage 2021, mit Fn. 4275, 4423.

215 Siehe dazu allgemein den Anhang zum 7. Prüfungsgespräch.

die relative Unwirksamkeit nach § 883 Abs. 2 BGB nichts. Die Vorschrift bewirkt nur, dass die Verfügung des Veräußerers gegenüber dem Dritterwerber insoweit unwirksam ist, als sie den Anspruch auf Einräumung des Rechts an dem Grundstück vereiteln oder beeinträchtigen würde. Die nur relative Unwirksamkeit der vomerkungswidrigen Verfügung genügt also nicht für den Anspruch aus § 894 BGB.[216] Systematisch folgt das daraus, dass der Anspruch aus § 888 BGB die vorrangige Sonderreglung für derartige Fälle darstellt.[217] Nur für den Fall, das „eine nach dem Grundbuch vor der Vormerkung vorrangige Eintragung unrichtig ist",[218] hat der Vormerkungsberechtigte den Grundbuchberichtigungsanspruch aus § 894 BGB.

II. Einzelprobleme

Erfahrungsgemäß kommen in Klausuren, mündlichen Prüfungen und Hausarbeiten immer wieder dieselben Probleme zur Vormerkung vor. Drei von ihnen seien im Folgenden ohne Anspruch auf Vollständigkeit der im Schrifttum vertretenen Sichtweisen dargestellt.

1. Analoge Anwendung der §§ 987 ff. BGB

In den typischen Fallgestaltungen, die in Übungsarbeiten gestellt werden, macht der vormerkungswidrig ins Grundbuch eingetragene Dritterwerber auf das – regelmäßig bebaute – Grundstück Verwendungen:[219] Er schützt etwa das Haus vor Wasserschäden, indem er das schadhafte Dach ausbessert und erneuert die in die Jahre gekommenen, aber noch funktionsfähigen Sanitäranlagen. Ersteres stellt eine notwendige Verwendung (§ 994 BGB) dar, weil es die Sache instand hält, Letzteres eine nützliche (§ 996 BGB). Eine direkte Anwendung dieser Vorschriften zur Begründung etwaiger Gegenansprüche des eingetragenen Dritten, der infolge der relativen Unwirksamkeit der vormerkungswidrigen Verfügung (§ 883 Abs. 2 BGB) dem Anspruch aus § 888 Abs. 1 BGB des Vormerkungsberechtigten ausgesetzt ist,[220] scheidet jedoch ersichtlich aus: Der Dritte war als Eigentümer in das

---

216 MüKoBGB/*Schäfer*, 9. Auflage 2023, § 894 Rn. 18.
217 RGZ 132, 419, 424; BayObLG NJW-RR 1987, 1416, 1417; BayObLG DNotZ 1999, 667, 669.
218 *Wilhelm*, Sachenrecht, 7. Auflage 2021, Rn. 2242a, unter Verweis auf BGH NJW 2000, 1033.
219 Lehrreicher Klausurfall bei *Armbrüster*, JuS 1991, 485.
220 Für die Fallbearbeitung weiterführend *Wilhelm*, Sachenrecht, 7. Auflage 2021, Rn. 2303: „Der Herausgabeanspruch und die Nebenfolgen (sc.: die §§ 987 ff. BGB) können schon in Verbindung mit dem Zustimmungsanspruchs aus § 888 I geltend gemacht werden. Der Zustimmungsanspruch ist ja der Anspruch, der zum Eigentum und damit dem Herausgabeanspruch führen wird".

Grundbuch eingetragen und konnte als solcher grundsätzlich nach Belieben mit der Sache verfahren (§ 903 BGB), sie also auch instand setzen oder modernisieren. Andererseits macht die eingetragene Vormerkung den Dritten bösgläubig (§ 990 BGB),[221] so dass er auch für notwendige Verwendungen nur nach den Vorschriften über die Geschäftsführung ohne Auftrag (§§ 683, 670, 677 BGB) Ersatz verlangen könnte, wie es die §§ 994 Abs. 2, 990 BGB vorsehen.

Aus diesen Gründen wird seit langem eine entsprechende Anwendung der §§ 987 ff. BGB auf das Verhältnis von Vormerkungsberechtigtem und Drittem erwogen. Das erfordert freilich einigen Begründungsaufwand, weil damit der Eigentümer einem nicht zum Besitz berechtigten Besitzer gleichgestellt wird. Die Ansichten im Schrifttum sind dementsprechend geteilt.[222] Der Bundesgerichtshof spricht dem Vormerkungsberechtigten gegen den Grundstückserwerber entsprechend § 987 BGB unter den Voraussetzungen des § 292 BGB Nutzungsersatz zu.[223]

2. Gutgläubiger Erwerb

Prüfungsrelevant ist ferner der gutgläubige Vormerkungserwerb.[224] Das führt zu der Frage, ob eine Vormerkung gutgläubig erworben werden kann, wenn der redliche Erwerber einen gesicherten Anspruch hat. Da die Vormerkung kein Recht an einem Grundstück begründet, ist § 892 BGB nicht direkt anwendbar. Die Rechtsprechung[225] und herrschende Lehre[226] wenden jedoch auf die bewilligte Vormerkung § 893 BGB entsprechend an.[227] Danach findet § 892 BGB entsprechende Anwendung, wenn an denjenigen, für welchen ein Recht im Grundbuch eingetragen ist, aufgrund dieses Rechts eine Leistung bewirkt oder wenn zwischen ihm und einem anderen in Ansehung dieses Rechts ein nicht unter die Vorschrift des § 892 BGB fallendes Rechtsgeschäft vorgenommen wird, das eine Verfügung über das Recht enthält. Einer solchen Verfügung wird die Bewilligung der Vormerkung gleichgeachtet. Teilweise wird § 892 BGB ohne Rekurs auf § 893 BGB

---

221 *Wilhelm*, Sachenrecht, 7. Auflage 2021, Rn. 2303.
222 Für eine analoge Anwendung beim strukturell gleichlaufenden (§ 1098 Abs. 2 BGB) dinglichen Vorkaufsrecht etwa *Lieder*, JuS 2011, 821, 824.
223 BGHZ 144, 323.
224 Zu ihm *K. Schreiber*, Jura 1994, 493; *Görner*, JuS 1991, 1011; vertiefend *Mülbert*, AcP 197 (1997), 335. Zum gutgläubigen Ersterwerb der Vormerkung vgl. BGH WM 2024, 1618 Rn. 24 ff.; zum gutgläubigen Zweiterwerb bei Abtretung eines Übereignungsanspruchs BGHZ 235, 277.
225 BGHZ 28, 182; 57, 341.
226 *Baur/Stürner*, Sachenrecht, 18. Auflage 2009, § 20 Rn. 29; *Medicus/Petersen*, Bürgerliches Recht, 29. Auflage 2023, Rn. 553.
227 *Canaris* JuS 1969, 80, 81; *J. Hager*, JuS 1987, 555, 556.

analog angewendet.[228] Der maßgebliche Zeitpunkt für die Gutgläubigkeit ist nach allgemeiner Auffassung die Beantragung der Vormerkung,[229] so dass auch die nachfolgende Eintragung eines Widerspruchs oder Kenntniserlangung unschädlich sind,[230] § 892 Abs. 2 BGB.

3. Wiederaufladung der Vormerkung

Weiterhin wird ein Problem kontrovers diskutiert, dass unter der Überschrift ‚Wiederaufladung' der Vormerkung in die Rechtsprechung und Lehre eingegangen ist.[231] Auch wenn der vergleichsweise nüchterne Begriff der Wiederverwendung die Problematik womöglich besser bezeichnet,[232] hat sich der Topos der ‚Wiederaufladung' so eingebürgert, dass man auch in der Fallbearbeitung damit rechnen muss, dass die Prüfer ihn lesen wollen.[233]

Für die Problematik der Wiederaufladung ist im Ausgangspunkt die Akzessorietät der Vormerkung zu berücksichtigen: Die Entstehung der Vormerkung setzt dem Wortlaut nach einen zu sichernden Anspruch voraus.[234] So ist etwa der Eigentumsverschaffungsanspruch aus Kaufvertrag gemäß § 433 Abs. 1 S. 1 BGB ein zu sichernder Anspruch: Die Vormerkung sichert diesen Anspruch gegen vormerkungswidrige Verfügungen.[235] § 883 Abs. 1 S. 2 BGB stellt klar, dass die Eintragung einer Vormerkung auch zur Sicherung eines künftigen oder eines bedingten Anspruchs zulässig ist. Es gibt jedoch Fälle, in denen ursprünglich ein zu sichernder Anspruch bestand, dann aber erloschen ist, ohne dass die Vormerkung gelöscht wurde. Wenn nun ein neuer Anspruch an die Stelle des alten tritt, fragt sich, ob die Vormerkung wiederverwendet bzw. wieder ‚aufgeladen' werden kann. Der Bundesgerichtshof hält ein solches Wiederaufladen der Vormerkung für möglich, wenn die Ansprüche deckungsgleich und kongruent sind, das heißt insbesondere die

---

228 *Wunner*, NJW 1969, 113, 116; *Stamm*, Die Auflassungsvormerkung, 2003, S. 94 ff.; siehe auch *dens.*, JuS 2003, 48.

229 *Medicus*, AcP 163 (1964), 1, 6.

230 MüKoBGB/*Schäfer*, 9. Auflage 2023, § 893 Rn. 13 m. w. N.

231 Umfassend dazu *J. Hager*, Festschrift für Kanzleiter, 2010, S. 195.

232 *W. Krüger*, Festschrift für A. Krämer, 2009, S. 475.

233 Lesenswert zu den prüfungsrelevanten Entscheidungen des BGH die Anmerkungen von *K. Schmidt*, JuS 2000, 605; 2012, 943.

234 MüKoBGB/*Lettmaier*, 9. Auflage 2023, § 883 Rn. 6, 14 ff.; *Medicus*, JuS 1971, 497, 502; *Habersack*, JZ 1997, 857.

235 Vgl. nur BGH JZ 2000, 679; dazu lehrreich *Grunewald/Riesenhuber*, Bürgerliches Recht, 10. Auflage 2023, Rn. 880.

Eintragung mit der neuerlichen Bewilligung übereinstimmt.[236] Sedes materiae ist insofern § 885 BGB.

4. Fortbestand nach Schuldnerwechsel

Einer prüfungsrelevanten Fragestellung begegnet man, wenn der Schuldner eines vormerkungsgesicherten Anspruchs im Wege der befreienden Schuldübernahme (§§ 414, 415 BGB) ausgewechselt wird. Wird der neue Schuldner mit Schuldübernahme nicht gleichzeitig auch Inhaber des vormerkungsbetroffenen Rechts, so erlischt die Vormerkung mangels sogenannter Identität auf der Passivseite.[237] Denn nach § 885 Abs. 1 BGB muss der Schuldner des gesicherten Anspruchs stets auch Inhaber des eingetragenen Rechts sein.[238] Bei gleichzeitigem Übergang der Verpflichtung und des von der Vormerkung betroffenen Rechts soll die Vormerkung nach der Rechtsprechung hingegen fortbestehen können. Die Übernahme der Schuld führe nach §§ 414, 415 BGB nämlich zur Sukzession unter Wahrung der Identität[239] und nicht etwa, wie teilweise im Schrifttum vertreten, zur Neubegründung einer zunächst erloschenen Schuld[240] oder zu ihrer inhaltlichen Umgestaltung.[241] Somit müsse auch die streng akzessorische Vormerkung nicht erlöschen.

---

236 Im Schrifttum zuerst gesehen von Planck/*Strecker*, 5. Auflage 1933, § 885 Rn. 1.
237 *Stamm*, jurisPK BGB, 10. Auflage 2023, § 883 Rn. 34.
238 BGHZ 134, 182, 188.
239 BGH, NJW 2014, 2431, 2432.
240 *Hoche*, NJW 1960, 464.
241 *Schöner/Stöber*, Grundbuchrecht, 16. Auflage 2020, Rn. 1606.

7. Prüfungsgespräch (Familienrecht)

Im Mittelpunkt dieses Prüfungsgesprächs stehen familienrechtliche Fragen. Dies gibt Anlass, sich einmal mehr die Bedeutung des Familien- und Erbrechts im ersten juristischen Staatsexamen zu vergegenwärtigen. In den meisten Prüfungsordnungen sind die Grundzüge des Familien- und Erbrechts möglicher Prüfungsgegenstand. Was genau Grundzüge sind, ist schwer zu ermitteln und noch schwerer zu generalisieren. Zweifelsohne mehr als die Grundzüge, nämlich vertiefende Kenntnisse, werden im Allgemeinen Teil, im Schuld- und im Sachenrecht verlangt. Grundzüge des Familien- und Erbrechts sind also zumindest diejenigen Gebiete, die sich als mögliche Folgefragen der Probleme des Allgemeinen Teils, des Schuld- und Sachenrechts ergeben. So sind etwa die familienrechtlichen Verfügungsbeschränkungen (§§ 1365 ff. BGB) Bestandteil der Grundzüge, weil sie sich ohne weiteres in einen sachenrechtlichen Fall mit Schwerpunkten im Bereich des Gutglaubenserwerbs bewegen. Aber ebenso selbstverständlich ist, dass der gesetzliche Güterstand den Kandidaten geläufig sein muss.

Prüfer: A und B sind miteinander verheiratet. Sie leben im gesetzlichen Güterstand der Zugewinngemeinschaft. B gehört ein unbebautes Grundstück, das sie für 100.000,– Euro an K veräußert. Dieser wird ins Grundbuch eingetragen und bebaut das Grundstück. Die Bebauungsmaßnahmen kosten ihn 200.000,– Euro. Von der Ehe mit A wusste K nichts. Der Ehemann A verlangt jetzt von K Herausgabe des Grundstücks und Bewilligung der Wiedereintragung von B im Grundbuch. Ist das Verlangen begründet?

Kandidatin: Als Anspruchsgrundlage würde ich die §§ 985 und 894 BGB heranziehen.

Prüfer: Warum diese beiden?

Kandidatin: Aus § 985 BGB ergibt sich der Herausgabeanspruch. Allein die Herausgabe führt jedoch nicht zur Erfüllung des Verlangens des A, denn dieser verlangt zugleich auch die Bewilligung der Wiedereintragung seiner Frau in das Grundbuch. Aus diesem Grund ist auch der Grundbuchberichtigungsanspruch erforderlich.

Prüfer: Wie würden Sie weiter prüfen?

Kandidatin: Voraussetzung für diese beiden Anspruchsgrundlagen wäre, dass das Grundstück nach wie vor im Eigentum der B steht. Denn dann wäre der Anspruch aus § 985 BGB gegeben und die B könnte aufgrund dessen auch Grundbuchberichtigung nach § 894 BGB verlangen. Entscheidend ist also, dass die Verfügung der B an K unwirksam war.

Die Anspruchsgrundlage in Gestalt dieser beiden Vorschriften war hier nicht ganz einfach zu finden. Es war deshalb wichtig, sich das konkrete Verlangen des A näher anzusehen, das nicht nur in der Herausgabe, sondern auch in der Wiedereintragung der B bestand. Nachdem dies von der Kandidatin zutreffend gelöst wurde, würde typischerweise die Reihe an eine andere Prüfungskandidatin kommen.

Prüfer: Welche Unwirksamkeitsgründe kommen denn in Betracht?

Kandidatin: Allgemeine Unwirksamkeitsgründe, also insbesondere solche des Allgemeinen Teils oder des Allgemeinen Schuldrechts, wie etwa ein Formmangel nach §§ 125, 311b Abs. 1 BGB, sind nicht ersichtlich. Im Übrigen beträfe § 311b Abs. 1 BGB nur das Verpflichtungsgeschäft, die Wirksamkeit des Verfügungsgeschäftes hingegen bliebe aufgrund des Abstraktionsprinzips unberührt. Als spezifisch familienrechtlicher Unwirksamkeitsgrund könnte allerdings § 1365 Abs. 1 S. 2 BGB eingreifen.

Prüfer: Schön, aber wie kommen Sie zu dieser Vorschrift?

Kandidatin: § 1365 BGB steht im System der §§ 1363 ff. BGB. Voraussetzung ist also zunächst, dass zwischen den Beteiligten eine Zugewinngemeinschaft besteht. Das ist hier der Fall, weil die Eheleute im gesetzlichen Güterstand leben und nach § 1363 Abs. 1 BGB der gesetzliche Güterstand die Zugewinngemeinschaft ist.

Prüfer: Können Sie den Begriff der Zugewinngemeinschaft etwas näher erklären?

Anders als in der Klausur sind an derartigen Schaltstellen in der Regel allgemeine Ausführungen erforderlich. Während es in der Klausur untunlich wäre, lehrbuchartige Ausführungen folgen zu lassen – es würde ausreichen, die Vorschriften exakt anzuwenden – ist in der mündlichen Prüfung immer auch zu bedenken, dass nicht nur die Falllösung als solche, sondern zudem das Verständnis für die gesetzlichen Grundlagen geprüft wird. Gerade im Bereich der sogenannten Nebengebiete bietet es sich daher an, dass der Prüfer bei den Zentralbegriffen inne hält und mehr als eine auswendig gelernte Definition hören möchte.

Kandidatin: Der Begriff der Zugewinngemeinschaft ist insofern irreführend, als dass das Vermögen der Frau und das Vermögen des Mannes gerade nicht gemeinschaftliches Vermögen der Ehegatten wird, sondern jeder Eigentümer der Sachen bleibt, die ihm auch vorher gehörten. Das ergibt sich bereits aus § 1363 Abs. 2 S. 1 BGB. Der 2. Halbsatz stellt zudem klar, dass dies auch für Vermögen gilt, dass ein Ehegatte nach der Eheschließung erwirbt.

Prüfer: Ist die Zugewinngemeinschaft der Regelfall?

Kandidatin: Ja, dies ergibt sich aus § 1363 Abs. 1 BGB, wonach die Ehegatten im Güterstand der Zugewinngemeinschaft leben, wenn sie nicht durch Ehevertrag etwas anderes vereinbaren.

Prüfer: Welche anderen Güterstände kennen Sie?

Kandidatin: Es gibt zum einen nach § 1414 BGB die Gütertrennung. Und zum anderen besteht nach § 1415 BGB die Möglichkeit, dass die Ehegatten durch Ehevertrag Gütergemeinschaft vereinbaren können.

Prüfer: Welche Besonderheit kennen Sie zum gemeinschaftlichen Vermögen der Gütergemeinschaft?

Kandidatin: Es ist gesamthänderisch gebunden.

Prüfer: Wo kommt das Prinzip gesamthänderischer Bindung[242] noch vor im BGB?

Kandidatin: Bei der Erbengemeinschaft.

Man kann beinahe sicher sein, dass immer dann, wenn in einem Prüfungsgespräch eine der Gesamthandsgemeinschaften thematisiert wird, nach der anderen gefragt wird. Daher sollte man diese Figuren zusammenhängend lernen, weil es eine willkommene Möglichkeit für den Prüfer darstellt, übergreifende Rechtsinstitute des Privatrechts zu besprechen.

Prüfer: Wie wird denn der Zugewinn ausgeglichen, wenn die Zugewinngemeinschaft endet?

Kandidatin: Das kommt darauf an, durch welches Ereignis der Güterstand beendet wird. Wird der Güterstand durch den Tod eines Ehegatten beendet, so wird nach § 1371 Abs. 1 BGB der Ausgleich des Zugewinns dadurch verwirklicht, dass sich der gesetzliche Erbteil des überlebenden Ehegatten um ein Viertel der Erbschaft erhöht. Wird er dagegen auf andere Weise als durch den Tod eines Ehegatten beendet, so wird gemäß § 1372 BGB der Zugewinn nach den Vorschriften der §§ 1373 ff. BGB ausgeglichen.

Gerade im Zusammenhang mit § 1371 BGB gibt es eine Reihe klassischer Streitfragen (Stichwort: familienrechtliche und erbrechtliche Lösung, großer und kleiner Pflichtteil), die in der mündlichen Prüfung vertieft werden können und natürlich

---

242 Ob es sich wirklich um ein Prinzip handelt, wie die gleichnamige Habilitationsschrift von *Schulze-Osterloh* (1972) nahelegt, ist eine zu komplexe Frage, als dass sie in einer mündlichen Prüfung näher erörtert werden könnte.

ebenso gut in der Klausur geprüft werden können.[243] *Es handelt sich um eine der klassischen Verstrebungen von Familien- und Erbrecht, die zudem Blick für das Ganze verlangen. Der Prüfer vertieft dies hier nicht, weil er sich unweigerlich noch weiter vom Ausgangsfall entfernen würde.*

Prüfer: Woraus ergibt sich in diesem Fall ein Anspruch des Ausgleichsberechtigten?

Kandidatin: Die Anspruchsgrundlage liefert in diesem Fall § 1378 Abs. 1 BGB, wonach dem anderen Ehegatten als Ausgleichsforderung die Hälfte des Überschusses zusteht, wenn der Zugewinn des einen Ehegatten den Zugewinn des anderen übersteigt.

Es ist zu beachten, dass sich diese Ausführungen, die zweifelsohne noch zu den Grundzügen des Familienrechts gehören, aus dem Gesetz ergeben. Es lohnt aber, sich die gesetzliche Regelung durch einfache Lektüre zunächst anzueignen, um in der Prüfungssituation gerade im unübersichtlichen Familienrecht nicht zuviel Zeit zu verlieren und gleich auf die richtige Vorschrift zu stoßen.

Prüfer: Machen wir weiter in unserem Fall. Sie hatten § 1365 Abs. 1 S. 2 BGB als möglichen Unwirksamkeitsgrund genannt.

Kandidatin: Nach § 1365 Abs. 1 S. 1 BGB kann sich ein Ehegatte nur mit Einwilligung des anderen Ehegatten verpflichten, über sein Vermögen im Ganzen zu verfügen. Ist er dennoch eine solche Verpflichtung ohne Zustimmung des Ehepartners eingegangen, bedarf die Verfügung ihrerseits gemäß § 1365 Abs. 1 S. 2 BGB der Einwilligung des anderen Ehegatten.

Prüfer: Kennen Sie noch eine andere Vorschrift, die Vorkehrungen für eine Verpflichtung, das ganze Vermögen zu übertragen, trifft?

Kandidatin: Nach § 311b Abs. 2 BGB ist ein Vertrag, durch den sich der eine Teil verpflichtet, sein künftiges Vermögen oder einen Bruchteil seines künftigen Vermögens zu übertragen, nichtig. § 311b Abs. 3 BGB modifiziert dies für das gegenwärtige Vermögen. Danach ist ein Vertrag, durch den sich der eine Teil verpflichtet, sein gegenwärtiges Vermögen zu übertragen, beurkundungspflichtig.

Prüfer: Welche Wertung liegt dem zugrunde?

Kandidatin: Im Falle des § 311b Abs. 2 BGB ist es die Wertung, dass der Erwerbsanreiz verloren geht, wenn sich jemand verpflichtet hat, sein künf-

---

[243] Vgl. dazu *Gernhuber/Coester-Waltjen*, Familienrecht, 7. Auflage 2020, § 36.

tiges Vermögen zu übertragen.[244] Daher soll ein solcher Vertrag ohne weiteres nichtig sein. Bezüglich des gegenwärtigen Vermögens bleibt es bei der Warnfunktion der notariellen Beurkundung.[245]

Prüfer: Wie ist es, wenn man sich verpflichtet, über sein künftiges Vermögen in der Weise zu verfügen, dass man verspricht, jemand anderen als Erben einzusetzen? Dann scheint es doch nicht so gefährlich zu sein, weil man diesen Fall gar nicht mehr erlebt.

Kandidatin: Gleichwohl wäre auch ein solcher Vertrag nach § 2302 BGB nichtig. Danach ist ein Vertrag, durch den sich jemand verpflichtet, eine Verfügung von Todes wegen zu errichten, also auch ein Testament, oder eben nicht zu errichten, ebenfalls nichtig.

Prüfer: Warum macht das Gesetz das, obwohl der Betreffende hier seinen Erwerbsanreiz doch nicht verliert; betrifft ihn das, was nach seinem Tod geschieht, schließlich nicht mehr?

Kandidatin: Hier kommt eine andere Wertung hinzu, nämlich der Schutz der Testierfreiheit.[246]

Prüfer: Gut, jetzt wollen wir aber endgültig zum Fall und damit zu § 1365 BGB zurückkommen, den Sie zutreffend aufgefunden haben. Liegen die tatbestandlichen Voraussetzungen vor?

Kandidatin: Das hängt davon ab, ob das Grundstück im Wesentlichen das Vermögen der B ausmacht.

Prüfer: Gehen Sie davon einmal aus.

Kandidatin: Die Rechtsprechung geht davon aus, dass auch Geschäfte über Einzelgegenstände dann, wenn sie das ganze oder nahezu das ganze Vermögen des Ehegatten ausmachen, unter § 1365 Abs. 1 BGB fallen.[247]

Prüfer: Ist dann also die Verfügung ohne weiteres nichtig?

Kandidatin: Betrachtet man allein den Wortlaut des § 1365 Abs. 1 S. 2 BGB, dann sieht es so aus, als gäbe es keine weiteren Voraussetzungen. Auf der anderen Seite haben wir gesehen, dass über den Wortlaut des § 1365 Abs. 1 BGB hinaus auch eine Unwirksamkeit dann eintritt, wenn nur einzelne Gegenstände übertragen werden, die praktisch das ganze Vermögen ausmachen. Wegen dieser Extension auf der objektiven Ebene ist es auf der anderen Seite erforderlich, dass § 1365 Abs. 1 BGB

---

244 Hau/Poseck/*Gehrlein*, 73. Edition 2025, § 311b Rn. 38.
245 Vgl. dazu auch *Petersen*, Allgemeines Schuldrecht, 12. Auflage 2025, Rn. 228.
246 Hk-BGB/*Hoeren*, 12. Auflage 2024, § 2302 Rn. 1.
247 BGHZ 35, 135; 43, 174; 77, 293; BGH NJW 1984, 609.

in subjektiver Hinsicht einschränkend ausgelegt wird.[248] Verlangt wird daher des Weiteren, dass der andere Teil auch weiß, dass der fragliche Gegenstand, hier also das Grundstück, praktisch das ganze Vermögen der Verfügenden B ausmacht.[249]

Prüfer: Schön, aber ist das so unstreitig, wie Sie es darstellten?

Kandidatin: Das ist zumindest die Aussage der sogenannten subjektiven Theorie. Die objektive Theorie geht davon aus, dass es genügt, dass das Rechtsgeschäft rein äußerlich praktisch das ganze Vermögen erfasst.[250]

Prüfer: Mit welcher Begründung würden Sie die subjektive Theorie untermauern? Sie hatten ja schon ein gutes Argument genannt.

Kandidatin: Die objektive Theorie würde eine erhebliche Gefahr für den Geschäftspartner darstellen. Ohne dass er wüsste, dass das Grundstück praktisch das ganze Vermögen des Vertragspartners ausmacht, wäre der darüber geschlossene Vertrag nichtig. Es ist also letztlich der Verkehrsschutz, der diese Sichtweise gebietet.[251]

Prüfer: Wie sieht es denn ansonsten mit dem Verkehrsschutz bei § 1365 Abs. 1 BGB aus? Können Sie sich vorstellen, woran ich denke?

Kandidatin: Beim Verkehrsschutz denkt man zunächst an den gutgläubigen Erwerb. Dabei ist jedoch zu sagen, dass es sich bei § 1365 Abs. 1 BGB um eine absolute Verfügungsbeschränkung handelt. Anders als im Fall des § 135 Abs. 2 BGB, wonach bei einem gesetzlichen Veräußerungsverbot die Vorschriften zu Gunsten derjenigen, welche Rechte von einem Nichtberechtigten herleiten – also die Glaubensvorschriften – entsprechende Anwendung finden, gelten diese bei § 1365 Abs. 1 BGB gerade nicht.[252] Das spricht im Übrigen auch für die subjektive Theorie, denn durch die Unmöglichkeit des gutgläubigen Erwerbs ist der Verkehrsschutz ohnehin schon eingeschränkt, so dass man ihn nicht weiter durch eine zu extensive Auslegung des § 1365 Abs. 1 BGB einschränken sollte.

---

248 *Reinicke*, Zum neuen ehelichen Güterrecht, NJW 1957, 889, 890.

249 BGHZ 43, 174, 177; 77, 293, 295; BGH FamRZ 1969, 322; BGH NJW 1984, 609; *Finke*, Erläuterungen zum Gleichberechtigungsgesetz, MDR 1957, 514, 515.

250 *Beitzke*, Gesellschaftsvertrag und güterrechtliche Verfügungsbeschränkung, DB 1961, 21, 22; *Gernhuber*, Anmerkung zu BGHZ 43, 174, JZ 1966, 192.

251 MüKoBGB/*Koch*, 9. Auflage 2022, § 1365 Rn. 34 ff.

252 Hk-BGB/*Kemper*, 12. Auflage 2024, § 1365 Rn. 16.

Die Kandidatin nutzt eine Folgefrage dazu, das von ihr verfochtene Ergebnis, welches an sich einen anderen Gesichtspunkt betraf, zu erhärten. Das ist durchaus empfehlenswert, weil der Prüfer die Kandidatin hier schon dazu veranlasst hat, Farbe zu bekennen. Nachdem er ihr bereits attestiert hatte, dass ihr vorheriges Argument – die Korrespondenz zwischen extensiver objektiver Auslegung des § 1365 Abs. 1 BGB und restriktiver Auslegung auf subjektiver Seite – gut war, hat er ihr nun die Möglichkeit gegeben, noch weitere brauchbare Argumente zu finden. Die Kandidatin ist hier also ohnehin schon auf der richtigen Seite, so dass sie die Gelegenheit ergreifen sollte, jetzt teleologisch zu argumentieren. Das hat im Übrigen den strategischen Vorteil, dass die Kandidatin auf diese Weise selbst zum Prüfungsfall zurückkehrt und vermeidet, dass der Prüfer, der in unserem Falle ohnehin eine Neigung dafür zu haben scheint, noch weitere Fragen stellt, die den Fall nicht unmittelbar betreffen.

Prüfer: Gehen wir mal davon aus, dass das Grundstück nicht nur das ganze Vermögen der B gebildet hat, sondern K dies auch gewusst hat. Was wären dann die Folgen?

Kandidatin: Nach § 1365 Abs. 1 BGB sind zunächst der Kaufvertrag und die Übereignung schwebend unwirksam.[253] Das ergibt sich aus § 1366 Abs. 1 BGB, wonach ein Vertrag, den ein Ehegatte ohne die erforderliche Einwilligung des anderen Ehegatten schließt, erst wirksam ist, wenn dieser ihn genehmigt.[254] Das ist hier nicht geschehen. Vielmehr hat der Ehegatte durch das Herausgabeverlangen deutlich gemacht, dass er die Genehmigung verweigert. Deshalb ist der Vertrag nach § 1366 Abs. 4 BGB endgültig unwirksam. Das bedeutet, dass B Eigentümerin des Grundstücks geblieben ist. Daher kann sie es auch nach § 985 BGB herausverlangen. K muss demzufolge nach § 894 BGB die Wiedereintragung der B ins Grundbuch bewilligen.

Prüfer: Kann denn A das so einfach verlangen? Schließlich ist doch B Eigentümerin. Ist das Herausgabeverlangen von A dann nicht eine Bevormundung des Ehegatten?

Kandidatin: Die Möglichkeit der Geltendmachung der Unwirksamkeit ergibt sich aus § 1368 BGB. Danach ist auch der andere Ehegatte, hier also A, berechtigt, wenn ein Ehegatte ohne die erforderliche Zustimmung des anderen über sein Vermögen verfügt, die sich aus der Unwirksamkeit der Verfügung ergebenden Rechte gegen den Dritten gerichtlich geltend zu machen. Es handelt sich also nicht um eine Be-

---

253 MüKoBGB/*Koch*, 9. Auflage 2022, § 1366 Rn. 2.
254 Zur Heilungsmöglichkeit der rechtskräftigen Scheidung vgl. BGH NJW-RR 2001, 866.

vormundung der Ehefrau, denn auch im umgekehrten Falle wäre die Ehefrau berechtigt, gegen den Dritten gerichtlich vorzugehen.

Prüfer: Ist das nicht trotzdem unerhört?

Kandidatin: Grundsätzlich verwaltet nach § 1364 BGB jeder Ehegatte sein Vermögen selbständig. Er ist jedoch nach dem 2. Halbsatz der Vorschrift in der Verwaltung seines Vermögens nach Maßgabe der folgenden Vorschriften beschränkt. Der § 1368 BGB in Verbindung mit § 1365 Abs. 1 BGB durchbricht also dieses Prinzip der Alleinverwaltung des Vermögens durch seinen Inhaber.

Derartige Scheinfragen („ist das nicht unerhört") beantwortet man am besten durch eine unmissverständliche gesetzliche Wertung. In der Regel will der Prüfer an einer derartigen Stelle keine allgemeinen weltanschaulichen Ansichten hören, sondern sehen, dass die Kandidatin in der Lage ist, das vom Gesetz vorgeschriebene Ergebnis auch anhand anderer gesetzlicher Wertungen zu untermauern und verständlich zu machen.

Prüfer: Welche Einwendungen könnte K denn dagegen erheben?

Kandidatin: Der Käufer kann unter zwei grundsätzlichen Gesichtspunkten Einwendungen erheben: Zum einen kann er bezüglich des gezahlten Kaufpreises Gegenrechte geltend machen, zum anderen kann er seine Bebauungsmaßnahmen als Gegenrecht ins Feld führen.

Prüfer: Wie sieht es zunächst mit dem Kaufpreis aus?

Kandidatin: Der Kaufvertrag ist nach § 1365 Abs. 1 S. 1 in Verbindung mit § 1366 Abs. 4 BGB nichtig. Das bedeutet, dass der Käufer den Kaufpreis ohne rechtlichen Grund geleistet hat. Ihm steht also die sogenannte condictio indebiti nach § 812 Abs. 1 S. 1 Alt. 1 BGB gegen B zu.

Prüfer: Aber hier geht es doch um einen Anspruch des A gegen K.

Kandidatin: Der bereicherungsrechtliche Herausgabeanspruch kann grundsätzlich über ein Zurückbehaltungsrecht gemäß § 273 Abs. 1 BGB dem Anspruch auf Herausgabe des Grundstücks entgegengehalten werden. Das Merkmal desselben rechtlichen Verhältnisses, die sogenannte „Konnexität", betrifft nämlich denselben rechtlichen Lebenssachverhalt. Es wird also sehr weit verstanden, so dass gerade auch – wie vorliegend – Ansprüche aus demselben nichtigen Vertrag erfasst sind.[255] Aber selbst bei diesem weiten Verständnis kommt man in der Tat nicht darüber hinweg, dass es sich hier um ein an-

---

[255] BGH NJW-RR 1990, 646.

deres Personenverhältnis handelt. Es fragt sich also, ob dann, wenn der Anspruch wie hier von A im Rahmen seiner Möglichkeiten nach § 1368 BGB geltend gemacht wird, ein Gegenrecht geltend gemacht werden kann, das nur gegen seine Frau wirkt.

Prüfer: Richtig, aber wie würden Sie diese Frage nun entscheiden?

Kandidatin: Man könnte zunächst erwägen, ob derjenige, der, wie hier A, ein fremdes Recht geltend machen kann, sich auch die Gegenrechte entgegenhalten lassen muss, die dem Dritten gegen seinen Vertragspartner zustehen. Man könnte sagen, dass der Schutz der Ehe hier in einer zu weit gehenden Weise ausgedehnt würde gegenüber den Interessen des Rechtsverkehrs, wenn man dem Dritten die Berufung auf Gegenrechte, wie etwa das Zurückbehaltungsrecht, aus seinen Beziehungen zu dem Ehegatten überhaupt versagt.[256]

Prüfer: Das kann man durchaus so sehen und das wird auch im Schrifttum so gesehen. Welche andere Auffassung könnte man vertreten?

Kandidatin: Man könnte auf der anderen Seite einen rigideren Standpunkt einnehmen und sagen, dass das Zurückbehaltungsrecht, wollte man es gewähren, den Herausgabeanspruch des A letztlich durchkreuzen und konterkarieren würde. Denn der nach § 1368 BGB Klagebefugte hätte von dieser Möglichkeit wenig, wenn er, wie häufig der Fall, derartigen Gegenansprüchen ausgesetzt wäre.[257]

Prüfer: Welche Ansicht würden Sie für richtig halten?

Kandidatin: Ich würde die zuletzt dargestellte Meinung bevorzugen, denn dem A selbst ist der Kaufpreis ja nicht zugeflossen. Da das Vermögen der Ehegatten, wie eingangs dargestellt und in § 1363 Abs. 1 Halbsatz 2 BGB ausdrücklich festgelegt, getrennt ist, gibt es für den Kläger, also hier den A, grundsätzlich keine Möglichkeit, an den Kaufpreis, den seine Frau erhalten hat, heranzukommen. Es ist also letztlich die Wertung des § 1363 Abs. 1 BGB und der Schutzzweck des § 1368 BGB, welche gegen die Anwendung des § 273 Abs. 1 BGB sprechen. Aber man muss auf der anderen Seite zugeben, dass das für den Dritten eine empfindliche Härte bedeutet, weil er den Kaufpreis bereits gezahlt hat. Er trägt damit auch das Insolvenzrisiko des Ehegatten, an den er gezahlt hat. Auf der anderen Seite ist dies eben auch sein

---

256 So *Dölle*, Familienrecht, 1964, Band 1, § 52 III 3 am Ende; ebenso die *Boehmer*, Einige Fragen zu der sog. Vinkulierung des Hausrates in § 1369 BGB n.F., FamRZ 1959, 1, 6; *ders.*, Ergänzende Bemerkungen zu der sog. Vinkulierung des Hausrates in § 1369 BGB n.F., FamRZ 1959, 81, 82 f.
257 *Gernhuber/Coester-Waltjen*, Familienrecht, 7. Auflage 2020, § 34 V 1; MüKoBGB/*Koch*, 9. Auflage 2022, § 1368 Rn. 19 ff.

Vertragspartner und es ist ein allgemeiner Grundsatz, dass man das Insolvenzrisiko dessen, mit dem man sich rechtlich eingelassen hat, trägt.

Prüfer: Wie sieht es mit den Baumaßnahmen aus, die der Käufer aufgewendet hat?

Kandidatin: Es könnte sich rechtlich dabei um Verwendungen handeln. Verwendungen sind Aufwendungen, die der Sache zugute kommen, sie instand halten, wieder instandsetzen oder verbessern.[258] Hier kann man von einer Verbesserung in diesem Sinne ausgehen, so dass es sich um Verwendungen handelt.

Prüfer: Ist das immer so unstreitig gewesen?

Kandidatin: Nein, nach dem – früher vertretenen – engen Verwendungsbegriff des Bundesgerichtshofs sollte der Neubau eines Hauses auf einem bislang unbebauten Grundstück keine Verwendung darstellen, weil er die Sache grundlegend umgestaltet.[259] Ich würde aber mit der wohl herrschenden Meinung im Schrifttum[260] und der nunmehr geänderten Rechtsprechung des Bundesgerichtshofs[261] auch in einem solchen Fall eine Verwendung annehmen.

Prüfer: Gut, lassen wir das. Wo würde die Verwendung im Fallaufbau eine Rolle spielen?

Kandidatin: Wenn wir davon ausgehen, dass die Ehefrau Eigentümerin des Grundstücks geblieben ist, das Grundstück also von K herausverlangen konnte, so besteht zwischen den Beteiligten ein Eigentümer-Besitzer-Verhältnis, da K mangels wirksamen Kaufvertrags kein Recht zum Besitz im Sinne des § 986 BGB hat. Dieser könnte aber ein Zurückbehaltungsrecht nach § 1000 BGB haben. Voraussetzung dafür ist, dass er entsprechende Verwendungen auf das Grundstück getätigt hat. Dabei könnte es sich hier um nützliche Verwendungen im Sinne des § 996 BGB handeln.

Prüfer: Bekommt er dann wenigstens diese zurück?

---

258 BGHZ 10, 171, 177; 41, 157, 160; 109, 179, 182; BGH NJW 1996, 921, 922.
259 BGHZ 27, 204; 41, 157. Folgt man dem BGH, bleibt allein ein Ausgleichsanspruch nach § 242 BGB.
260 Vgl. *Baur/Stürner*, Sachenrecht, 18. Auflage 2009, § 11 Rn. 55; *Medicus/Petersen*, Bürgerliches Recht, 29. Auflage 2023, Rn. 875 ff.; *Canaris*, Das Verhältnis der §§ 994 ff BGB zur Aufwendungskondition nach § 812 BGB, JZ 1996, 344, 347; zum Verwendungsbegriff des BGH als unfundierter Eigenwertung *Petersen*, Von der Interessenjurisprudenz zur Wertungsjurisprudenz, 2001, S. 92 ff.
261 BGH WM 2025, 581.

Die etwas leutselige Frage des Prüfers deutet daraufhin, dass die Kandidatin ihren einmal eingeschlagenen Weg nun konsequent durchzuhalten hat und das zum Kaufpreis und dem Zurückbehaltungsrecht erarbeitete Ergebnis jetzt nicht in Frage stellen sollte.

Kandidatin: Letztlich liegt die Interessenlage hier ebenso wie bei § 273 BGB. Denn das Grundstück ist zwar wertvoller geworden, aber dieser Wertzuwachs kommt der B zugute und nicht dem A. Dieser erhebt jedoch Klage, ohne eine Möglichkeit zu haben, diesen Mehrwert zu erlangen. Man müsste deshalb konsequenterweise auch hier so entscheiden, dass sich die ratio legis des § 1368 BGB durchsetzen muss und auch die Einrede aus § 1000 BGB dem Käufer nicht zusteht, wenn A klagt.

Prüfer: Nun haben Sie den Gesetzeszweck des § 1368 BGB erschöpfend dargestellt. Lassen Sie uns zum Abschluss noch überlegen, wie wir dieses Instrument dogmatisch und insbesondere prozessual einordnen. Was könnten Sie sich hier vorstellen?

Kandidatin: Es handelt sich beim Revokationsrecht des § 1368 BGB um einen Fall der gesetzlichen Prozessstandschaft, weil der Prozessstandschafter hier ein fremdes materielles Recht kraft eigener Prozessführungsbefugnis im eigenen Namen geltend macht.[262]

Prüfer: Kann der andere Ehegatte jetzt eigentlich auch klagen?

Kandidatin: Ja, er kann neben seinem Ehepartner auf Herausgabe klagen. Dann sind die beiden Ehegatten aus prozessrechtlichen Gründen notwendige Streitgenossen im Sinne des § 62 ZPO, weil das streitige Rechtsverhältnis nur ihnen beiden gegenüber einheitlich festgestellt werden kann.[263]

Prüfer: Wie ist es, wenn der eine Ehegatte den anderen klagen lässt und plötzlich feststellt, dass dieser ihm zu lasch vorgeht bei der Geltendmachung?

Kandidatin: Der Ehegatte kann ihm nach § 66 ZPO als Nebenintervenient beitreten, weil er ein rechtliches Interesse daran hat, dass der Ehegatte siegt. Der Beitretende ist dann streitgenössischer Nebenintervenient im Sinne des § 69 ZPO.

262 *Dölle*, Familienrecht, 1964, Band 1, § 52 III 3.
263 *Dölle*, Familienrecht, 1964, Band 1, § 52 III 3.

Anhang: Der Grundbuchberichtigungsanspruch

§ 894 BGB ist die wichtigste Anspruchsgrundlage des Immobiliarsachenrechts; mit ihr müssen die Studierenden auch in der mündlichen Prüfung hinlänglich vertraut sein.

I. Voraussetzungen

Steht der Inhalt des Grundbuchs hinsichtlich eines Rechts, eines Rechts an einem solchen Recht – also etwa eines Pfandrechts oder eines Nießbrauchs – oder einer Verfügungsbeschränkung der in § 892 Abs. 1 BGB bezeichneten Art mit der wirklichen Rechtslage nicht in Einklang, so kann derjenige, dessen Recht nicht oder nicht richtig eingetragen oder durch die Eintragung einer nicht bestehenden Belastung oder Beschränkung beeinträchtigt ist, nach § 894 BGB die Zustimmung zu der Berichtigung des Grundbuchs von demjenigen verlangen, dessen Recht durch die Berichtigung betroffen wird.[264] Der Zweck des Grundbuchberichtigungsanspruchs besteht nicht zuletzt darin, einen redlichen Erwerb vom Nichtberechtigten zu verhindern. Das Instrument zur Verhinderung gutgläubigen Erwerbs ist der Widerspruch gegen die Richtigkeit des Grundbuchs gemäß § 899 Abs. 1 BGB.[265]

1. Unrichtigkeit des Grundbuchs

Da § 894 BGB nur aus einem Satz besteht, ist er zwar leicht zu zitieren, dafür aber vergleichsweise schwer anzuwenden, weil sich die einzelnen Voraussetzungen nicht so leicht erschließen. Deren wichtigste und vorrangig zu prüfende ist die Unrichtigkeit des Grundbuchs. Es stellt sich also die Frage, ob der Buchinhalt von der wirklichen materiellen Rechtslage abweicht.[266] Die dingliche Rechtslage, für die wiederum die Vorschriften über den Erwerb und Verlust des Eigentums Hilfsnormen darstellen, gehört hier zum Tatbestand der Anspruchsgrundlage.[267] So kann etwa die nach § 873 BGB erforderliche Einigung unwirksam oder unvoll-

---

Anmerkung: Zuerst erschienen in Jura 2016, 872.

264 Lehrreich *Köbler*, Der Grundbuchberichtigungsanspruch, JuS 1982, 181; *Möritz*, Schließt die Doppelbuchung eines Grundstücks den Anspruch aus § 894 BGB aus?, Jura 2008, 245, 246; Klausurfall von *J. Hager*, Bürgerliches Recht – Eine schwierige Finanzierung, JuS 1987, 555.
265 Zu ihm etwa *Medicus*, Vormerkung, Widerspruch und Beschwerde, AcP 163 (1964), 1.
266 RGZ 51, 417, 420; 54, 83, 84 f.
267 *Medicus/Petersen*, Bürgerliches Recht, 29. Auflage 2023, Rn. 18.

ständig sein.[268] Unrichtig ist das Grundbuch aber auch dann, wenn eine Eintragung fehlt. Falsche Grundstücksangaben bezüglich der Lage oder Größe sind dagegen von Amts wegen zu löschen; sie unterfallen nicht dem § 894 BGB, weil für sie auch § 891 BGB nicht gilt, dessen Vermutung wiederum für die Möglichkeit redlichen Erwerbs und seiner Verhinderung – und damit des Geltungsgrundes des § 894 BGB – entscheidend ist.[269]

Wenn eine Vormerkung mit falschem Inhalt oder zu Unrecht eingetragen wurde,[270] ist § 894 BGB entsprechend heranzuziehen.[271] Nicht damit zu verwechseln ist die prüfungsrelevante Konstellation einer vormerkungswidrigen Verfügung, die zur nur relativen Unwirksamkeit nach § 883 Abs. 2 BGB führt. Dort ist der unselbständige Hilfsanspruch des § 888 BGB, der das vorgemerkte Recht verwirklicht, vorrangig, so dass § 894 BGB nicht einschlägig ist.[272]

2. Anspruchsberechtigung und Anspruchsgegner

Anspruchsberechtigt ist der Inhaber des durch die Unrichtigkeit des Grundbuchs beeinträchtigten Rechts. Anspruchsgegner ist derjenige, auf dessen Bewilligung im Sinne des § 19 GBO es ankommt. Im Einzelfall kann einer von mehreren Miterben den Anspruch geltend machen; wenn dann das Anspruchsbegehren dahin geht, dass die Erbengemeinschaft als Eigentümer des Grundstücks eingetragen werden soll, kann zur Anspruchsgrundlage des § 894 BGB noch § 2039 BGB hinzu zitiert werden.[273] Auf Seiten des Anspruchstellers kann man mögliche Fallgestaltungen zudem mit der Revokationsbefugnis des § 1368 BGB anreichern.[274]

---

268 RGZ 53, 412, 414; 69, 263, 266; 88, 83, 89; 139, 118, 129; MüKoBGB/*Kohler*, 8. Auflage 2020, § 894 Rn. 4, 13.
269 *Schreiber*, Sachenrecht, 8. Auflage 2022, Rn. 376.
270 BGH WM 1966, 1224, 1226; KG DNotV 1930, 109, 110.
271 *Assmann*, Die Vormerkung (§ 883 BGB), 1998, S. 453. Siehe dazu näher oben im Anhang 2 zum 6. Prüfungsgespräch.
272 RGZ 132, 419, 424; BayObLG DNotZ 1999, 667, 669 f.; dazu *Petersen*, Die Vormerkung, Jura 2016, 495, 496.
273 BGHZ 44, 367; *Medicus/Petersen*, Bürgerliches Recht, 29. Auflage 2023, Rn. 399 zu BGH NJW 1969, 1245.
274 BGH NJW 1984, 609, 610; Klausurbeispiel bei *Petersen*, Der Dritte im Familienrecht, Jura 2015, 798, 800.

II. Rechtsfolge

Der Anspruch aus § 894 BGB ist darauf gerichtet, die Zustimmung zu der Berichtigung des Grundbuchs von demjenigen zu verlangen, dessen Recht durch die Berichtigung betroffen wird. Es geht also um die Eintragungsbewilligung nach § 19 GBO. Danach erfolgt eine Eintragung, wenn derjenige sie bewilligt, dessen Recht von ihr betroffen ist. Das ist der im Grundbuch fälschlich Eingetragene. Er ist nach § 894 BGB verpflichtet, die Bewilligung zur Eintragung des Berechtigten in der Form des § 29 GBO zu erklären.[275] Die Eintragungsbewilligung ist als grundbuchrechtliche Verfahrenserklärung keine Willenserklärung; für die Vollstreckung gilt daher § 894 ZPO nur entsprechend.[276] Zu beachten ist, dass die Bewilligung allein noch nicht zur Herausgabe des Grundstücks führt; ist danach gefragt, so ist zusätzlich § 985 BGB zu prüfen.[277]

III. Einwendungen

Einwendungen können sich insbesondere aus einem Zurückbehaltungsrecht gemäß § 273 Abs. 1 BGB ergeben, wenn die Gegenforderung konnex ist,[278] also aus dem – weit verstandenen – selben Lebenssachverhalt resultiert.[279] Prüfungsrelevanter sind jedoch Gegenansprüche wegen Verwendungen (§§ 994, 996 BGB), die der Bucheigentümer auf das Grundstück gemacht hat. Ihretwegen kann er die Berichtigung entsprechend §§ 1000 S. 1,[280] 994, 996 BGB verweigern.[281] Eine unmittelbare Anwendung der §§ 994, 996 BGB scheidet ersichtlich aus, da nicht ein Besitzer zur Herausgabe der Sache verpflichtet ist und eine dem § 1007 Abs. 3 S. 2 BGB entsprechende Vorschrift fehlt. An Verwendungsansprüche ist etwa dann zu denken, wenn ein bis dato unbebautes Grundstück vom nichtberechtigten Bucheigentümer bebaut wurde. Auf der Ebene der Durchsetzbarkeit ist der Vollstän-

---

275 MüKoBGB/*Schäfer*, 9. Auflage 2023, § 894 Rn. 39.
276 *Schreiber*, Sachenrecht, 8. Auflage 2022, Rn. 356, 375 mit Fn. 65.
277 Dazu noch unten IV. 2.
278 BGHZ 41, 30, 34, wo dies nicht der Fall war.
279 LG Essen BeckRS 2010, 14938.
280 RGZ 114, 266; BGHZ 41, 30, 34 ziehen § 273 Abs. 2 BGB mit der Begründung heran, dass die herauszugebende Buchposition ein Gegenstand sei, und damit die Verwendungen auf diese anzusehen seien; skeptisch gegenüber dieser gewundenen Argumentation *Medicus/Petersen*, Bürgerliches Recht, 29. Auflage 2023, Rn. 454.
281 RGZ 115, 35, 46; 163, 62, 63.

digkeit halber zu beachten, dass der Anspruch aus § 894 BGB gemäß § 898 BGB nicht verjährt.

IV. Konkurrierende Ansprüche

Je nach Lage der Dinge kommen neben § 894 BGB konkurrierende Ansprüche in Betracht. Nicht zu ihnen gehört jedoch nach Rechtsprechung und h.M. der durch den spezielleren § 894 BGB verdrängte Anspruch aus § 1004 BGB.[282]

1. Vertraglicher Anspruch
Vergleichsweise selten wird ein vertraglicher Anspruch mit § 894 BGB konkurrieren. Das betreffende Grundgeschäft kann aber im Einzelfall durchaus so ausgestaltet sein, dass sich auch ein vertraglicher Anspruch vorstellen lässt.[283]

2. Eigentümer-Besitzer-Verhältnis
In Übungsfällen wird nicht selten Herausgabe des Grundstücks und Bewilligung der Eintragung des Eigentümers ins Grundbuch verlangt. Dann kann man die §§ 894, 985 BGB gemeinsam zitieren. Die Herausgabe ergibt sich dann aus § 985 BGB. Die Erfüllung des Herausgabeverlangens allein führt aber noch nicht zur Eintragung ins Grundbuch, weswegen zusätzlich die Bewilligung der Eintragung nach § 894 BGB zu prüfen ist.[284] Inmitten beider Anspruchsgrundlagen steht dann die Eigentümerstellung des Anspruchstellers. Um ein Durcheinander zu vermeiden, empfiehlt sich jedoch gerade in komplexeren Fällen die getrennte Prüfung der §§ 985, 894 BGB.

Entsprechend §§ 989, 990 BGB ist der Bucheigentümer gegebenenfalls zum Schadensersatz verpflichtet.[285] Analog § 990 Abs. 2 BGB in Verbindung mit § 286 BGB gehört dazu auch ein etwaiger Verzugsschaden.[286] Nutzungen (§ 100 BGB) sind in Analogie zu den §§ 987 ff. BGB zu ersetzen. Wegen des gleichfalls analog an-

---

[282] RGZ 121, 335, 336; 135, 33, 35; 158, 40, 44; *Picker*, Der negatorische Beseitigungsanspruch, 1972, S. 94; für einen Sonderfall (Beseitigung bestellter Hypotheken) hat RGZ 158, 40 § 1004 BGB herangezogen; siehe auch *Canaris*, Der Vorrang außerbereicherungsrechtlicher, insbesondere dinglicher Wertungen gegenüber der Saldotheorie und dem Subsidiaritätsdogma, JZ 1992, 1114, 1115 mit Fn. 10 zur ggfs. erforderlichen Analogie zu § 897 BGB.
[283] Vgl. RGZ 139, 353, 355; MüKoBGB/*Schäfer*, 9. Auflage 2023, § 894 Rn. 21, 47.
[284] Siehe dazu oben beim 7. Prüfungsgespräch.
[285] BGHZ 75, 288, 292; BGH NJW 1985, 382, 383 f.
[286] *Schwerdtner*, Der Verzug im Sachenrecht, 1973, S. 169.

wendbaren § 1000 BGB sind allerdings immer auch mögliche Gegenansprüche wegen notwendiger (§ 994 BGB) oder nützlicher (§ 996 BGB) Verwendungen zu berücksichtigen.

3. Deliktischer Anspruch

In Betracht kommt ein deliktischer Anspruch vor allem dann, wenn die Unrichtigkeit des Grundbuchs auf eine Straftat zurückzuführen ist. Daran ist etwa dann zu denken, wenn der Inanspruchgenommene zugleich einen Betrug verübt hat; dann besteht zugleich ein Anspruch auf Berichtigung aus § 823 Abs. 2, 992 BGB in Verbindung mit § 263 StGB.[287]

4. Bereicherungsrecht

Häufiger wird ein Bereicherungsanspruch nach § 894 BGB zu prüfen sein. Kondiktionsgegenstand („etwas" im Sinne des § 812 Abs. 1 S. 1 Alt. 1 BGB) ist die Buchposition dessen, der zu Unrecht ins Grundbuch eingetragen wurde. Denn die Buchposition stellt einen vermögensmäßigen Vorteil dar, wie sich aus der gesetzlichen Vermutung des § 891 BGB ergibt,[288] wonach zugunsten des im Grundbuch Eingetragenen vermutet wird, dass ihm das Recht zusteht.[289] Das veranschaulicht auch die Möglichkeit der Buchersitzung nach § 900 BGB. Der Rechtsgrund fehlt etwa dann, wenn die Auflassungserklärung infolge wirksamer Anfechtung wegen arglistiger Täuschung (§ 123 Abs. 1 BGB) nichtig ist (§ 142 Abs. 1 BGB). Dann sind wegen Fehleridentität regelmäßig dingliches und schuldrechtliches Geschäft nichtig, so dass der schuldrechtliche Berichtigungsanspruch aus § 812 Abs. 1 S. 1 Alt. 1 BGB neben dem dinglichen Grundbuchberichtigungsanspruch besteht.[290] Wenn es sich dagegen nur um einen Irrtum nach § 119 Abs. 1 BGB handelt, dann ist das eingetragene Recht zwar auch rechtsgrundlos erworben worden, aber immerhin dinglich wirksam.

Auch ein Anspruch aus § 816 Abs. 1 S. 1 BGB ist möglich; nämlich dann, wenn der nichtberechtigte Bucheigentümer das Grundstück zwischenzeitlich für die

---

287 Staudinger/*Picker* (2019), § 894 Rn. 170.
288 *Schreiber*, Sachenrecht, 8. Auflage 2022, Rn. 380; dort auch zur Unterscheidung zwischen Zwei- und Dreipersonenverhältnissen.
289 Zu ihm *Medicus*, Ist Schweigen Gold? Zur Widerlegung der Rechtsvermutungen aus §§ 891, 1006 BGB, Festschrift für F. Baur, 1981, S. 63.
290 *Medicus/Petersen*, Bürgerliches Recht, 29. Auflage 2023, Rn. 376 am Beispiel der bedingten Schenkung.

Gewährung eines Darlehens (daher nicht § 816 Abs. 1 S. 2 BGB![291]) mit einem Grundpfandrecht belastet hat. Das durch die Verfügung Erlangte ist dann zwar nicht das dafür ausgereichte Darlehen,[292] weil die Rückzahlungspflicht ja nach wie vor besteht, wohl aber die Verwendung des Grundstücks als Kreditsicherheit.[293] Der betreffende Vorteil kann etwa in einer günstigeren Verzinsung bestehen, doch ist § 818 Abs. 3 BGB zu beachten.[294]

V. Hilfsanspruch des § 895 BGB

Kann die Berichtigung des Grundbuchs erst erfolgen, nachdem das Recht des nach § 894 BGB Verpflichteten eingetragen worden ist, so hat dieser nach § 895 BGB auf Verlangen sein Recht eintragen zu lassen. Es kann nämlich vorkommen, dass der nach § 894 BGB zur Bewilligung Verpflichtete selbst zu Unrecht nicht im Grundbuch eingetragen ist; wegen § 39 GBO ist seine Bewilligung dann grundbuchrechtlich nicht hinreichend.[295] Der Hilfsanspruch des § 895 BGB setzt sonach die (wenigstens) doppelte Unrichtigkeit des Grundbuchs voraus.[296]

---

291 § 816 Abs. 1 S. 2 BGB soll jedoch in Betracht kommen, wenn die Vormerkung aufgrund eines Schenkungsangebots erworben wurde, vgl. BGH WM 2024, 1618 Rn. 41 ff., dazu *Omlor*, JuS 2024, 980.
292 *Schulz*, System der Rechte auf den Eingriffserwerb, AcP 105 (1909), 1, 357; RGZ 158, 40, 44.
293 Siehe *v. Caemmerer*, Bereicherungsausgleich bei Verpfändung fremder Sachen, Festschrift für Lewald, 1953, S. 443, 451.
294 *Medicus/Petersen*, Bürgerliches Recht, 29. Auflage 2023, Rn. 454.
295 MüKoBGB/*Schäfer*, 9. Auflage 2023, § 895 Rn. 1.
296 *Schreiber*, Sachenrecht, 8. Auflage 2022, Rn. 378.

8. Prüfungsgespräch (Erbrecht)

Das folgende Prüfungsgespräch weist einen erbrechtlichen Schwerpunkt auf. Wie häufig in erbrechtlichen Fällen, kommt eine familienrechtliche Besonderheit mit zur Geltung. Auch hier gilt das in der Vorbereitung zum vorherigen Prüfungsgespräch Gesagte, das heißt, es geht zum einen um die schuld- und sachenrechtlichen Folgefragen von erbrechtlichen Instituten. Diese müssen freilich geläufig sein. Gleiches gilt für alle diejenigen Rechtsbegriffe, die geradezu der Allgemeinbildung angehören, so wie Testament, Vermächtnis, Pflichtteil und Adoption. Vor allem dieser Aspekt – die Allgemeinbildung – ist auch für die mündliche Staatsprüfung nicht zu unterschätzen. Denn bei ihr spielt es in besonderer Weise eine Rolle, ob man sich den Kandidaten als „fertigen Juristen" vorstellen kann. Ist er nicht in der Lage, einfache juristische Fachbegriffe zu definieren, so bestehen diesbezüglich gravierende Zweifel, die in die Gesamtnote einfließen.

Prüferin:	Beginnen wir mit einem kleinen erbrechtlichen Fall: W, der bei einem Motorradunfall gestorben ist, hat in seinem Testament seine Tochter F als Alleinerbin eingesetzt. Dieser wird auch ein Erbschein erteilt. F verkauft als erstes das Motorrad, mit dem W zu Tode gekommen ist an Z, dem sie auch von dem tötlichen Unfall erzählt. Niemand wusste, dass W kurz vor seinem Tod den E adoptiert hatte. Dieser ficht das Testament an und verlangt von Z Herausgabe des erworbenen Gegenstandes.[297] Beginnen wir mit der Herausgabe des Motorrads. An welche Ansprüche würden Sie denken?
Kandidat:	Ich würde zunächst einen Anspruch aus § 2018 BGB in Betracht ziehen. Danach kann der Erbe von jedem, der aufgrund eines ihm in Wirklichkeit nicht zustehenden Erbrechts etwas aus der Erbschaft erlangt hat, die Herausgabe des Erlangten verlangen.
Prüferin:	Liegen die Voraussetzungen Ihrer Meinung nach vor?
Kandidat:	Nein, denn Z hat nicht etwas aufgrund eines ihm in Wirklichkeit nicht zustehenden Erbrechts aus der Erbschaft erlangt. Er ist also nicht Erbschaftsbesitzer, wie es die Legaldefinition des § 2018 BGB bestimmt.

---

297 Fallkonstellation nach *Wiegand*, Der praktische Fall Bürgerliches Recht: Alois Wammerls Erben, JuS 1972, 87 ff.

Prüferin:	Gut, aber wo Sie gerade § 2018 BGB nennen, auf den ich eigentlich gar nicht hinauswollte, sagen Sie mir doch bitte, um was für einen Anspruch es sich dabei handelt.

§ 2018 BGB schied hier nach dem klaren gesetzlichen Tatbestand aus. Dennoch ist es nicht abwegig, daran zu denken, weil es regelmäßig der erste Herausgabeanspruch ist, den man bei erbrechtlichen Fällen in Erwägung ziehen sollte. Gerade in der kurzen Zeit, die man in der mündlichen Prüfung nur zur Verfügung hat, ist es nicht zu beanstanden, wenn man gleichsam routinegemäß § 2018 BGB prüft. Man muss sich jedoch für den Fall wappnen, dass die Prüferin, wie hier, ein wenig mehr über diesen Anspruch wissen möchte.

Kandidat:	§ 2018 BGB ist ein sogenannter Gesamtanspruch. Er ist also darauf gerichtet, dass die Herausgabe des gesamten Nachlasses beansprucht werden kann.[298]
Prüferin:	Heißt das, dass man klageweise pauschal alle Gegenstände herausverlangen kann, die jemand auf diese Weise erlangt hat?
Kandidat:	Es entbindet den Anspruchsteller nicht davon, die herausverlangten Nachlassgegenstände einzeln zu bezeichnen, wie es das Bestimmtheitserfordernis nach § 253 Abs. 2 Nr. 2 ZPO vorschreibt.[299]
Prüferin:	Aber warum?
Kandidat:	Das ist schon wegen der Zwangsvollstreckung erforderlich. Andernfalls wäre nicht ersichtlich, in welche Gegenstände zu vollstrecken ist.
Prüferin:	Gut, machen wir weiter im Fall. Welcher Anspruch kommt als nächstes in Frage?
Kandidat:	Als nächstes würde ich einen Anspruch aus § 985 BGB prüfen. Dann müsste der Anspruchsteller E Eigentümer sein. Er dürfte das Eigentum daher nicht durch die Veräußerung an Z verloren haben. E kann hier Erbe nach § 1922 Abs. 1 BGB im Wege der Universalsukzession und somit Eigentümer des Motorrads geworden sein.
Prüferin:	Was bedeutet eigentlich Universalsukzession?
Kandidat:	Es bedeutet, dass der Erbe in die Rechtsstellung des Erblassers eintritt, das heißt, dass das Vermögen als Ganzes auf den oder die Erben übergeht.[300]
Prüferin:	Was ist der Gegenbegriff?

---

298 Hk-BGB/*Hoeren*, 12. Auflage 2024, Vor § 2018 Rn. 1.
299 *Lange/Kuchinke*, Erbrecht, 5. Auflage 2001, § 40 III 2.
300 *Lange/Kuchinke*, Erbrecht, 5. Auflage 2001, § 5 II 2.

Kandidat:	Der Gegenbegriff ist die Singularsukzession, also eine Sonderrechts-nachfolge, nach der man nur in einzelne Rechtspositionen eintritt.
Prüferin:	Schön, aber weshalb könnte hier E überhaupt Erbe geworden sein? Der Erblasser hatte doch die F als Alleinerbin in seinem Testament eingesetzt.
Kandidat:	Damit ist die Frage aufgeworfen, ob E das Testament anfechten konnte. Nur dann kann er selbst Anspruchsberechtigter sein.
Prüferin:	Wonach könnte E hier denn überhaupt anfechten?
Kandidat:	Nach § 2080 Abs. 1 BGB ist zur Anfechtung derjenige berechtigt, welchem die Aufhebung der letztwilligen Verfügung unmittelbar zustatten kommen würde. Das Anfechtungsrecht steht im Falle des § 2079 BGB nach § 2080 Abs. 3 BGB nur dem Pflichtteilsberechtigten zu. Diese Vorschrift würde ich hier in Betracht ziehen, weil es sich um einen Fall der Anfechtung wegen Übergehung eines Pflichtteilsbe-rechtigten handeln könnte. Wenn wir davon ausgehen, dass W den E adoptiert hatte, nachdem er die F testamentarisch bedachte, so könnte der Fall des § 2079 S. 1 BGB vorliegen, der voraussetzt, dass der Erblasser einen zur Zeit des Erbfalls vorhandenen Pflichtteilsbe-rechtigten unbewusst übergangen hat,[301] der erst nach der Errich-tung des Testaments pflichtteilsberechtigt geworden ist.
Prüferin:	Gehen Sie davon aus.
Kandidat:	Es ist also die Frage, ob der Erblasser hier einen zur Zeit des Erbfalls vorhandenen Pflichtteilsberechtigten übergangen hat. Nach § 2303 Abs. 1 BGB sind die Abkömmlinge des Erblassers pflichtteilsberech-tigt. Die Frage ist also, ob dazu auch ein Adoptivkind gehört. Nach § 1754 Abs. 1 BGB erlangt das adoptierte Kind die rechtliche Stellung eines gemeinschaftlichen, ehelichen Kindes der Ehegatten. § 1754 Abs. 2 BGB bestimmt, dass das Kind in anderen Fällen die rechtliche Stellung eines ehelichen Kindes des Annehmenden erhält.
Prüferin:	Ist denn das adoptierte Kind jetzt Abkömmling im Sinne des § 2303 Abs. 1 BGB?
Kandidat:	Den Begriff des Abkömmlings verwendet das Gesetz für die Bestim-mung der gesetzlichen Erben in den §§ 1924 ff. BGB. Er ist, wie § 1924 Abs. 2 und 3 BGB zeigen, eng mit dem Begriff der Verwandtschaft zusammenhängend, den das Gesetz wiederum in § 1589 BGB defi-

---

301 Hingegen begründet das bewusste Übergehen kein Anfechtungsrecht nach § 2079 BGB; es fehlt dann schon am Irrtum, vgl. *Lange/Kuchinke*, Erbrecht, 5. Auflage 2001, § 36 III 4; *Brox/Walker*, Erbrecht, 30. Auflage 2024, § 17 Rn. 4.

niert. Danach sind Personen, deren eine von der anderen abstammt, in gerader Linie verwandt.

Prüferin: Gut, aber das liegt doch beim Adoptivsohn an sich nicht vor oder?

Kandidat: Verwandtschaft ist nicht allein Blutsverwandtschaft.[302] In diesem Sinne wären W und E offenbar nicht miteinander verwandt. Möglicherweise wurde aber ein Verwandtschaftsverhältnis durch Adoption begründet.

Prüferin: Ist man dann auch verwandt? Immerhin hat doch das Adoptivkind auch Blutsverwandte.

Kandidat: Durch die Adoption entsteht ein umfassendes gesetzliches Verwandtschaftsverhältnis zu dem Annehmenden.[303] Das ist Inhalt des sogenannten Grundsatzes der Volladoption. Damit wird das Kind im Rechtssinne aus seinem bisherigen Familienverband gelöst und in den neuen Familienverband eingefügt. Die alten Verwandtschaftsverhältnisse erlöschen also.[304]

Prüferin: Was bedeutet das für unseren Fall?

Kandidat: Durch die Adoption wurde E pflichtteilsberechtigt. Er war dies auch zur Zeit des Erbfalls, so dass die Voraussetzungen des § 2079 S. 1 Alt. 3 BGB vorliegen.

Die Inzidentprüfung der Adoption im Rahmen der Tatbestandsmerkmale des § 2079 BGB, die wiederum innerhalb des § 985 BGB geprüft werden mussten, ist für eine mündliche Prüfung außerordentlich anspruchsvoll, weil sie einen gewissen Überblick verlangt und verschachtelt ist. Insofern war auch der Ausflug ins Adoptionsrecht alles andere als unverfänglich. Der Kandidat hat dies aber dadurch gemeistert, dass er sich nicht aus seinem Gedankengang hat bringen lassen. In derartigen Situationen ist eine Mischung aus gesundem Menschenverstand und Alltagswissen sowie juristisch folgerichtigem Denken erforderlich. Vor allem ist es wichtig, dass man schnell umschaltet und die entscheidende Wertung – hier das durch die Adoption begründete Verwandtschaftsverhältnis – mit einbezieht. Dabei ist auch ein prüfungstaktisches Vorgehen ratsam, denn auf irgendeine Weise muss hier E pflichtteilsberechtigt geworden sein und da kommt nur die Adoption in Betracht.

Prüferin: Welche Wirkung hat denn jetzt eigentlich die Anfechtung?

---

302 *Gernhuber/Coester-Waltjen*, Familienrecht, 7. Auflage 2020, § 4 II.
303 MüKoBGB/*Maurer*, 9. Auflage 2024, § 1754 Rn. 21.
304 So zumindest bei der Minderjährigenadoption, vgl. MüKoBGB/*Maurer*, 9. Auflage 2024, § 1754 Rn. 5, 19 ff. Zur Volljährigenadoption siehe §§ 1767 ff. BGB und insbesondere § 1770 BGB.

Kandidat: Die Wirkung der Anfechtung bemisst sich grundsätzlich nach § 142 Abs. 1 BGB. Danach ist ein anfechtbares Rechtsgeschäft, hier also das Testament nach § 2079 BGB, als von Anfang an nichtig anzusehen, wenn es angefochten wird.

Es ist geschickt, dass der Kandidat auch hier den allgemeinen Grundsatz des § 142 Abs. 1 BGB in den Vordergrund stellt, da zwar nicht auszuschließen ist, dass hier eine Ausnahmesituation vorliegt, doch ist es in jedem Fall richtig, vom Grundsatz des Allgemeinen Teils auszugehen.

Prüferin: Wäre es aber dann nicht denkbar, dass die Nichtigkeit nur den Teil der Verfügung betrifft, der den übergangenen Pflichtteilsberechtigten betrifft?

Kandidat: Daran könnte man im Hinblick auf § 139 BGB denken. Aber wenn ich recht sehe, kommt man ohnehin zu dem Ergebnis, dass E und F je zur Hälfte erben werden, so dass es letztlich nicht darauf ankommen würde, ob dies durch die vollständige Nichtigkeit des Testaments oder einer Art Teilnichtigkeit herbeigeführt würde.

Prüferin: Warum?

Kandidat: Wenn das Testament vollständig nichtig ist, dann sind beide – also das Adoptivkind sowie das leibliche Kind – Kinder, die als Abkömmlinge nach § 1924 Abs. 4 BGB zu gleichen Teilen erben, weil sie gesetzliche Erben erster Ordnung sind, wie es die Vorschrift voraussetzt. Sie sind nämlich dann beide Abkömmlinge des Erblassers. Geht man dagegen im Hinblick auf den übergangenen Pflichtteilsberechtigten von einer Art Teilnichtigkeit aus, so würden sie ebenfalls zur Hälfte miterben, wobei allerdings die Miterbenstellung bei F auf das Testament zurückgeht und bei E auf die gesetzliche Erbfolge.

Prüferin: Sie sagten Miterben; wie ist das im Rechtssinne?

Kandidat: Sie bilden eine Erbengemeinschaft nach Maßgabe der §§ 2032 ff. BGB. Das bedeutet, dass sie eine Gesamthandsgemeinschaft darstellen.

Prüferin: Welche Form der Gesamthandsgemeinschaft kennen Sie noch?

Eine solche Frage lässt sich die Prüferin, wie wir bereits in unserem letzten Gespräch gesehen haben, selten entgehen. Immer wenn auf eine mögliche Gesamthandsgemeinschaft die Rede kommt, ist es naheliegend, dass die andere Gesamthandsgemeinschaft geprüft wird.

Kandidat: Außer der Erbengemeinschaft gibt es im Bürgerlichen Gesetzbuch die eheliche Gütergemeinschaft nach den §§ 1414 ff. BGB.

Prüferin:	Gut, was folgt denn jetzt für den Anspruch aus § 985 BGB, den Sie ja noch prüfen, aus der Tatsache, dass es sich um eine Erbengemeinschaft handelt?
Kandidat:	Nach § 2040 Abs. 1 BGB können sie in Folge des Prinzips der gesamthänderischen Bindung nur gemeinsam verfügen. Hier hat jedoch F allein verfügt. Daher kommt ein Erwerb vom Berechtigten nicht in Frage. Z könnte also nur vom Nichtberechtigten erworben haben.
Prüferin:	Welche Formen des Erwerbs vom Nichtberechtigten kennen Sie?
Kandidat:	Zum einen kommt ein Erwerb vom Nichtberechtigten nach § 932 BGB in Verbindung mit § 929 BGB in Betracht. Auf der anderen Seite kommt hier aufgrund der Tatsache, dass der F ein Erbschein erteilt worden war, auch ein Erwerb nach § 2366 BGB in Verbindung mit § 929 S. 1 BGB in Frage.
Prüferin:	In welcher Reihenfolge würden Sie das erörtern?
Kandidat:	Ich würde mit § 2366 BGB in Verbindung mit § 929 S. 1 BGB beginnen. Wenn nämlich dessen Voraussetzungen vorliegen, dann wird der gesamte Erwerbsvorgang so behandelt, als wenn der Erwerber vom Eigentümer erworben hat, also nach § 929 BGB und eben nicht nach § 932 BGB.[305]
Prüferin:	Dann prüfen Sie doch bitte mal den § 2366 BGB.
Kandidat:	Z hat hier objektiv von demjenigen, welcher in dem Erbschein als Erbe bezeichnet ist, nämlich der F, durch Rechtsgeschäft einen Erbschaftsgegenstand erworben. Auch stimmt die materielle Rechtslage mit der im Erbschein ausgewiesenen nicht überein, denn nach dieser wäre F Alleinerbin, während in Folge der Adoption eine Erbengemeinschaft besteht. Unter den Voraussetzungen des § 2366 BGB gilt nun zu Gunsten des Z der Inhalt des Erbscheins, soweit die Vermutung des § 2365 BGB reicht, als richtig, es sei denn, dass der Erwerber, also Z, die Unrichtigkeit kennt. Der Erbschein trägt nach § 2365 BGB die Vermutung der Richtigkeit in sich. Danach wird vermutet, dass demjenigen, der in dem Erbschein als Erbe bezeichnet ist, das in dem Erbschein angegebene Recht zusteht. Z kann also vom Scheinerben grundsätzlich Eigentum erwerben.
Prüferin:	Sind das wirklich schon die ganzen Voraussetzungen? Immerhin wusste doch Z gar nichts vom Erbschein.

---

305 *Wiegand*, JuS 1972, 87, 89 mit Fn. 7; siehe auch *dens.*, Der öffentliche Glaube des Erbscheins, JuS 1975, 283 f. instruktiv zu § 2366 BGB.

Kandidat: Das ist auch nicht erforderlich, entscheidend ist nur, dass er wusste, dass es sich um einen Nachlassgegenstand handelt, den er erwirbt. Das war hier der Fall, weil F dem Z von dem tödlichen Motorradunfall erzählt hatte. Man muss nur in dem Bewusstsein handeln, einen Erbschaftsgegenstand zu erwerben.[306] Dagegen braucht man von dem Erbschein als solchem keine Kenntnis zu haben.

Prüferin: Warum nicht?

Kandidat: Es handelt sich hier um einen Gutglaubenserwerb kraft öffentlichen Glaubens. Der Erbschein genießt öffentlichen Glauben. Es reicht demnach zu wissen, dass man vom Erben erwirbt. Man kann dies damit begründen, dass in dem Nachsatz („es sei denn") nur die Kenntnis der Unrichtigkeit oder der Tatsache, dass das Nachlassgericht die Rückgabe des Erbscheins wegen Unrichtigkeit verlangt hat, aufgeführt ist. Dagegen verlangt das Gesetz nicht, dass man auch von der Erbschaft als solche Kenntnis hat.[307]

Prüferin: Was folgt daraus?

Kandidat: Daraus folgt, dass der Erwerber Z so behandelt wird, als hätte er vom Erblasser selbst erworben.[308] Auf einen Gutglaubenserwerb nach § 932 BGB kommt es daher nicht mehr an, denn vom Erblasser selbst hätte Z nach § 929 S. 1 BGB erwerben können. Folglich hat er Eigentum an dem Motorrad erworben. Demnach hat aber E keinen Herausgabeanspruch gemäß § 985 BGB.

Prüferin: Wie sieht es mit anderen Ansprüchen aus?

Kandidat: Da es für verbotene Eigenmacht im Sinne des § 858 BGB keine Hinweise gibt, und somit § 861 BGB ausscheidet, würde ich § 1007 BGB prüfen.

Prüferin: Was schützt eigentlich § 1007 BGB?

Kandidat: § 1007 BGB schützt den relativ besseren Besitz.[309] Hier kommt zunächst Absatz 1 in Frage, wonach derjenige, der eine bewegliche Sache in Besitz gehabt hat, von dem Besitzer die Herausgabe der Sache verlangen kann, wenn dieser bei dem Erwerb des Besitzes nicht in gutem Glauben war. E müsste also eine bewegliche Sache, das Mo-

---

306 *Wiegand*, Der öffentliche Glaube des Erbscheins, JuS 1975, 283, 285 f.

307 Hau/Poseck/*Siegmann/Höger*, 73. Edition 2025, § 2366 Rn. 13; *Lange/Kuchinke*, Erbrecht, 5. Auflage 2001, § 39 VII 3.

308 *Brox/Walker*, Erbrecht, 30. Auflage 2024, § 35 Rn. 8 ff.

309 *Baur/Stürner*, Sachenrecht, 18. Auflage 2009, § 9 Rn. 27; Hau/Poseck/*Fritzsche*, 73. Edition 2025, § 1007 Rn. 1; kritisch zum „besseren Besitz" MüKoBGB/*Raff*, 9. Auflage 2023, § 1007 Rn. 13.

	torrad, in Besitz gehabt haben. Daran scheint es zu fehlen, weil er die tatsächliche Sachherrschaft im Sinne des § 854 BGB nie innehatte.
Prüferin:	Sie sagen „scheint"; es war also offensichtlich noch anders?
Kandidat:	Nach § 857 BGB geht der Besitz auf den Erben über. Da E Miterbe ist, geht also auch der Erbenbesitz auf ihn über. Folglich hatte auch E die Sache ungeachtet der mangelnden tatsächlichen Sachherrschaft im Besitz gehabt, wie es § 1007 Abs. 1 BGB verlangt. Da nunmehr Z Besitzer ist, kann er von diesem die Herausgabe der Sache verlangen, wenn dieser bei dem Erwerb des Besitzes nicht in gutem Glauben war.[310] Hier war zwar an sich Z gutgläubig. Man muss aber in § 1007 Abs. 1 BGB noch eine Einschränkung hineinlesen, die sich ausdrücklich nur in § 1007 Abs. 2 BGB findet, wonach die Herausgabe auch von einem gutgläubigen Besitzer verlangt werden kann, es sei denn, dass dieser Eigentümer der Sache ist. Vom Eigentümer kann man die Sache also nach § 1007 Abs. 1 BGB nicht herausverlangen.[311]
Prüferin:	Woraus entnehmen Sie, dass das man diese Einschränkung in § 1007 Abs. 1 BGB hineinlesen muss?
Kandidat:	Wir hatten eingangs festgestellt, dass § 1007 BGB den relativ besseren Besitz schützt. Es gibt aber kein stärkeres Besitzrecht als das Eigentum.

Dieses Standardproblem sollte man nicht unter Rekurs auf eine obskure herrschende Meinung lösen, sondern klar anhand des Gesetzes. Dabei erweist sich als hilfreich, dass der Kandidat zunächst die Grundwertung des § 1007 BGB – wenn auch auf Nachfrage – freigelegt hat und auf dieses Ergebnis, nämlich den Schutz des relativ besseren Besitzes, rekurrieren kann.

Prüferin:	Lässt sich dies vielleicht auch systematisch belegen?
Kandidat:	Nach § 1007 Abs. 3 S. 2 BGB finden im Übrigen auf den Anspruch aus § 1007 Abs. 1 BGB die Vorschriften der §§ 986 ff. BGB entsprechende Anwendung. Damit kann der Anspruchsgegner dem Anspruchsteller gemäß § 986 BGB sein aus dem Eigentum folgendes Besitzrecht entgegenhalten.
Prüferin:	Richtig. Aber lassen Sie uns nun einmal davon ausgehen, W habe den Unfall schwer verletzt überlebt und muss in ein Pflegeheim

---

310 Zu den Grund- und Sonderfragen zum Recht des Besitzes siehe umfassend *Petersen*, Jura 2002, 160 ff.; 2002, 255 ff.
311 BGH NJW 1991, 2420, 2421.

eingeliefert werden. Seine Erben kümmern sich nicht mehr um ihn. Die einzigen, die ihm das Leben noch lebenswert machen, sind die Bediensteten des Pflegeheims. Er beschließt jetzt, einen Pfleger, der sich besonders um ihn gekümmert hat, testamentarisch zum Erben einzusetzen. Was würden sie von einer solchen letztwilligen Verfügung halten?

Kandidat: Grundsätzlich kann der Erblasser nach § 1937 BGB durch einseitige Verfügung von Todes wegen, also via Testament, den Erben bestimmen.

Prüferin: Wie nennt man diese Form der Erbfolge?

Kandidat: Es handelt sich um eine gewillkürte Erbfolge, im Gegensatz zur gesetzlichen Erbfolge, über die wir vorhin gesprochen haben und welche in den §§ 1924 ff. BGB geregelt ist.

Prüferin: Wie nennt man diese Möglichkeit des Erblassers ganz allgemein?

Kandidat: Es handelt sich um die sogenannte „Testierfreiheit" als Ausprägung des Grundsatzes der Privatautonomie.

Prüferin: Könnten Sie sich Gründe vorstellen, unter denen die Testierfreiheit in unserem Fall eingeschränkt sein könnte?

Kandidat: Der Erblasser hatte hier den Mitarbeiter eines Pflegeheims zum Erben eingesetzt. Im Grundsatz besagt das Prinzip der Testierfreiheit, dass es dem Erblasser freisteht, wen er als Erben einsetzt. Das heißt, es muss sich nicht um einen Familienangehörigen handeln. Hier aber könnte ich mir Probleme im Hinblick darauf vorstellen, dass es in einer derartigen Konstellation leicht zu einer – umgangssprachlich ausgedrückt – „Erbschleicherei" kommt.

Prüferin: Sehr gut, können Sie das vielleicht präzisieren.

Kandidat: Die Mitarbeiter von Pflegeheimen können auf diese Weise ein Interesse daran haben, die ihnen anvertrauten Patienten besonders fürsorglich zu behandeln, weil diese sich dadurch veranlasst fühlen könnten, sie als Erben einzusetzen. Das gilt umso mehr, wenn sie merken, dass sich die gesetzlichen Erben um den Patienten nicht mehr kümmern. Es ist leicht vorstellbar, dass der Patient, der auf der einen Seite nicht mehr sinnvoll über sein Vermögen verfügen zu können glaubt, auf der anderen Seite aber möglicherweise sogar die Erben, die ihn nicht mehr besuchen, bewusst ausschließen will von der Erbfolge, nunmehr diejenigen bedenkt, die ihm zumindest am greifbarsten helfen. Das sind aber in der Regel die Mitarbeiter eines Pflegeheims.

Prüferin: Was ist daran so schlimm? Wäre das von der Testierfreiheit nicht mehr gedeckt?

Der Kandidat hat den Grundsatz der Testierfreiheit auf der Grundlage des § 1937 BGB zutreffend herausgearbeitet. Er hat auch erkannt, dass der Prüferin offenbar an einer Ausnahme dieses Grundsatzes gelegen ist. Insofern lässt er sich von den Überlegungen der Prüferin führen, die in die Richtung weisen, dass im Verhältnis Pflegeheim – Bediensteter – Testator eine gewisse Problematik besteht, die zu einer Einschränkung der Testierfreiheit führen kann. Der Sache nach geht es um den entscheidenden § 14 Heimgesetz, den kein Kandidat in der mündlichen Prüfung kennen muss, zumal er nicht einmal im Habersack, Deutsche Gesetze, abgedruckt ist. Er stellt praktisch eine der wichtigsten Einschränkungen der Testierfreiheit dar. Das Entscheidende an einer derartigen Situation in der mündlichen Prüfung – und nur daher wird sie hier paradigmatisch nachgespielt – besteht darin, dass der Kandidat lernt, wie er sich von der Prüferin leiten lässt und von sich aus die ratio legis einer derartigen Vorschrift zu ermitteln sucht. Kennt ein Kandidat die Vorschrift zufälligerweise oder auch aus weniger zufälligen Gründen, so verdient dies natürlich Pluspunkte. Darum geht es aber in der Regel nicht. Entscheidend ist vielmehr, dass der Kandidat die prinzipielle Dimension der Problematik erfasst. Da es hier also nicht um Spezialwissen, sondern um Prinzipiendenken geht, ist es zweckmäßig und notwendig, die entscheidenden Prinzipien dieses Teils der Rechtsordnung freizulegen. Dabei darf sich der Kandidat nicht scheuen, die speziellen Gesichtspunkte auf eine ganz prinzipielle Ebene zurückzuverfolgen, hier also die Privatautonomie in Gestalt der Testierfreiheit.

Kandidat: Die Privatautonomie ist einer der zentralen Grundsätze unserer Privatrechtsordnung. Dementsprechend sind auch Einschränkungen der Testierfreiheit nicht ohne weiteres möglich. Auf der anderen Seite ist zuzugeben, dass die unbeschränkte Testierfähigkeit hier dazu führen kann, dass nicht nur die Erben leer ausgehen – das wäre hinzunehmen –, sondern dass diejenigen privilegiert würden, die etwas tun, wofür sie ohnehin bezahlt werden.

Prüferin: Richtig, welche Gefahr besteht nämlich damit?

Kandidat: Die Pflegedienstleistungen würden gleichsam doppelt abgegolten. Zum einen wird für die Unterbringung im Heim ja ohnehin ein Entgelt entrichtet, zum anderen würde ein Mitarbeiter nochmals bezahlt.

Prüferin: Welche Folgerung sollte die Rechtsordnung Ihres Erachtens daraus ziehen?

Kandidat: Nun, ich frage mich, ob es nicht zu weit gehen würde, wenn man jegliche Art der Zuwendung von Patienten gegenüber den Bediensteten eines Pflegeheims gleich verbieten soll. Gegen gelegentliche Trinkgelder etwa ist ja an sich nichts einzuwenden. Nur soweit es sich um letztwillige Verfügungen handelt, die nicht nur sehr weitreichend sind, sondern vor allem auch vom Betrag her in der Regel beträchtlich, müsste man sich fragen, ob hier nicht eine Einschränkung erforderlich ist.

Der Kandidat wird hier von der Prüferin in die Situation gebracht, dass er selbst stellvertretend für den Gesetzgeber eine Regelung entwerfen soll. Ein umsichtiger Kandidat kann sich vorstellen, dass eine derartige Regelung bereits existiert. Es kommt also eher darauf an, diese in ihren möglichen Anwendungsbereich nicht ausufern zu lassen. Insofern ist der lebensnahe Hinweis des Kandidaten auf Trinkgelder durchaus vernünftig gewählt.

Prüferin: Sie haben jetzt den zutreffenden Gesichtspunkt der Verdopplung einer Entgeltung der Pflegedienstleistungen ins Feld geführt.[312] Welche anderen Gründe würden noch für eine solche Regelung sprechen?

Kandidat: Ich würde eine Gefahr sehen, dass es gleichsam zu zwei Klassen von Patienten kommen kann. Die einen, die es sich leisten können durch derartige Zuwendungen Erwartungen beim Pflegepersonal zu schüren und in Erwartung dieser finanziellen Zuwendungen auch eine entsprechend bessere oder gründlichere Pflegedienstleistung erhalten, und die anderen, die sich dies nicht leisten können.

Prüferin: Schön, was wäre nämlich letztlich die Folge einer solchen Situation, wenn wir einmal die anderen Patienten, wie Sie das richtig gemacht haben, mit in die Betrachtung einbeziehen.

Kandidat: Da derartige Umstände in aller Regel nicht völlig verborgen bleiben können, besteht die Gefahr, dass die Patienten innerhalb des Pflegeheims einander nicht mehr trauen. Es ist also, überspitzt gesagt, der Friede innerhalb eines solchen Pflegeheims aufs Spiel gesetzt.

Prüferin: Das ist gar nicht einmal so überspitzt, denn in der Tat wird der Heimfriede als Schutzgut der Vorschrift, über die wir sprechen, angesehen. Es handelt sich nämlich um § 14 Heimgesetz, den Sie natürlich nicht kennen müssen, aber dessen dreifache ratio legis Sie sehr schön herausgearbeitet haben. Gehen wir noch einmal von ihrem Grundsatz des § 1937 BGB aus. Wo würde dann konstruktiv betrachtet der § 14 Heimgesetz zur Geltung kommen?

---

312 Vgl. auch BGHZ 110, 235, 237.

Kandidat:	Es könnte sich dabei um ein gesetzliches Verbot im Sinne des § 134 BGB handeln.[313]
Prüferin:	§ 14 Abs. 1 Heimgesetz untersagt ein Sichversprechenlassen oder Sichgewährenlassen über den Heimvertrag hinausgehender Entgelte. Wie sieht es nun für den Fall aus, dass keine Kenntnis vom Inhalt des Testaments vor Eintritt des Erbfalls vorliegt?
Kandidat:	Hier fehlt es mangels Kenntnis bereits am Sichversprechenlassen bzw. Sichgewährenlassen, denn es liegt weder ein der letztwilligen Verfügung vorangehendes Verlangen vor noch eine Annahmeerklärung.[314] Es handelt sich vielmehr mit der einseitigen Betätigung des Erblassers um ein sogenanntes „stilles" Testament. Ein solches fällt nicht unter das gesetzliche Verbot des § 14 Heimgesetz.[315]
Prüferin:	Sehr gut. Fassen wir noch einmal zusammen: Der § 14 Heimgesetz ist also eine Einschränkung der Testierfreiheit. Diese haben sie auf die Privatautonomie zurückgeführt. Kann man denn die Privatautonomie so einfach ausschließen?
Kandidat:	In besonders gelagerten Ausnahmefällen kommt eine Einschränkung der Testierfreiheit auch nach § 138 BGB in Betracht.[316] Da die Privatautonomie aber auch grundrechtlich gewährleistet ist, könnte man sich fragen, ob die entsprechende Vorschrift, also § 14 Heimgesetz, verfassungsgemäß ist. Im Hinblick auf die anerkennenswerten Gründe, die wir genannt haben, hätte ich da aber keine Zweifel.[317]
Prüferin:	So hat es auch das Bundesverfassungsgericht gesehen.[318] Aber lassen Sie uns noch einmal auf einen anderen Punkt zurückkommen. Sie haben vorhin § 857 BGB genannt, wonach der Besitz auf die Erben übergeht. Können sie den Sinn dieser Vorschrift nennen? Warum hat der Gesetzgeber ihn überhaupt in das Gesetz aufgenommen?

Eine nicht selten anzutreffende Frage, weil in der mündlichen Prüfung die Möglichkeit besteht, die Kandidaten daraufhin zu prüfen, ob sie eine Vorschrift nicht nur anwenden können, sondern auch ihren genuinen Regelungsgehalt erfassen.

---

313 Siehe *Petersen*, Gesetzliches Verbot und Rechtsgeschäft, Jura 2003, 532 ff.

314 BGH NJW 2012, 155 Rn. 16.

315 BVerfG NJW 1998, 2964; BGH NJW 2012, 155.

316 Dazu MüKoBGB/*Leipold*, 9. Auflage 2022, Vor § 2064 Rn. 12 ff.

317 Näher zum Ganzen *Petersen*, Die eingeschränkte Testierfreiheit beim Pflegeheimbetrieb durch eine GmbH, DNotZ 2000, 739 f.

318 BVerfG NJW 1998, 2964, 2965.

Kandidat: Vielfach weiß der Erbe noch nicht, dass er Erbe geworden ist. Folglich kann er auch wegen fehlenden Besitzwillens die tatsächliche Sachherrschaft nicht begründen. Bis er es erfährt, hat der vermeintliche Erbe eventuell schon Verfügungen getroffen. Ein Dritter könnte also zumindest gutgläubig erworben haben. Mangels tatsächlichen Besitzes scheint ein Abhandenkommen nicht vorzuliegen. § 857 BGB verhindert diesen Rechtsverlust, weil damit die Sperre des § 935 Abs. 1 BGB trotzdem greift. Abhandenkommen im Sinne dieser Vorschrift bedeutet nämlich unfreiwilliger Besitzverlust, und das ist eben auch der Verlust des Erbenbesitzes. § 857 BGB steht also in einem engen systematischen Zusammenhang zu § 935 Abs. 1 BGB.[319]

Anhang: Der Erbenbesitz und § 1007 BGB

I. Der Erbenbesitz

Neben dem § 856 Abs. 2 BGB, der noch faktisch geprägt ist, ist aus demselben Grund, nämlich der Regelung des § 935 Abs. 1 BGB, der Erbenbesitz von zentraler Bedeutung.[320] Dieser ist in § 857 BGB geregelt, in dem es lapidar heißt, dass der Besitz auf den Erben übergeht. Die Bedeutung dieser Vorschrift erschließt sich wiederum nur im Hinblick auf § 935 Abs. 1 BGB. Gäbe es die Vorschrift nämlich nicht, so könnte der vermeintliche Erbe zum Nachlass gehörende Sachen veräußern und der Erwerber sie gutgläubig erwerben. Der Anspruch aus § 2018 BGB würde dem Erben nicht weiterhelfen, weil der gutgläubige Erwerber die Sache nicht aufgrund eines ihm nicht zustehenden Erbrechts aus der Erbschaft erlangt hat. § 857 BGB ordnet den Besitz deshalb dem Erben zu, weil dieser womöglich nicht sofort vom Erbfall erfährt und in der Zwischenzeit besonders gefährdet gegen Verfügungen über den Nachlass ist. Die Sache kommt damit dem Erben im Sinne des § 935 Abs. 1 BGB auch dadurch abhanden, dass er den Erbenbesitz unfreiwillig verliert. § 857 BGB ist daher – ähnlich wie § 856 Abs. 2 BGB – stets im Zusammenhang mit § 935 Abs. 1 BGB zu lesen.

Schwierigkeiten bereitet der Erbenbesitz im Eigentümer-Besitzer-Verhältnis. War der Erblasser bösgläubiger, nicht berechtigter Besitzer, so stellt sich die Frage,

---

319 *Petersen*, Grundfragen zum Recht des Besitzes, Jura 2002, 160, 163.
Anmerkung: Zuerst erschienen in Jura 2002, 160 sowie in Jura 2002, 255.

320 Monographisch dazu *Michel*, Probleme des Erbenbesitzes nach § 857 BGB, 1990.

ob und unter welchen Voraussetzungen dem Erbenbesitzer seine eigene Gutgläubigkeit hilft. Unstreitig ist im Ausgangspunkt, dass sich der Erbenbesitzer vor Erlangung der tatsächlichen Sachherrschaft die Bösgläubigkeit des Erblassers zurechnen lassen muss. Ein Teil der Lehre gewährt dem Erbenbesitzer aber die Möglichkeit, dass die Bösgläubigkeit ab diesem Zeitpunkt gleichsam geheilt werde, wenn der Erbe den tatsächlichen Besitz später in gutem Glauben ergreift.[321] Dagegen spricht jedoch die Wertung des § 858 Abs. 2 S. 2 Alt. 1 BGB, zumal die Besitzergreifung den ursprünglichen Makel nicht aufhebt.[322] Eine rigorose Gegenansicht deutet auf §§ 1922, 1967 BGB hin und verweist den Erbenbesitzer unter allen Umständen in die Rechtsposition des Erblassers.[323] Da diese Regelungen aber nichts darüber aussagen, dass der Erbe die ererbte Position nicht später verändern kann, ist die vermittelnde Ansicht vorzugswürdig, die dem zunächst bösgläubigen Erbenbesitzer die Möglichkeit einräumt, durch zuverlässige Kenntnis von einem, sei es auch vermeintlichen Besitzrecht, an das er ohne grobe Fahrlässigkeit glaubt, gutgläubig zu werden.[324]

II. Die Ansprüche aus § 1007 BGB

Dass § 1007 BGB in seinen beiden ersten Absätzen zwei unterschiedliche Anspruchsgrundlagen bereithält, die demgemäß auch getrennt voneinander zu prüfen sind,[325] wird oft übersehen. Auf § 1007 BGB kommt es an, wenn entweder die Voraussetzungen des § 985 BGB nicht vorliegen oder nur § 861 BGB eingreift.[326] Denn im letztgenannten Fall wird die Besitzlage nach der Natur der possessorischen Ansprüche nur vorläufig geklärt, so dass die petitorischen Ansprüche aus § 1007 BGB immer mitgeprüft werden müssen. Man kann § 1007 BGB verkürzt dahingehend zusammenfassen, dass damit das „relativ bessere Recht zum Besitz" geschützt wird.[327] Zu berücksichtigen ist auch, dass § 1007 BGB im Unterschied

---

321 RGRK-*Pikart*, 12. Auflage 1979, § 990 Rn. 38.
322 MüKoBGB/*Raff*, 9. Auflage 2023, § 990 Rn. 17.
323 *Gursky*, Nachträglicher guter Glaube, JR 1986, 225 f.
324 MüKoBGB/*Raff*, 9. Auflage 2023, § 990 Rn. 19 mit Fn. 31, der insoweit von einer *bona fides superveniens* spricht.
325 Einprägsam *Medicus/Petersen*, Bürgerliches Recht, 29. Auflage 2023, Rn. 439: „Wenn man sie zusammenfassen will, ist ein Durcheinander kaum zu vermeiden."
326 Ausführlich zu dieser Vorschrift *Weber*, § 1007 BGB – Prozessuale Regelungen im materiellrechtlichen Gewand, 1988; *Koch*, § 1007 BGB – Neues Verständnis auf der Grundlage alten Rechts, 1986.
327 Vgl. *Baur/Stürner*, Sachenrecht, 18. Auflage 2009, § 9 IV; *Schreiber*, Possessorischer und petitorischer Besitzschutz, Jura 1993, 440.

etwa zu § 861 BGB auch nur für bewegliche Sachen gilt. Verlangt jemand also etwa Wiedereinräumung des Besitzes an einer Wohnung oder einem Grundstück, so ist ein Anspruch aus § 861 BGB ausweislich des Wortlauts möglich, während § 1007 BGB seinem Wortlaut nach ausscheidet. In Betracht kommt daher allenfalls eine analoge Anwendung des § 1007 BGB, welche die Rechtsprechung auch in der Tat schon einmal angenommen hat und so dem Grundstücksmieter einen Herausgabeanspruch aus § 1007 BGB zugebilligt hat.[328] Das hat indes von Seiten des Schrifttums keine uneingeschränkte Zustimmung erhalten.[329]

Wichtig für das Verständnis des § 1007 BGB ist der zweite Satz von dessen drittem Absatz, wonach im Hinblick auf den Anspruchsausschluss die Vorschriften der §§ 986 bis 1003 BGB entsprechende Anwendung finden. Diese Verweisung auf § 986 BGB erklärt insbesondere, warum es unschädlich ist, dass nur § 1007 Abs. 2 BGB, nicht aber auch § 1007 Abs. 1 BGB ausdrücklich klarstellt („es sei denn"), dass die Herausgabe nicht vom Eigentümer verlangt werden kann. Denn das Eigentum ist das stärkste Recht zum Besitz. Das bedeutet, dass auch der Anspruch aus § 1007 Abs. 1 BGB ausgeschlossen ist, wenn der gegenwärtige Besitzer aus Eigentum zum Besitz berechtigt ist.[330] Die Hervorhebung dieses Ausschlussgrundes in § 1007 Abs. 2 BGB ist also in systematischer Hinsicht irreführend.[331]

---

328 BGHZ 7, 208, 215.
329 Vgl. *Wolff/Raiser*, Sachenrecht, 10. Bearbeitung 1957, § 23 III.; skeptisch auch *Medicus*, Besitzschutz durch Ansprüche auf Schadensersatz, AcP 165 (1965), 115, 131.
330 BGH NJW 1990, 899, 900.
331 Vgl. MüKoBGB/*Raff*, 9. Auflage 2023, § 1007 Rn. 28.

9. Prüfungsgespräch (Zwangsvollstreckungsrecht)

Das vorletzte Prüfungsgespräch stellt die sogenannten zivilrechtlichen „Nebengebiete" in den Vordergrund. Der Begriff ist schillernd und was darunter im Einzelnen genau zu verstehen ist, zweifelhaft. Gerade das Prozessrecht wird im ersten juristischen Staatsexamen von vielen Kandidaten eher stiefmütterlich behandelt. Da aber im mündlichen Staatsexamen nicht nur Professoren prüfen, sondern in aller Regel mindestens zur Hälfte auch Praktiker, empfiehlt es sich, gerade diesem Bereich besondere Aufmerksamkeit zu schenken. Mit Recht beklagen sich Richter, die im ersten juristischen Staatsexamen prüfen, immer wieder über mangelnde prozessrechtliche Kenntnisse. Daher soll der folgende Fall neben materiellrechtlichen Fragen auch und gerade prozessrechtliche Grundlagenprobleme zur Diskussion stellen. So wenig ein ausgefeiltes prozessuales Wissen im ersten juristischen Staatsexamen verlangt wird, so unerlässlich ist es, in den Grundlagen eine gewisse Sicherheit zu zeigen. Zudem sind im Staatsexamen vor allem diejenigen Bereiche von Interesse, in denen materielles Recht und formelles Recht miteinander verzahnt sind. So sind aus dem Bereich des Erkenntnisverfahrens etwa Nebenintervention und Streitverkündung gängige Prüfungsstoffe, während im Zwangsvollstreckungsrecht vor allem die Rechtsbehelfe in der Zwangsvollstreckung gern geprüft werden. Der folgende Fall stellt ein anderes Grundlagenproblem in den Mittelpunkt, anhand dessen sich ebenfalls Strukturunterschiede zwischen Erkenntnisverfahren und Zwangsvollstreckung prüfen lassen.

Prüfer: Der Bundesgerichtshof hatte folgenden Fall zu entscheiden:[332] Der Kläger hatte dem Beklagten durch vollstreckbare notarielle Urkunde eine Briefgrundschuld an seinem Hausgrundstück bestellt. Der Beklagte trat die Grundschuld sicherungshalber an eine Bank ab. Die Bank erklärte sich bereit, den Titel zur Durchführung der Zwangsvollstreckung zur Verfügung zu stellen und gab dem Beklagten die vollstreckbare Urkunde samt Grundschuldbrief zurück, damit dieser für die Bank die Zwangsvollstreckung durchführe. Auf Antrag des Beklagten wurde nunmehr die Zwangsversteigerung des klägerischen Grundstücks angeordnet. Was kann der Kläger in einer derartigen Situation Ihrer Meinung nach machen?

---

332 BGHZ 92, 347.

Obwohl der Sachverhalt vergleichsweise kurz ist, ist er doch außerordentlich schwierig und komplex. In einem „echten Prüfungsgespräch" würde der Prüfer den Kandidaten hier wohl den Sachverhalt erst einmal wiederholen lassen, um sicherzustellen, dass keine wichtigen Details verloren gehen. Geschieht dies wie hier nicht, so würde kaum ein Prüfer erwarten, dass die richtige Antwort wie aus der Pistole geschossen kommt. Man würde es im Gegenteil begrüßen, wenn sich der Kandidat, wie im folgenden Fall, zunächst an den Sachverhalt ein wenig herantastet.

Kandidat: Hier hatte der Kläger nicht der Bank, sondern dem Beklagten durch vollstreckbare notarielle Urkunde die Briefgrundschuld bestellt. Es war dann der Beklagte, der die Zwangsversteigerung des klägerischen Grundstücks betrieb. Dies geschah aber erst, nachdem die Bank dem Beklagten die vollstreckbare Urkunde zurückgegeben hatte.

Obwohl mit dieser Sachverhaltszusammenfassung scheinbar noch nichts gewonnen ist und es so aussieht, als drücke sich der Kandidat um die gestellte Frage herum, agiert er in Wahrheit sehr geschickt: Er hat den Sachverhalt nämlich so zusammengefasst, dass gerade die Person, die die Zwangsvollstreckung betreibt und die im Titel als solche ausgewiesen ist, im Vordergrund steht. Damit hat er etwas für die Subsumtion sehr Wichtiges getan, nämlich den Sachverhalt, ohne ihn zu verbiegen, so dargestellt, dass es nurmehr ein kleiner Schritt zu den rechtlichen Problemen ist. Man darf dies freilich nicht ausreizen. Die nachfolgende Frage des Prüfers braucht in diesem Sinne auch noch nicht als Zeichen der Ungeduld verstanden zu werden, zeigt allerdings, dass der Kandidat jetzt zu den spezifisch rechtlichen Fragen Stellung nehmen muss.

Prüfer: Gut, aber was kann der Kläger jetzt machen?
Kandidat: Die Frage ist, wie sich der Kläger gegen die Zwangsvollstreckung wehren kann.[333] Hier kommen prinzipiell zwei Möglichkeiten in Betracht. Zum einen könnte man an die sogenannte Klauselerinnerung nach § 732 ZPO denken. Diese würde jedoch nicht in Rechtskraft erwachsen und wäre daher in ihren Wirkungen weniger weitgehend als die zweite Möglichkeit, weil sie nur die Wirksamkeit der erteilten Klausel betreffen würde.[334]

---

333 Vgl. hierzu *Musielak/Voit*, Grundkurs ZPO, 16. Auflage 2022, Rn. 1142 ff., 1287 ff.
334 *Maihold*, Rechtsprechung Klassiker. Zwangsvollstreckungsrecht – Vollstreckung fremder Titel, JA 2000, 841, 842.

Prüfer:	Schön. Sie hatten aber noch eine zweite Möglichkeit in Aussicht gestellt.
Kandidat:	Naheliegender und effektiver wäre eine Vollstreckungsgegenklage nach § 767 ZPO. Mit ihr könnte man gegen die Zwangsvollstreckung mit der Begründung vorgehen, dass der Beklagte nicht mehr Grundschuldgläubiger sei.[335] Schließlich hatte der Beklagte die Grundschuld sicherungshalber an eine Bank abgetreten. Die Bank hat dann nur dem Beklagten die vollstreckbare notarielle Urkunde zur Durchführung der Zwangsvollstreckung zur Verfügung gestellt. Man könnte sich also fragen, ob es hier überhaupt die richtige Person ist, die die Vollstreckung betreibt.
Prüfer:	Sehr schön. Lassen Sie uns in diesem Zusammenhang einige Vorfragen klären.

Der Kandidat ist hier zielgerichtet auf den entscheidenden Punkt zugegangen. Man beachte, dass dies vor allem durch seine Vorbemerkungen, die den Sachverhalt nur scheinbar zusammenfassten, bedingt ist. In einer echten Prüfung hätte der Prüfer nach diesen einleitenden Vorbemerkungen und dem zuletzt zitierten Beitrag des Kandidaten wohl einem anderen Kandidaten die folgenden Fragen gestellt. Sieht der Prüfer nämlich, dass ein Kandidat in die richtige Richtung geht und den Fall womöglich seinen Problemen nach schon durchdrungen hat, so wird er ihn häufig nicht ganz durch diesen Kandidaten lösen lassen, sondern einen anderen Kandidaten ansprechen. Von diesem wird dann in aller Regel nicht erwartet, dass er an genau dieser Stelle ansetzt, sondern es sind zunächst einige andere Vorfragen zu klären, die der erste Kandidat beiseite gelassen hat. Die Lage des zweiten Kandidaten ist dann etwas undankbarer, weil er zunächst nicht die Chance hat, sich über besonders brillante Gedanken zu profilieren, wie es der erste noch konnte, sondern darauf verwiesen ist, die Grundlagen nachzutragen. Das bringt ihn in die ungünstige Situation, dass jegliche Unschärfen hier nur allzu leicht als Grundlagenfehler erscheinen. In einer solchen Situation ist es daher besonders wichtig, anhand des Gesetzes zu arbeiten.

Prüfer:	Welche Voraussetzungen sind denn für die Zwangsvollstreckung grundsätzlich zu beachten?
Kandidat:	Nach § 750 ZPO müssen die Personen, für und gegen die die Zwangsvollstreckung stattfinden soll, im Urteil oder der dem Urteil beigefügten Vollstreckungsklausel namentlich bezeichnet sein, und

---

335 Vgl. RGZ 65, 126, 128; BGH MDR 1985, 309.

das Urteil muss bereits zugestellt sein oder gleichzeitig zugestellt werden. Voraussetzungen sind demnach Titel, Klausel und Zustellung.[336]

Prüfer: Was kommt denn hier überhaupt als Titel in Frage?

Kandidat: Da kein Urteil erstritten wurde, sondern der Kläger dem Beklagten die Briefgrundschuld an dem Hausgrundstück durch vollstreckbare notarielle Urkunde bestellt hatte, kommt auch nur diese notarielle Urkunde als Titel in Betracht. Die vollstreckbare Urkunde ist in § 794 Abs. 1 Nr. 5 ZPO geregelt.

Prüfer: Kann man gegen eine solche denn überhaupt im Wege der Vollstreckungsgegenklage vorgehen?

Kandidat: Hier sind die §§ 795, 797 ZPO einschlägig, wonach die §§ 724 bis 793 ZPO entsprechende Anwendung auf die Zwangsvollstreckung aus einer Urkunde finden. Vor allem § 797 Abs. 4 ZPO lässt sich entnehmen, dass die Vollstreckungsgegenklage auch gegen Urkunden zulässig ist.

Prüfer: Was würde denn aus § 750 ZPO, den Sie zitiert haben, für den vorliegenden Fall folgen?

Kandidat: Grundsätzlich ist danach für den Beginn der Zwangsvollstreckung erforderlich, dass die Personen, für und gegen die die Zwangsvollstreckung stattfinden soll, im Urteil oder in der Klausel namentlich bezeichnet sind.[337] Damit wird deutlich, dass der Titelgläubiger, also der hier in der notariellen Urkunde als Gläubiger Bezeichnete, nicht eine beliebige andere Person ermächtigen kann, im eigenen Namen zu vollstrecken.[338]

Prüfer: Unter welchen Voraussetzungen könnte denn ein Dritter durch den Titelgläubiger nach den §§ 794 f., 797 ZPO zur Vollstreckung im eigenen Namen ermächtigt werden?

Kandidat: Das ginge nur, wenn es zu einer Titelumschreibung nach § 727 ZPO gekommen wäre.[339] Hier liegen jedoch die Voraussetzungen der Titelumschreibung nach § 727 ZPO nicht vor, da die bloße Vollstreckungsermächtigung die Sachlegitimation des Gläubigers nicht be-

---

336 *Baur/Stürner/Bruns*, Zwangsvollstreckungsrecht, 14. Auflage 2022, Rn. 12.1 f.

337 Vgl. *Brehm*, JZ 1985, 342, 343 zur vorliegenden Entscheidung.

338 *Brehm*, Prozeßstandschaft im Erkenntnisverfahren und in der Zwangsvollstreckung, Jura 1987, 600, 604; *Münzberg*, Vollstreckungsstandschaft und Einziehungsermächtigung, NJW 1992, 1867.

339 *Maihold*, Rechtsprechung Klassiker: Zwangsvollstreckungsrecht – Vollstreckung fremder Titel, JA 2000, 841, 842, spricht insoweit vom „verlangten Gleichlauf von Titel und Berechtigung", der durch die Titelumschreibungen nach den §§ 727 ff. ZPO hergestellt werden soll.

seitigt und somit keine Rechtsnachfolge im Sinne des § 727 ZPO dar- stellt.[340]

Prüfer: Sie sagten soeben, dass die bloße Vollstreckungsermächtigung die Sachlegitimation des Gläubigers nicht beseitigt. Was meinen Sie mit diesen Begriffen ganz genau und was würde das für unsere Voll- streckungsgegenklage bedeuten?

Der Prüfer macht hier etwas ganz Typisches, indem er eine Aussage des Kandida- ten aufgreift und wiederholt. Das heißt nicht, dass das vom Kandidaten Gesagte unzutreffend sei; er muss nur in der Lage sein, dies zu präzisieren und auf den Fall anzuwenden, damit nicht der Eindruck entsteht, es handele sich um unreflektiert auswendig gelerntes Wissen.

Kandidat: Wenn ich von der Sachlegitimation des Gläubigers sprach, so meine ich, dass er nicht Inhaber des materiellen Rechts ist. Er wäre mit anderen Worten nicht aktiv legitimiert. Seine fehlende Aktivlegiti- mation wäre aber ein Einwand, der zur Begründetheit der erhobenen Vollstreckungsgegenklage führen würde.[341]

Prüfer: Sie haben ganz richtig herausgearbeitet, dass es durchaus proble- matisch ist, jemand anderen zur Vollstreckung zu ermächtigen. Aber ist es denn wirklich so problematisch, wenn man jemanden im Pro- zess ermächtigen möchte, ein eigenes Recht geltend zu machen?

Nachdem das Problem der Vollstreckungsstandschaft eingekreist wurde, möchte der Prüfer wiederum einen Schritt zurückgehen und zunächst den relativ unproblema- tischen Fall der Prozessstandschaft erörtern, der unzweifelhaft zum paraten Ex- amenswissen gehört.

Kandidat: Nein, das ist keineswegs undenkbar. Hierfür gibt es die Rechtsfigur der sogenannten Prozessstandschaft. Mit ihr macht jemand ein fremdes Recht im eigenen Namen geltend.[342] Neben der gesetzlichen Prozessstandschaft, die hier nicht vorliegt, gibt es die sogenannte gewillkürte Prozessstandschaft, bei der jemand zur Geltendmachung des fremden Rechts ermächtigt wird.

Prüfer: Kann man das einfach so?

---

340 BGHZ 92, 347, 349.
341 Vgl. dazu Stein/Jonas/*Kern*, ZPO, 23. Auflage 2024, § 767 Rn. 56.
342 Vgl. Thomas/Putzo/*Hüßtege*, ZPO, 45. Auflage 2024, § 51 Rn. 20 ff.

Kandidat: Voraussetzung ist, dass der Prozessstandschafter ein eigenes rechts-schutzwürdiges Interesse hat, das nur vorliegt, wenn die Entscheidung die eigene Rechtslage des Prozessstandschafters beeinflussen kann.[343]

Prüfer: Ja, aber wenn das möglich ist, dann kann der Prozessstandschafter doch einfach einen Titel erstreiten und auch im eigenen Namen daraus vollstrecken. Geht das dann nicht auch hier?

Kandidat: Wenn der Prozessstandschafter dies tatsächlich macht, so kann er auch im eigenen Namen aus einem solchermaßen erstrittenen Titel vollstrecken.[344] Die Problematik unseres Falles besteht jedoch darin, dass dies gerade unterlassen wurde. Hier geht es um die Frage, ob die nachträgliche Ermächtigung eines Dritten zur Zwangsvollstreckung *ohne vorausgehende Prozessstandschaft* möglich ist.[345] Unser Fall zeichnet sich also durch ein Auseinanderfallen von formeller Vollstreckungsbefugnis und materieller Rechtsinhaberschaft aus.[346] Im Unterschied zur Vollstreckung eines fremden Rechts durch den Prozessstandschafter, welcher im Titel als Gläubiger ausgewiesen und dem die Klausel erteilt ist, ist der lediglich zur Vollstreckung Ermächtigte vollstreckungsrechtlich nicht als Gläubiger ausgewiesen.[347]

Prüfer: Wenn wir es hier also nicht mit einer Prozessstandschaft zu tun haben, wie könnte man dann die vorliegende Sachlage bezeichnen?

Kandidat: Es geht hier weniger um die Prozessstandschaft, als vielmehr um die Vollstreckungsstandschaft.[348] Die Bank ist ja als neue Gläubigerin des Anspruchs aus der vollstreckbaren Urkunde selbst nicht ersichtlich.

---

[343] Näher hierzu *Rosenberg/Schwab/Gottwald*, Zivilprozessrecht, 18. Auflage 2018, § 46; zur Zulässigkeit der gewillkürten Prozessstandschaft allgemein RGZ 91, 390; 166, 218; BGHZ 100, 217; ablehnend *Frank*, Die Verschiebung von Prozeßrechtsverhältnissen mit Hilfe der gewillkürten Prozeßstandschaft, ZZP 92 (1979), 321; *Koch*, Über die Entbehrlichkeit der „gewillkürten Prozeßstandschaft", JZ 1984, 809.

[344] BGH JZ 1983, 150, 151; *Brehm*, Prozeßstandschaft im Erkenntnisverfahren und in der Zwangsvollstreckung, Jura 1987, 600, 602.

[345] *Becker-Eberhard*, In Prozeßstandschaft erstrittene Leistungstitel in der Zwangsvollstreckung, ZZP 104 (1991), 414 (Hervorhebung auch dort); *Gaul/Schilken/Becker-Eberhard*, Zwangsvollstreckungsrecht, 12. Auflage 2010, § 23 Rn. 32.

[346] *Brehm*, Prozeßstandschaft im Erkenntnisverfahren und in der Zwangsvollstreckung, Jura 1987, 600, 604.

[347] Vgl. auch *Brehm*, JZ 1985, 342, 343.

[348] *Münzberg*, Vollstreckungsstandschaft und Einziehungsermächtigung, NJW 1992, 1867 weist zutreffend darauf hin, dass Anwendungsbereich dieses Begriffes insbesondere die hier gegebene Situation ist, in der eine als Vollstreckungsgläubiger formell ausgewiesene Person die Zwangsvollstreckung betreibt, obwohl sie materiell nicht (mehr) berechtigt ist.

Allerdings hatte der Beklagte die Grundschuld sicherungshalber an die Bank abgetreten. Damit war nurmehr diese Inhaberin des materiellen Rechts.

Prüfer: Wie würden Sie dasjenige, was die Parteien hier materiellrechtlich vereinbart haben, dogmatisch qualifizieren?

Kandidat: Es dürfte sich hier um eine sogenannte „Sicherungszession" handeln. Diese ist als Mittel des Kreditsicherungsrechts anerkannt.

Prüfer: Sie sagen „anerkannt". Das bedeutet aber doch, dass sich das Gesetz dies möglicherweise anders vorgestellt hat, oder?

Der Prüfer benutzt die Möglichkeit, den schwierigen prozessrechtlichen Fall dadurch aufzulockern, dass die zugrundeliegenden Rechtsverhältnisse materiellrechtlich gewürdigt werden. Das ist durchaus typisch für Prüfungsgespräche im Bereich des Prozessrechts. Die zugrundeliegenden materiellrechtlichen Fragen werden nicht unbedingt in einer Art Vorabverfahren behandelt und dargestellt, sondern erst an einer Stelle, in der sie sich in das prozessuale Geschehen einfügen. Das stellt die Kandidaten vor die sehr schwierige und anspruchsvolle Herausforderung, die Rechtslage zugleich auch materiellrechtlich zu durchdenken. Isoliertes Wissen über die materiellrechtlichen Vorfragen hilft dort nicht, sondern muss in den prozessrechtlichen Zusammenhang eingebettet werden.

Kandidat: Ebenso wenig wie das Gesetz die Sicherungsübereignung vorhergesehen hat, hat es die Sicherungszession als Mittel des Kreditsicherungsrechts bedacht. Das BGB hat für diese Fälle vor allem die Möglichkeit des Pfandrechts vorhergesehen. In der Praxis hat dann allerdings die Sicherungsübereignung das Faustpfandrecht durchgängig abgelöst, weil nämlich nach § 1204 BGB erforderlich ist, dass der Pfandgläubiger Besitz an der Sache erhält. Entsprechend verhält es sich auch bei der Forderungsverpfändung. An Stelle der Sicherungszession hätten die Beteiligten nämlich ohne weiteres auch eine Forderungsverpfändung nach den §§ 1276 ff. BGB vornehmen können. Weil es dort aber keinen dem Besitz vergleichbaren Rechtsscheinträger gibt, hat das Gesetz in § 1280 BGB ein Publizitätserfordernis statuiert.[349] Und genau diese Anzeige wollen viele Gläubiger umgehen, wird damit doch möglicherweise fehlendes Eigenkapital offenbart.

---

[349] Vgl. *Medicus/Petersen*, Bürgerliches Recht, 29. Auflage 2023, Rn. 492.

Prüfer:	Gut, kehren wir zu unserem Fall zurück. Was hätten die Beteiligten nach Ihrer Lösung machen können, um den von uns beschriebenen Problemen zu entgehen?
Kandidat:	Die Beteiligten hätten den titulierten Anspruch zurückübertragen müssen. Sie hätten etwa eine treuhänderische Rückabtretung vornehmen können.[350]
Prüfer:	Ist es denn nun eigentlich so schlimm, dass die Beteiligten dies nicht getan haben? Immerhin erklärte sich doch die Bank bereit, den Titel zur Durchführung der Zwangsvollstreckung zur Verfügung zu stellen und gab auch dem Beklagten die vollstreckbare Urkunde mit dem Grundschuldbrief zurück.
Kandidat:	Man muss für die Zulässigkeit der Vollstreckungsstandschaft, um die es hier geht, bedenken, dass das Vollstreckungsrecht von einer rigiden Formstrenge durchzogen ist. Auch wenn es so scheint, als gehe es hier nur um eine bloße Formalität, so ist diese im Vollstreckungsrecht eben nicht Selbstzweck, sondern der Vollstreckungsschuldner soll vor einer ungerechtfertigten Zwangsvollstreckung durch einen nicht dazu Legitimierten geschützt werden.
Prüfer:	So wie Sie sieht es auch der Bundesgerichtshof.[351] Wenn die Formstrenge kein Selbstzweck ist, wem dient sie dann letztlich abstrakt gesprochen?
Kandidat:	Es geht letztlich um Rechtssicherheit und Rechtsklarheit.
Prüfer:	Fällt Ihnen in diesem Zusammenhang eine Rechtsfigur des materiellen Rechts ein, die vielleicht unserer Problematik ähnelt und die auch nicht ganz unumstritten ist?
Kandidat:	Sie meinen möglicherweise die Einziehungsermächtigung.
Prüfer:	Genau. Welcher Zusammenhang könnte hier bestehen?
Kandidat:	Man hätte sich immerhin fragen können, ob nicht eine Einziehungsermächtigung zugunsten des die Vollstreckung Betreibenden vorgelegen hat.[352] Aber hier lag keine solche Einziehungsermächtigung vor.
Prüfer:	Wie würden sie dann unseren Ausgangsfall entscheiden?

---

350 BGHZ 92, 347, 350.
351 BGHZ 92, 347, 350.
352 *Brehm*, JZ 1985, 342, 343, hält dies angesichts der konkreten Sachverhaltsumstände für durchaus naheliegend.

Kandidat: Die Vollstreckungsgegenklage ist in Ermangelung der Aktivlegitimation des Vollstreckenden begründet.[353] Da der titulierte Anspruch jedoch als solcher besteht, ist die Zwangsvollstreckung nicht schlechthin, sondern nur durch den alten Gläubiger unzulässig.[354]

---

353 Gegen den BGH OLG Dresden NJW-RR 1996, 444; *Petersen,* Die gewillkürte Vollstreckungsstandschaft, ZZP 114 (2001), 491 ff.
354 BGHZ 92, 347.

10. Prüfungsgespräch (Verbandsrecht)

Das letzte Prüfungsgespräch geht ganz bewusst zum Anfang zurück. Zum einen steht nicht allein ein Fall im Vordergrund, sondern es entwickelt sich auf der Grundlage des Falles ein allgemeines Rechtsgespräch, das Fragen des Verbandsrechts betrifft. Zum anderen geht das Gespräch zurück in den Allgemeinen Teil, und zwar in das Vereinsrecht. Das Vereinsrecht ist eines der Rechtsgebiete, welche von Examenskandidaten aller Erfahrung nach nicht mit der gebotenen Aufmerksamkeit behandelt werden. Das ist umso unverständlicher, als dieser Teil gleich zu Beginn des Allgemeinen Teils im BGB angesiedelt ist. Es liegt wohl daran, dass die Rechtsgeschäftslehre in den Anfangssemestern im Vordergrund steht und für das Vereinsrecht dort kein Platz ist. Systematisch betrachtet gehört es ohnehin eher in das Gesellschaftsrecht, weil sich anhand des Vereins viele Fragen der juristischen Person exemplarisch lösen lassen. Gerade letzteres macht das Vereinsrecht aber für die Prüfung so ungemein attraktiv. Man muss sich als Prüfungskandidatin vergegenwärtigen, dass sich schwierigste gesellschaftsrechtliche Probleme in aller Regel auf der Grundlage eines einfachen vereinsrechtlichen Falles darstellen lassen.

Prüferin: Beginnen wir wieder mit einer Entscheidung des Bundesgerichtshofs:[355] Ein eingetragener Segelverein hatte dem auf Schadensersatz klagenden Mitglied die Anerkennung seines Segelboots als Schärenkreuzer, und damit die Teilnahme an einer Bodenseeregatta, mit der unzutreffenden Begründung verweigert, dass sein Boot nicht den Vorschriften entspreche. Das Boot genügte jedoch den Anforderungen der Klassevorschriften der Schärenkreuzer. Das Mitglied durfte aufgrund der Nichtanerkennung als Schärenkreuzer wiederholt nicht an Regatten seiner Bootsklasse teilnehmen. Dadurch ist ihm ein Schaden entstanden, den es vom Verein ersetzt verlangt. Wie würden Sie an diesen Fall herangehen?

Der Fall ist ungeachtet seiner trügerischen Simplizität rechtlich äußerst anspruchsvoll, wie es für vereinsrechtliche Fälle typisch ist. Die besondere Schwierigkeit liegt darin, dass selbst wenn man die Ausgangsentscheidung des Bundesgerichtshofs kennt, die Wahl der Anspruchsgrundlage nicht einfach ist, zumal sich das

---

355 BGHZ 110, 323.

Hauptproblem beim deliktischen Anspruch stellt, wohingegen in der gutachtlichen Prüfung mit dem vertraglichen oder quasivertraglichen Anspruch begonnen werden muss.

Kandidatin: Ich würde mich zuerst fragen, ob ein vertraglicher bzw. quasivertraglicher Anspruch in Betracht kommt. Da das Begehren des Mitglieds auf Schadensersatz gerichtet ist, kommt § 280 Abs. 1 S. 1 BGB als Anspruchsgrundlage in Betracht. Voraussetzung dafür ist das Vorliegen eines Schuldverhältnisses. Ein Schuldverhältnis im eigentlichen Sinne haben die Beteiligten hier aber nicht begründet.

Prüferin: Was meinen Sie mit „im eigentlichen Sinne"?

Die Frage ist tückisch, weil sie vorderhand darauf zielt, eine unpräzise Redewendung der Kandidatin zum Anlass für eine Nachfrage zu nehmen. Bei Licht betrachtet hat die Kandidatin freilich gar nicht so Unrecht. Das häufig unpassende Füllwort „eigentlich", das die Dinge zumeist eher verdunkelt als erhellt, ist hier mitnichten abwegig. Daher muss sich die Kandidatin auch nicht veranlasst sehen, einen Rückzieher zu machen.

Kandidatin: Damit meine ich, dass die Mitgliedschaft zwar an sich kein Schuldverhältnis ist, aber womöglich ähnlich beurteilt werden kann, weil sie zwischen den Beteiligten, hier also dem Mitglied und dem Verein, eine Sonderverbindung darstellen könnte, die ausreichend wäre für die Anwendung des § 280 Abs. 1 S. 1 BGB.

Prüferin: Das würde also Ihres Erachtens ausreichen für die Anwendung des § 280 Abs. 1 S. 1 BGB?

Auch hier sieht es so aus, als sei die Frage der Prüferin darauf angelegt, die Kandidatin zu verunsichern. Mit derart unbequemen Einschüben muss in der mündlichen Prüfung stets gerechnet werden. Der Fall verdeutlicht, dass man sich dadurch vom eingeschlagenen Weg nicht abbringen lassen sollte. Denn es gibt prinzipiell zwei Möglichkeiten: Entweder die Sachlage ist völlig unproblematisch und allein die Kandidatin sieht dort ein Problem, das heißt, sie macht letztlich einen Fehler. Dann bleibt ihr kaum ein anderer Ausweg, als diesen Fehler gleichsam konsequent zu machen, wenn sie nicht eine Möglichkeit sieht, durch die Nachfrage der Prüferin den Irrtum zu korrigieren. Die andere Möglichkeit besteht darin, dass an der jeweiligen Stelle wirklich ein Problem verborgen ist. Dann aber kommt es in der Regel auf die konsequente Argumentation an. So liegen die Dinge hier. Auch der Bundesgerichtshof hat sich ähnlich vage geäußert wie die Kandidatin in der vorliegenden Prüfung. Im Gegensatz zu ihr konnte der BGH die Probleme des vertraglichen An-

spruchs freilich dahin stehen lassen, weil ein deliktischer Anspruch – zumindest nach Ansicht des BGH – begründet war. In der Klausur – und gleiches gilt für das mündliche Prüfungsgespräch – ist dies freilich nicht möglich. Hier muss die Kandidatin Farbe bekennen. Insofern schadet Konsequenz am allerwenigsten.

Kandidatin: Meines Erachtens ist die Beziehung eines Mitglieds zum Verein, dem er angehört, als hinreichend eng anzusehen, dass es gerechtfertigt ist, auch die Vorschriften über Sonderverbindungen anzuwenden. Die Mitgliedschaft geht ersichtlich über die normale Beziehung zu jedem Dritten hinaus. Es wird eine Einwirkungsmöglichkeit auf die eigenen Rechtsgüter eröffnet, welche zu einer erhöhten Sorgfaltspflicht seitens des Vereins führt. Es handelt sich zwar nicht um ein typisches vertragliches Verhältnis, welches das Mitglied mit seinem Verein eingeht, aber immerhin doch ein vertragsähnliches Rechtsverhältnis.[356] Daher kann eine Verletzung in diesem Rechtsverhältnis auch Grundlage eines quasivertraglichen Schadensersatzanspruchs sein.[357]

Prüferin: Wie wäre nach ihrer Lösung weiter zu prüfen?

Kandidatin: Voraussetzung ist des Weiteren, dass eine Pflichtverletzung seitens des Vereins vorliegt. Eine solche ist hier darin zu sehen, dass dem Mitglied die Anerkennung als Schärenkreuzer zu Unrecht verweigert wird. Schließlich ist fraglich, ob der Verein dies zu vertreten hat, wie es § 280 Abs. 1 S. 2 BGB negativ formuliert. Problematisch ist dabei allerdings die Verschuldenszurechnung. Der Verein selbst hat nicht gehandelt; er ist auch gar nicht handlungsfähig. Er kann nur handeln durch seine Organe.

Prüferin: Gehen Sie davon aus, dass der Vorstand dem Mitglied die Teilnahme verweigert hat.

Kandidatin: Es fragt sich also, wie man das Verschulden des Vorstands dem Verein zurechnen kann. Ich würde zunächst an § 31 BGB denken.

Prüferin: Warum „zunächst"?

Kandidatin: Zunächst deshalb, weil es sich dabei um eine genuin vereinsrechtliche Zurechnungsvorschrift handelt. Danach ist der Verein für den Schaden verantwortlich, den der Vorstand, ein Mitglied des Vorstands oder ein anderer verfassungsmäßig berufener Vertreter durch eine in Ausführung der ihm zustehenden Verrichtungen begangene,

---

356 Ebenso auch der BGH; vgl. BGHZ 110, 323, 334.
357 So wortgleich der BGH in BGHZ 110, 323, 334. Siehe zum Ganzen auch die Dissertation von *Helms*, Schadensersatzansprüche wegen Beeinträchtigung der Vereinsmitgliedschaft, 1998.

zum Schadensersatz verpflichtende Handlung einem Dritten zufügt. Die Vorschrift erscheint mir nicht zuletzt deshalb einschlägig, weil dort gerade von einer zum Schadensersatz verpflichtenden Handlung des Vorstands die Rede ist. Man kann das Vereinsmitglied auch durchaus als Dritten im Sinne dieser Vorschrift ansehen, weil und sofern der Verein ihm gegenüber eine sich aus dem Mitgliedschaftsverhältnis ergebene Pflicht schuldhaft verletzt hat.[358]

Prüferin: Das ist durchaus vertretbar. Können Sie sich vielleicht noch eine andere Zurechnungsvorschrift vorstellen?

Kandidatin: Man könnte auch an die allgemeine Zurechnungsvorschrift des § 278 BGB denken.

Prüferin: Wieso „allgemein"? Ist das nicht vielmehr die spezielle und § 31 BGB die allgemeine Zurechnungsnorm?

Eine unbequeme Frage. Jenseits allen Verdachts der Rabulistik sollte sich die Kandidatin hier allerdings herausgefordert fühlen, die Zielrichtung dieses Einwandes zu prüfen. Dann fällt es leichter, das dahinter stehende Sachproblem ausfindig zu machen.

Kandidatin: Streng genommen ist natürlich § 31 BGB die allgemeinere Vorschrift, zumal er im Allgemeinen Teil des BGB angesiedelt ist, damit somit gleichsam vor der Klammer steht und für alle Bücher des BGB Geltung beanspruchen kann. Allgemein meinte ich nur in dem Sinne, dass man bei einem Anspruch aus Sonderverbindungen, hier § 280 BGB, zunächst immer ganz allgemein an § 278 BGB denkt.

Prüferin: Eben. Warum dann nicht auch hier?

Jetzt zeigt sich, dass die Frage der Prüferin keine spitzfindige Besserwisserei war, sondern die Kandidatin auf die beiden möglichen Zurechnungsvorschriften aufmerksam machen sollte. Auch wenn derartige Zwischenfragen der Prüferin im ersten Moment häufig den Eindruck vermitteln, sie wolle die Kandidatin in die Enge treiben, so ist es nicht selten ein mehr oder weniger gut gemeinter Versuch, den Blick auf andere Lösungen zu weiten. Nicht selten zieht sich die Kandidatin nach derartigen Invektiven entweder zurück oder geht ihrerseits in die Offensive, womit der Eindruck der Besserwisserei entstehen kann. Am besten ist es demgegenüber, die Möglichkeit in Betracht zu ziehen, dass der Einwand der Prüferin eine neue, bisher ungeahnte Lösungsmöglichkeit eröffnet. An der Reaktion der Prüferin lässt sich dann in der

---

358 Vgl. BGHZ 90, 92.

Regel schnell ablesen, ob man damit in die Irre geht oder seinen Standpunkt nur weiter verteidigen soll.

Kandidatin: Gewiss könnte man sagen, dass im Rahmen des Anspruchs aus § 280 BGB stets der § 278 BGB die zutreffende Zurechnungsnorm ist und deshalb nicht auf § 31 BGB abgestellt werden muss.[359] Ich meine jedoch, dass § 31 BGB entsprechend seiner systematischen Stellung im Allgemeinen Teil alle Fälle der Zurechnung des Fremdverschuldens erfassen sollte und dies ungeachtet, ob es sich um einen vertraglichen oder deliktischen Anspruch handelt.[360]

Prüferin: Zu welchem Ergebnis würden Sie demnach kommen?

Kandidatin: Das Mitglied hat einen Schadensersatzanspruch aus § 280 Abs. 1 BGB in Verbindung mit § 31 BGB.

Prüferin: Kann man, da Sie diese beiden Vorschriften in Verbindung miteinander bringen, eigentlich nicht auch § 31 BGB als Anspruchsgrundlage ansehen?

Kandidatin: Auf keinen Fall. Nach dem Wortlaut sieht es zwar so aus, weil danach der Verein für den Schaden „verantwortlich" ist. Außerdem ist von einer zum Schadensersatz verpflichtenden Handlung die Rede. Damit ist jedoch nur gemeint, dass es sich um eine aus anderem Haftungsgrund zum Schadensersatz verpflichtende Handlung handelt. § 31 BGB ist also keine haftungsbegründende, sondern eine haftungszuweisende Norm.[361]

Hier darf die Kandidatin ausnahmsweise ganz eindeutig und unmissverständlich antworten. Die Frage der Prüferin ist für sich betrachtet schon etwas perfide, weil sie geeignet ist, die Kandidatin im Nachhinein noch einmal ins Wanken zu bringen. Mit derartigen Querschlägern muss allerdings in der mündlichen Prüfung gerechnet werden. Bei Fragen von solcher Eindeutigkeit, die also gewissermaßen in den Grundlagenbereich reichen, sollte sich die Kandidatin auf keine Diskussion einlassen. Es gibt jedoch Stellen, an denen die Qualifizierung einer Haftungszurechnungsnorm als Anspruchsgrundlage zweifelhafter ist. So wird etwa § 1664 BGB gegen seinen

---

359 *Medicus/Petersen*, Allgemeiner Teil des BGB, 12. Auflage 2024, Rn. 1135; *Petersen*, Das Vereinsrecht des BGB, Jura 2002, 683, 684.

360 So auch die wohl herrschende Meinung; unzweifelhaft ist nur, dass § 31 BGB selbst keine Anspruchsgrundlage darstellt, vgl. BGHZ 99, 302.

361 Vgl. MüKoBGB/*Leuschner*, 10. Auflage 2025, § 31 Rn. 1.

Wortlaut von der herrschenden Meinung als Anspruchsgrundlage angesehen.[362] *Dies ist zumindest diskutabel.*

Prüferin: Welcher Anspruch kommt weiterhin in Betracht?

Kandidatin: Als nächstes ist an einen deliktischen Anspruch zu denken. In Betracht kommt hier nur § 823 Abs. 1 BGB. Das setzt voraus, dass ein dort bezeichnetes Rechtsgut beeinträchtigt worden ist. Vorliegend kommt nur ein sonstiges Recht in Frage.

Prüferin: Welches sonstige Recht wäre hier möglicherweise einschlägig?

Kandidatin: Man könnte an die Mitgliedschaft bzw. die Mitgliedschaftsrechte denken.

Prüferin: Schön, was bezeichnet die sonstigen Rechte eigentlich?

Kandidatin: Entscheidend ist, dass ihnen Zuweisungsgehalt und Ausschlussfunktion zukommen. Das sonstige Recht muss nämlich auch absolut, also gegen jedermann, geschützt sein. Das ist nur dann der Fall, wenn ihm Ausschluss- und Zuweisungsfunktion eigen ist.[363]

Prüferin: Wie sieht es bezüglich der Mitgliedschaft aus?

Kandidatin: Die Mitgliedschaft ist in § 38 BGB näher gekennzeichnet. Danach ist sie nicht übertragbar und nicht vererblich. Die Ausübung der Mitgliedschaftsrechte kann nicht einem anderen überlassen werden. Daraus kann man die erforderliche Ausschlussfunktion folgern. Die mit der Ausübung der Mitgliedschaft verbundenen Befugnisse, wie etwa die Stimmabgabe, liegen allein beim Mitglied selbst.[364]

Prüferin: Was folgt daraus für unseren Fall?

Kandidatin: Das wesentliche Ziel der Mitgliedschaft lag hier in der Ermöglichung der Teilnahme an einer Regatta. Darin wurde das Mitglied gehindert. Ich würde also sowohl im Allgemeinen die Mitgliedschaft als sonstiges Recht im Sinne von § 823 Abs. 1 BGB qualifizieren als auch im Besonderen den vorliegenden Eingriff in die Mitgliedschaft als eine tatbestandliche Verwirklichung des § 823 Abs. 1 BGB sehen.[365]

---

362 Ablehnend *Petersen*, Das familienrechtliche Schutzverhältnis als gesetzliches Schuldverhältnis – § 1664 BGB in der Fallbearbeitung, Jura 1998, 399. Siehe auch unten bei Teil IV die Ausführungen zu II. 3. b) bb).

363 Grundlegend zum Ganzen *Habersack*, Die Mitgliedschaft – subjektives und „sonstiges" Recht, 1996.

364 Vgl. auch *Larenz/Canaris*, Schuldrecht II/2, 13. Auflage 1994, § 76 IV e.

365 Nach *Hadding*, Ergibt die Vereinsmitgliedschaft „quasi-vertragliche" Ansprüche, „erhöhte Treue- und Förderpflichten" sowie ein „sonstiges Recht" im Sinne des § 823 Abs. 1 BGB?, Fest-

Prüferin: Einverstanden. Kommt es bei der Lösung des Falles darauf an, ob der Vereinsvorstand, der die Teilnahme an der Regatta pflichtwidrig verweigert hatte, für den Verein ehrenamtlich tätig ist?

Mit dem Begriff „ehrenamtlich" bringt die Prüferin einen gesetzesfremden Begriff ins Spiel und verzichtet bewusst auf die Verwendung des Wortes „unentgeltlich". Denn das hätte die Gefahr mit sich gebracht, dass die Kandidatin den Blick vorschnell auf das klassische Problem von Haftungsbeschränkungen bei unentgeltlicher Tätigkeit richtet. Der Gesetzgeber hat eine Haftungsbeschränkung in § 31a BGB jedoch nicht nur bei unentgeltlicher Vorstandstätigkeit vorgesehen, sondern lässt hierfür auch eine jährliche Vergütung von bis zu 720,– Euro genügen. Da es eine vereinsrechtliche Spezialregelung gibt, wäre es ungeschickt, Ausführungen zu den allgemeinen Grundsätzen zu machen.

Kandidatin: In jüngerer Zeit hat der Gesetzgeber eine neue Vorschrift, nämlich § 31a BGB, ins Gesetz aufgenommen.[366] Danach haftet ein ehrenamtlicher Vorstand für einen in Wahrnehmung seiner Vorstandspflichten verursachten Schaden gegenüber dem Verein und gegenüber den Vereinsmitgliedern nur bei Vorsatz oder grober Fahrlässigkeit. § 31a BGB soll das Haftungsrisiko ehrenamtlicher Vorstandsmitglieder abmildern, das Vereinsmitglied aber nicht gänzlich rechtlos stellen. An der Verpflichtung des Vereins und an der Verschuldenszurechnung ändert die Vorschrift deshalb nichts. Sie hat auf den vorliegenden Fall keinen Einfluss, weil es nur um die Haftung des Vereins gegenüber dem Vereinsmitglied geht. Dagegen wäre ein Anspruch des Vereinsmitglieds gegen den Vorstand persönlich ausgeschlossen, weil Anhaltspunkte für einen besonders schweren Pflichtverstoß und damit für grobe Fahrlässigkeit nicht ersichtlich sind.

Prüferin: Welchen Hintergrund hat § 31a BGB?

---

schrift für Kellermann, 1991, S. 91 ff., kommt nicht die Mitgliedschaft als solche, sondern nur das *Mitgliedschaftsverhältnis* in Betracht.

366 Dazu *Reuter,* Zur Vereinsrechtsreform 2009, NZG 2009, 1368; *ders.,* Keine Vorstandshaftung für massenschmälernde Leistungen nach Eintritt der Insolvenzreife des Vereins?, NZG 2010, 808; *Noack,* Haftungsmilderung für ehrenamtliche GmbH-Geschäftsführer?, GmbHR 2010, R81; *Burgard,* Das Gesetz zur Begrenzung der Haftung von ehrenamtlich tätigen Vereinsvorständen, ZIP 2010, 358; *Sobotta/von Cube,* Die Haftung des Vorstands für das Stiftungsvermögen, DB 2009, 2082; *Unger,* Neue Haftungsbegrenzungen für ehrenamtlich tätige Vereins- und Stiftungsvorstände, NJW 2009, 3269; *Wörle-Himmel/Endres,* Neue gesetzliche Regelungen im Vereinsrecht, DStR 2010, 759; *Augsten/Walter,* Zur Neuregelung der Haftung von Mitgliedern von Vereins- und Stiftungsvorständen, DStZ 2010, 148.

Kandidatin: Die Vorschrift wurde eingefügt, um das ehrenamtliche Engagement in privaten Vereinen zu stärken. Die Tätigkeit in solchen Vereinen ist häufig mit einem erheblichen persönlichen und zeitlichen Aufwand verbunden, so dass es zunehmend schwieriger wurde, geeignete Personen für die Amtsübernahme zu gewinnen, zumal vor Einführung des § 31a BGB schon bei geringfügigsten Verfehlungen ein erhebliches persönliches Haftungsrisiko bestand. Die Praxis war daher gezwungen, rechtsgeschäftliche Haftungsprivilegierungen in der Satzung vorzusehen, was bei vielen privaten Vereinen, in denen sich vor allem juristische Laien engagieren, unterblieb. Im Übrigen war eine analoge Anwendung der §§ 521, 599, 690 BGB bei unentgeltlicher Tätigkeit alles andere als sicher, weil § 27 Abs. 3 BGB auf das Auftragsrecht verweist und dort eine vergleichbare Privilegierung fehlt.[367] Überdies konnte sie jedenfalls dann nicht zur Anwendung kommen, wenn den Vorstandsmitgliedern zur Steigerung der Attraktivität des Amtes eine geringfügige Vergütung gezahlt wurde, weil es schon an einem unentgeltlichen Tätigwerden gefehlt hätte. Die bestehenden Unsicherheiten hat der Gesetzgeber durch § 31a BGB beseitigt und die maßgebliche Vergütungsgrenze auf jährlich 840,– Euro festgelegt.

Prüferin: Sehr schön. Lassen Sie uns bei dieser Gelegenheit ein bisschen weiter über das Vereinsrecht sprechen. Wir hatten es hier ja mit einem rechtsfähigen Verein zu tun. Welche Vorschrift ist dafür einschlägig?

Kandidatin: Es handelt sich um § 21 BGB, wonach ein Verein, dessen Zweck nicht auf einen wirtschaftlichen Geschäftsbetrieb gerichtet ist, Rechtsfähigkeit durch Eintragung in das Vereinsregister des zuständigen Amtsgerichts erlangt.

Prüferin: Lassen Sie uns weiterhin in den Allgemeinen Teil des BGB schauen. Wie würden Sie in diesem Zusammenhang § 14 Abs. 2 BGB verstehen?

Kandidatin: Nach § 14 Abs. 2 BGB ist eine rechtsfähige Personengesellschaft eine Personengesellschaft, die mit der Fähigkeit ausgestattet ist, Rechte zu erwerben und Verbindlichkeiten einzugehen.

Prüferin: Wen oder was könnte der Gesetzgeber damit gemeint haben?

Kandidatin: Aus dem systematischen Zusammenhang mit § 14 Abs. 1 BGB würde ich folgern, dass hier die juristische Person in einem bestimmten

---

367 Hierzu ausführlich *Medicus/Petersen*, Bürgerliches Recht, 29. Auflage 2023, Rn. 369. Zur Haftung bloßer Vereinsmitglieder bei unentgeltlicher Tätigkeit BGH JuS 2012, 251 mit Anmerkung *K. Schmidt.*

Gegensatz zur rechtsfähigen Personengesellschaft steht, die dann in
Abs. 2 näher definiert wird.

*Dieses Vorgehen ist vollkommen legitim, weil die Auslegung dieser nicht ganz
glücklichen Vorschrift ohnehin viele Zweifelsfragen offen lässt. In derartigen Fällen
empfiehlt es sich, in der mündlichen Prüfung zunächst – zumal dann, wenn man die
Vorschrift zum ersten Mal liest, was bei § 14 BGB durchaus vorkommen kann – den
systematischen Zusammenhang zu einem der Folgeabsätze oder den umstehenden
Vorschriften herauszufinden.*

Prüferin: Das ist ein kluger Weg, was würden Sie daraus folgern? Wo begegnen
wir überhaupt juristischen Personen?
Kandidatin: Zunächst im Allgemeinen Teil des BGB selbst, denn wie wir gesehen
haben, ist nach § 21 BGB der Verein rechtsfähig.
Prüferin: Ist er damit zugleich notwendigerweise juristische Person?
Kandidatin: Nun, wie schon § 14 Abs. 1 BGB zeigt, ist ein rechtsfähiger Verband
nicht notwendigerweise juristische Person. Umgekehrt ist aber jede
juristische Person rechtsfähig.[368]
Prüferin: Was ist das Kennzeichen juristischer Personen?
Kandidatin: Sie sind unabhängig vom Bestand ihrer Mitglieder. So verhält es sich
etwa bei der Aktiengesellschaft, der GmbH sowie der Kommanditgesellschaft auf Aktien.[369]

*Zumindest die Aktiengesellschaft und GmbH sollten jedem als juristische Person
bekannt sein.*

Prüferin: Wie kann man überhaupt eine juristische Person sein, wenn man
doch letztlich nur ein Verband ist?
Kandidatin: Die von *Savigny* begründete Fiktionstheorie ging davon aus, dass
man die juristische Person so behandelt wie eine natürliche Person,
also gleichsam eine Fiktion darin sah. Demgegenüber geht die von
Otto von Gierke begründete Theorie der realen Verbandspersönlich-

368 Unscharf dagegen *Timm*, Die Rechtsfähigkeit der Gesellschaft bürgerlichen Rechts und ihre
Haftungsverfassung. Notwendigkeit einer Neuorientierung im Anschluß an §§ 191, 202 UmwG,
NJW 1995, 3209.
369 Gleiches gilt für den Versicherungsverein auf Gegenseitigkeit und die Genossenschaft, vgl.
den Überblick bei *K. Schmidt*, Gesellschaftsrecht, 4. Auflage 2002, § 3 I 2, S. 46; sowie *Petersen*,
Versicherungsunternehmensrecht, 2003, S. 10 ff.

keit davon aus, dass es sich wirklich um einen Verband, also eine eigene Rechtspersönlichkeit, handelt.

Prüferin: Sehr schön, was können wir nun aus diesem § 14 Abs. 2 BGB für diejenigen Verbände folgern, die keine juristischen Personen sind?

Kandidatin: Folgerungen können wir zunächst nur für die Personengesellschaften ziehen. Von diesen spricht § 14 Abs. 2 BGB ausdrücklich. Die Personengesellschaften stehen den vorhin genannten Kapitalgesellschaften, also Aktiengesellschaft, GmbH und Kommanditgesellschaft auf Aktien, gegenüber.

Prüferin: Wie sieht es in diesem Zusammenhang mit der GmbH & Co. KG aus? Ist diese Personen- oder Kapitalgesellschaft?

Eine sehr häufige Frage in der mündlichen Prüfung. Dabei geht es um Grundlagenwissen, das der Kandidatin eine scharfe Trennung der rechtlichen Struktur abverlangt.

Kandidatin: Die GmbH & Co. KG ist im Ausgangspunkt eine Kommanditgesellschaft. Die Besonderheit besteht darin, dass die Position des Komplementärs, also des persönlich haftenden Gesellschafters, von einer GmbH eingenommen wird. Die mitwirkenden natürlichen Personen sind dabei in aller Regel Kommanditisten. Da aber die Grundgesellschaft der GmbH & Co. KG eine Kommanditgesellschaft ist und diese wiederum eine Personengesellschaft, ist auch die GmbH & Co. KG im ganzen eine Personengesellschaft.

Prüferin: Sie sagen richtig, dass die GmbH in aller Regel Komplementärin, also persönlich haftende Gesellschafterin ist. Aber auf der anderen Seite heißt doch GmbH Gesellschaft mit beschränkter Haftung. Haftet denn die Gesellschaft dann eigentlich beschränkt oder unbeschränkt?

Das ist eine unangenehme Falle, die jedoch nicht selten gestellt wird. Hier darf die Kandidatin keineswegs straucheln.

Kandidatin: Das Kürzel ist insofern missverständlich, als die GmbH persönlich haftet. Sie haftet auch unbegrenzt. Andernfalls könnte sie ja gar nicht die Komplementärfunktion bei der GmbH & Co. KG ausfüllen. Die Abkürzung Gesellschaft mit beschränkter Haftung hat sich nur deshalb eingebürgert, weil die Gesellschafter der GmbH gemäß § 13 Abs. 2 GmbHG nicht persönlich haften.

Prüferin: Aber haftet sie dann vielleicht beschränkt auf ihr Stammkapital?

Kandidatin: Nein, auch insoweit haftet sie unbeschränkt. Sie muss jedoch nur gesetzlich gebundenes Vermögen in Höhe ihres Stammkapitals haben. Dies ist zur Sicherung der Gläubiger bestimmt. Daher muss es gesetzmäßig nach den §§ 5, 7 GmbHG aufgebracht werden und erhalten bleiben. Letzteres bestimmt § 30 GmbHG. Entscheidend ist also, dass den Gläubigern ein Haftungsfonds in Höhe des gesetzlichen oder in der Satzung beschriebenen Stammkapitals zur Verfügung steht.

Anhang: Organbesitz

Der Besitz ist nicht nur im Recht der natürlichen Personen bedeutsam. Dogmatisch interessant, praktisch häufig anzutreffen und in der Fallbearbeitung schwierig sind gerade auch die Besitzrechtsverhältnisse juristischer Personen.[370] Dass es auch dort die Möglichkeit willensgetragener Sachherrschaft, also Besitz, geben muss, ist im Ausgangspunkt anerkannt und folgt systematisch daraus, dass der Verband zum Empfang von Sacheinlagen in der Lage sein muss,[371] der bei beweglichen Sachen durch Einigung und Übergabe nach § 929 BGB erfolgt. Die Übergabe setzt aber voraus, dass der Veräußerer jeglichen Besitz verliert und der Erwerber irgendeine Form von Besitz erlangt. Man spricht hier von Organbesitz, und die Frage ist, wie man sich diesen genau vorzustellen hat, d. h., wer konkret die Sachherrschaft und den Besitzwillen für wen ausübt.

Dabei muss man sich im Ausgangspunkt vergegenwärtigen, dass im Falle des Organbesitzes nicht das Organ selbst Besitzer ist, sondern der Verband. Dieser besitzt also, wenn die tatsächliche Sachherrschaft über eine Sache bei seinem Organ oder einem Besitzdiener liegt. Dieses Oder ist ernst zu nehmen, denn das Organ ist selbst auch nicht Besitzdiener, auch wenn gelegentlich darauf hingewiesen wird, dass das Organ eine dem Besitzdiener zumindest ähnliche Person sei.[372] Da aber das Organ selbst Träger des Verbandswillens ist, kann es nicht als

---

Anmerkung: Zuerst erschienen in Jura 2002, 255.

370 Allgemein dazu *Steindorff*, Besitzverhältnisse beim Gesamthandvermögen in OHG und KG, Festgabe Kronstein, 1967, S. 151; *Kuchinke*, Die Besitzlage bei Sachgütern des Gesellschaftsvermögens, Festschrift für Paulick, 1973, S. 45; *Flume*, Die Gesamthand als Besitzer, Freundesgabe für Hengeler, 1972, S. 76; *Klett*, Die Besitzverhältnisse bei der Personengesellschaft, 1989.
371 *K. Schmidt*, Gesellschaftsrecht, 4. Auflage 2002, § 10 III 1.
372 So bereits *Heck*, Grundriss des Sachenrechts, 1930, § 18 V 1; *Ballerstedt*, Das schadhafte Dach am Gesellschaftsbüro, JuS 1965, 272.

Besitzdiener fungieren oder auch nur angesehen werden.[373] Ein Angestellter der Gesellschaft kann dagegen durchaus als Besitzdiener zu qualifizieren sein.

Stirbt die Person, welche die Organstellung einnimmt und die tatsächliche Sachherrschaft über eine dem Verband gehörende Sache ausübt, so erlangen die Erben folglich auch keinen Erbenbesitz nach § 857 BGB, sondern die Sache kommt dem Verband im Zeitpunkt des Todes der Organperson abhanden.[374] Ungeklärt sind die Besitzverhältnisse bei der Erbengemeinschaft, die als Gesamthandsgemeinschaft ausgestaltet ist, aber nach h.M.[375] nicht rechtsfähig ist. Daher könnte man hier am ehesten an einen Mitbesitz zur gesamten Hand denken. Doch dürften sich die meisten denkbaren Zweifelsfragen vorliegend im Hinblick auf § 857 BGB lösen lassen.

Bei juristischen Personen, also GmbH, Aktiengesellschaft, aber auch dem eingetragenen Verein, ist nach heute ganz h.M. die juristische Person als solche Besitzer, nicht aber ihr Organ oder eine sonstige Person, welche die tatsächliche Gewalt ausübt. Eine häufige und prüfungsrelevante Fallkonstellation besteht darin, dass ein Organ des Verbands, etwa der Vereinsvorsitzende, eine dem Verband zugewendete Sache in Eigenbesitz nimmt, indem er sie unterschlägt. Dann stellt sich die Frage, wie sich dies auf die Besitzrechtsverhältnisse zwischen Verband und Organ auswirkt. Beide sind nämlich streng auseinanderzuhalten, weil andernfalls eine Vermengung der Rechtsfragen nicht zu vermeiden ist. Auch wenn das Organ, also etwa der Vereinsvorsitzende, vorher den erforderlichen Besitzwillen für den Verband ausgeübt hat und mithin nur der Verband, nicht aber er selbst besitzt, ändert sich dies durch die im Unterschlagungsakt kundgemachte Änderung der Willensrichtung. Dann besitzt nämlich nurmehr der Organwalter, in unserem Beispiel der Vereinsvorsitzende, während der Verband nicht mehr besitzt, obwohl sich im Hinblick auf die tatsächliche Gewalt über die Sache nichts geändert hat. Da es sich in einem solchen Fall um einen unfreiwilligen Besitzverlust handelt, ist die Sache dem Verein auch abhanden gekommen (§ 935 Abs. 1 BGB), so dass keine Möglichkeit gutgläubigen Erwerbs besteht.[376] Das Beispiel zeigt, dass der Organbesitz bei juristischen Personen (vgl. § 21 BGB) vergleichsweise einfach vorstellbar ist. Hier ist allein die juristische Person Besitzer.

---

373 *K. Schmidt*, Gesellschaftsrecht, 4. Auflage 2002, § 10 III 1.

374 Vgl. auch *Hadding*, Zur Rechtsfähigkeit und Parteifähigkeit der (Außen-)Gesellschaft bürgerlichen Rechts sowie zur Haftung ihrer Gesellschafter für Gesellschaftsverbindlichkeiten, ZGR 2001, 712, 725.

375 Vgl. nur BGH NJW 2006, 3715; a. A. *Grunewald*, Die Rechtsfähigkeit der Erbengemeinschaft, AcP 197 (1997), 305.

376 Vgl. auch das Beispiel 16 bei *K. Schmidt*, Gesellschaftsrecht, 4. Auflage 2002, § 10 III 2.

Teil III: **Der Kurzvortrag**

In einigen Bundesländern gibt es inzwischen als weitere Prüfungsleistung inner-halb der mündlichen Prüfung den sogenannten Kurzvortrag. Er ist dem Akten-vortrag des zweiten juristischen Staatsexamens nachgebildet, trägt darüber hinaus und damit zusammenhängend einer weiteren Anforderung Rechnung, die in der vermehrten Einbeziehung von sogenannten Schlüsselqualifikationen besteht. Zu diesen gehört insbesondere die Ausbildung in der juristischen Rhetorik, an sich eine seit alters zur Juristenausbildung gehörende Disziplin, die den guten Juristen ausmacht.[377] Aus dieser Zweckrichtung ergibt sich bereits eine wesentliche Leis-tung, die den Kandidaten im ersten juristischen Staatsexamen mit dem Kurzvor-trag abverlangt wird.[378] Es geht nämlich nicht zuletzt darum – und darin liegt auch ein wesentlicher Teil der Bewertung des Kurzvortrags –, dass die Lösung eines Falles oder eines Rechtsproblems in adäquater Juristensprache dargestellt und möglichst präzise aufbereitet wird. Dabei kommt es weniger darauf an, in den Sach- und Streitstand einzuführen und einen Sachverhalt erst zu ermitteln als vielmehr darauf, einen feststehenden Sachverhalt – insoweit ähnlich wie in der juristischen Klausur – oder ein vorgegebenes Problem lege artis darzustellen bzw. zu lösen. Soweit ersichtlich sind es bis jetzt vor allem drei verschiedene Fragestellungen bzw. Fallgestaltungen, die im juristischen Kurzvortrag begegnen können. Bevor diese im Einzelnen dargestellt werden, soll zunächst ganz allgemein die Situation bzw. die besondere Herausforderung Erwähnung finden, in die sich die Kandidaten versetzt sehen.

---

377 Dazu *Römermann/Paulus*, Schlüsselqualifikationen für Jurastudium, Examen und Beruf, 2003; *Brinktrine/Schneider*, Juristische Schlüsselqualifikationen, 2008; *Ponschab/Schweizer*, Schlüsselqualifikationen, 2008.
378 Lehrreich zum Kurzvortrag das Buch von *Augsberg/Büßer*, Der Kurzvortrag im Ersten Ex-amen – Zivilrecht, 3. Auflage 2015.

https://doi.org/10.1515/9783111614243-010

I. Gang und Ablauf der Prüfung

Der Ablauf der Prüfung sieht in den entsprechenden Bundesländern folgendermaßen aus. Zunächst bekommen die Kandidaten eine Stunde Zeit, einen Sachverhalt bzw. ein Problem eigenständig zu lösen. Wie diese Problemstellungen bzw. Fallgestaltungen aussehen, wird sogleich unter II. näher dargestellt. Fürs Erste genügt es, die Situation atmosphärisch zu schildern. Die Stunde der Vorbereitung ähnelt insoweit der ersten Stunde einer Examensklausur. Auch dort geht es zunächst darum, sich den gestellten Fall bzw. das gestellte Problem zu vergegenwärtigen. Handelt es sich, wie zumeist, um einen Fall, so ist dieser sinnvollerweise mehrfach durchzulesen, wobei das erste Lesen der Erfassung des Sachverhalts dient und dementsprechend schnell vonstatten geht, das zweite Lesen jedoch schon die rechtliche Würdigung nach Anspruchsgrundlagen in Betracht zieht.

Spontane Ideen und Assoziationen können gleich beim ersten Lesen an den Rand notiert werden, sind jedoch für die spätere ausformulierte Lösung nur insoweit von Interesse, als sie sich in den Anspruchsaufbau integrieren lassen. Handelt es sich um einen etwas komplizierteren Fall oder eine Fallgestaltung, in der mehr als zwei Personen mitwirken, so sollte gleich während des ersten Lesens eine Skizze angefertigt werden, damit der Sachverhalt dann später – auch bei der Darstellung im Prüferkreis – jeder Zeit auf einen Blick ersichtlich ist. Denn erfahrungsgemäß lässt sich während der kurzen Frist der Präsentation kaum ein Augenblick finden, in dem man die Sachverhaltsangaben noch einmal überfliegen geschweige denn präziser nachlesen kann. Auch für die späteren Rückfragen (dazu sogleich) ist es sinnvoll, die Rechtsbeziehungen des Falles auf einen Blick erkennen zu können.

Beim zweiten Durchlesen sind bereits die einzelnen Anspruchsgrundlagen gedanklich durchzuprüfen. Noch mehr als in der Klausur gilt beim mündlichen Kurzvortrag, dass die Vorbereitung der Lösung ein permanenter Kampf gegen die Zeitnot ist. Wie schnell in dieser Situation eine Stunde Bedenkzeit vergeht, lässt sich am Besten ersehen, wenn man den Versuch unternimmt, Fälle, die man etwa in der Vorgerücktenübung als Klausur zu lösen hatte, innerhalb einer Stunde zu bearbeiten. Wenn nämlich ein Fall gestellt wird, wie es zumeist gegeben sein wird, dann ist dieser notwendigerweise kürzer als in einer Examensklausur in der fünf Stunden Bearbeitungszeit zur Verfügung stehen. Er ist aber nicht selten länger und umfangreicher als eine Anfängerklausur und daher vielleicht am ehesten mit einer Klausur in der Vorgerücktenübung zu vergleichen.

Zur Illustration eines konkreten Beispiels wird am Ende dieses Buches ein Sachverhalt dargestellt, der klausurmäßig gelöst wird. Die Prüfer haben die Lösung vorliegen; nicht selten wird sie ihnen eine angemessene Frist vor der Prüfung vom

https://doi.org/10.1515/9783111614243-011

Prüfungsamt zugestellt, so dass sie sich auch darauf einstellen und gegebenenfalls einarbeiten können. Die Schwierigkeit dieses Teils der Prüfung besteht nicht zuletzt darin, dass man in der Ausbildung häufig keine Gelegenheit hatte, sich konkret darauf vorzubereiten. Was aber die Zeiteinteilung betrifft, so kann dies jeder selbst unternehmen, indem ein Fall mittleren Schwierigkeitsgrades, wie er insbesondere in den Ausbildungszeitschriften allmonatlich abgedruckt wird, auf diese Weise probeweise bewältigt wird.

Was man dagegen nicht so leicht im Eigenstudium simulieren kann, ist der Vortrag selbst. Für gewöhnlich stehen den Kandidaten zehn Minuten zur Verfügung. Darin liegt eine besondere Herausforderung dieses Prüfungsteils. Denn es ist außerordentlich schwierig, diese vergleichsweise kurze Frist von zehn Minuten schon während der Konzeption der Gedanken innerhalb der zur Verfügung stehenden Stunde so abzuschätzen und einzuteilen, dass man am Ende der zur Vorbereitung dienenden Stunde sicher abschätzen kann, dass sich die konzipierte Lösung in genau zehn Minuten darstellen lässt. Gerade darin liegt aber die Herausforderung. Es ist schier unmöglich, dies in der Prüfungssituation erstmals zu unternehmen, wenn man es zuvor nicht zumindest im kleinen Kreis oder idealerweise in einer entsprechenden Lehrveranstaltung einmal unternommen hat.

Denn die Besonderheit dieses Prüfungsteils besteht nicht zuletzt darin, dass die Kandidaten während ihrer zehnminütigen Präsentation nicht unterbrochen werden. Erfahrungsgemäß beginnen die Vorträge vergleichsweise kleinschrittig, weil verständlicherweise Fehler vermieden werden sollen. Die allgegenwärtige Nervosität tut ein Übriges. Gerade auf diesen Prüfungsteil ist die bereits eingangs zitierte Abhandlung von Kleist über die allmähliche Verfertigung der Gedanken beim Reden unwillkürlich zugeschnitten. Verlegenheitsfloskeln und Gemeinplätze unterlaufen hier sehr häufig, wobei dies den Kandidaten nicht selten bewusst ist, was die Verlegenheit steigert. Man kann sich jedoch beruhigen, weil dies allen Kandidaten gleichermaßen unterläuft, ohne dass diese voneinander wissen.

Es empfiehlt sich, diesen Teil der Prüfung zuvor in einer Lern- oder Arbeitsgruppe zu üben. Die Präsentation eines gestellten Falles vor drei oder vier gleichaltrigen, die ebenfalls geprüft werden, kann dazu dienen, die allgegenwärtige Nervosität abzubauen. So wird man stilistisch sicherer, weil die für den auch hier zu beachtenden Gutachtenaufbau typischen Formulierungen sich besser einprägen, wenn man zuvor einen oder mehrere Fälle auf diese Weise vor einem noch so kleinen Publikum gelöst hat. Denn das Zeitmanagement, das hier besonders gefordert ist, wird dadurch nicht einfacher, dass der prinzipiell zu beachtende Gutachtenstil – nicht anders als der in der Niederschrift einer Klausur – vergleichsweise viel Zeit beansprucht. Man sollte daher tunlichst Unproblematisches weglassen oder nur ganz kurz im Urteilsstil darstellen. Bei einem typischen Verkehrsunfall etwa kann man gleich zum deliktischen Anspruch kommen, ohne diejenigen Anspruchsgrundlagen anzusprechen, die ersichtlich nicht in Betracht kommen („Vertragliche oder vertragsähnliche Ansprüche sind nicht ersichtlich. Ebenso Ansprüche aus Geschäftsführung ohne Auftrag. Ferner besteht auch kein Eigentümer-Besitzer-Verhältnis.").

Wenn all dies nicht ersichtlich ist, dann braucht es auch nicht angesprochen zu werden. Auch hier gilt, dass Überflüssiges falsch ist, wobei sich vor allem rächt, dass damit Bearbeitungszeit verloren geht, und zwar sowohl während der Phase der Konzeption als auch – schlimmer noch – bezüglich der Vortragszeit von nur zehn Minuten. Die zur Verfügung stehende Vorbereitungszeit von nur einer Stunde wird niemals ausreichen, um eine Lösung auszuformulieren. Man ist daher von Vornherein darauf angewiesen, eine skizzenartige Lösung anzufertigen, die man erst während der Vortragszeit ausformuliert. Manche Kandidaten legen sich eine Uhr neben das Arbeitsblatt, doch besteht die Gefahr, dass man eher die Uhr als den Fall im Blick hat. Wenn man merkt, dass man am Anfang zu kleinschrittig geprüft hat und die Zeit davon läuft, sollte man um jeden Preis versuchen, diejenigen Probleme, die man für entscheidungserheblich gehalten hat, zumindest kurz noch zur Geltung zu bringen. So unsouverän ein Blick zur Uhr wirken mag, kann er doch helfen, wenn man den Faden verloren und sich gewissermaßen ad hoc darauf besinnen muss, zumindest das Wichtigste vorzutragen.

Man muss auch nicht um jeden Preis alles, was man sich vorher zurechtgelegt hat, aussprechen, wenn man merkt, dass man alle Gesichtspunkte des Falles nicht mehr ansprechen kann. Schließlich gibt es noch eine dritte Phase in der Prüfung zum Kurzvortrag, die darin besteht, dass die Prüfer den Kandidaten direkt befragen. Dieser dritte Teil der Prüfung macht für gewöhnlich etwa fünf Minuten aus. Mitunter wird er in den Prüfungsordnungen als vertieftes Prüfungsgespräch bezeichnet, doch ist dies ein Euphemismus, weil man in fünf Minuten ohnehin nur die vergleichsweise offen zutage liegenden Fragen ansprechen kann. Hier besteht aus Sicht des Kandidaten noch die Möglichkeit, das eine oder andere anzusprechen, das in der Kürze der Zeit zuvor ungesagt geblieben ist. Keinesfalls aber sollte man auf diese Weise die eigentliche Zielrichtung der Frage sehenden Auges verfehlen. Man muss sich nämlich klar machen, dass die Prüfer an dieser Stelle zwei verschiedene Möglichkeiten haben: Entweder sie stellen Fragen, die sich konkret aus der Lösung des Kandidaten ergeben haben und leisten auf diese Weise eine Art Hilfestellung.

Das kann etwa dann von Vorteil sein, wenn im Prüfungsvortrag bestimmte Konsequenzen, die an sich auf der Hand lagen, aus Zeit- oder Nervositätsgründen nicht gezogen wurden, so dass auf diese Weise nochmals Gelegenheit gegeben wird, die eigene Lösung abzurunden. Es kann aber auch sein, dass der Kandidat an einer Stelle einen falschen Weg eingeschlagen hat und auf diese Weise behutsam zurechtgewiesen wird und die Gelegenheit erhält, den begangenen Fehler zu korrigieren. Insofern verhält es sich nicht anders als im normalen mündlichen Prüfungsgespräch. Die Alternative besteht für den Prüfer darin, allen Kandidaten ohne Ansehung dessen, was sie konkret für entscheidungserheblich gehalten haben, dieselben Fragen zu stellen. Dieses etwas stereotype Vorgehen hat für die Prüfer den Vorteil, dass größtmögliche Chancengleichheit herrscht. Jeder bekommt am Ende dieselben Fragen und es besteht die Möglichkeit, die Bewertung dieses Teils der Prüfung gleichsam zu isolieren, indem verglichen werden kann, wer auf welche Frage wie geantwortet hat.

Der Nachteil dieses Vorgehens besteht allerdings darin, dass dieser Prüfungsteil dann etwas beziehungs- und zusammenhanglos neben dem eigentlichen Prüfungsvortrag steht. In der Praxis entscheiden sich viele Prüfer für eine Verbindung dieser beiden Möglichkeiten. Man geht auf die Lösung der Kandidaten ein, versucht dies aber in möglichst allgemein gehaltener Form so zu unternehmen, dass bestimmte generelle Gesichtspunkte zur Geltung kommen, die sich immer stellen, also unabhängig von der konkreten Lösung der Kandidaten. Für die Prüfungsvorbereitung ist dies unerheblich, weil die Kandidaten darauf ohnehin keinen Einfluss nehmen können. Auch hängt dies nicht selten von dem sogleich (unter II.) zu behandelndem Punkt ab, weil ein konkreter Fall ohne zusätzliche Fragen im vertiefenden Prüfungsgespräch eher Anlass dazu gibt, allgemeine Gesichtspunkte zur Geltung zu bringen, während eine abstrakte Frage die Prüfung nahelegt, was sich in einem konkreten Fall ergeben könnte. Deshalb sind im Folgenden die prinzipiellen Prüfungstypen näher darzustellen.

II. Typen von Prüfungsthemen

Wie bereits eingangs dargestellt, kommen vor allem drei verschiedene und miteinander zusammenhängende Formen der Prüfung vor: Die Prüfung kann zum Einen in einem konkreten Fall bestehen, der unter allen rechtlichen Gesichtspunkten, das heißt im Zivilrecht Anspruchsgrundlagen, durchgeprüft werden muss. Dieser Aufgabentyp unterscheidet sich im Grunde nicht von der Klausur und ist vor allem ein Problem der Zeiteinteilung. Das andere Extrem besteht darin, dass ein abstraktes Thema gestellt wird. Dieser Typ der Prüfung ähnelt den in manchen Bundesländern gestellten Aufsatzklausuren. Ein Rechtsproblem ist freihändig darzustellen und möglichst erschöpfend abzuhandeln, soweit dies in der zur Verfügung stehenden Zeit überhaupt möglich ist.

Erfahrungsgemäß haben die Kandidaten vor diesem Prüfungstyp besonderen Respekt. Hier hilft kein Aufbauschema und man hat nicht die Möglichkeit, den Fall unter bestimmten rechtlichen Gesichtspunkten erschöpfend zu lösen. Auch das Gesetz erscheint hier nur bedingt als Hilfe, weil man eben allzu oft nicht weiß, wo man überhaupt nachzuschlagen hat. Zudem ist das mögliche Anwendungsfeld dieser Prüfungsart praktisch uferlos. Es kann sich um einzelne Lehrbuchkapitel handeln („das Eigentümer-Besitzer-Verhältnis", „die Geschäftsführung ohne Auftrag" oder „der Besitzschutz im BGB"). Dann kann man sich immerhin – notfalls über das Gesetzesregister – den jeweiligen Abschnitt innerhalb des Bürgerlichen Gesetzbuchs zum Anknüpfungspunkt für die Darstellung machen.

Allerdings ist es auch in solch einem Fall wenig ratsam, jede der einzelnen Vorschriften der Reihe nach unverbindlich zu kommentieren, weil nicht alle Vorschriften gleichermaßen wichtig sind. Vielmehr sollte man sich auf diejenigen Vorschriften konzentrieren und von daher problemorientiert arbeiten, die man auch während des Studiums als besonders ausbildungsrelevant erkannt hat. Auf diese Weise kann man zugleich zeigen, dass man Wesentliches von Unwesentlichem unterscheiden kann. Es ist besonders wichtig, dass man in einem solchen Fall das innere System des Gesetzes zur Geltung bringt und nicht einfach nur das äußere System, also die Aneinanderreihung der einzelnen Vorschriften präsentiert.

Vielmehr sollte man von vornherein Zusammenhänge darstellen. Dabei kann es helfen, sich Fälle vorzustellen (ohne dass man diese präsentieren müsste), welche typische Konstellationen enthalten und diese wiederum mit dem Anspruchsaufbau abzugleichen. Das ist natürlich in dieser Komplexität leichter gesagt als getan. Nicht selten ist es aber vorteilhaft, eine paradigmatische Konstellation, die natürlich nur knapp skizziert und nicht zu problem- und detailbeladen sein darf, darzustellen, um anhand dessen die gesetzliche Regelung zu veranschaulichen. Natürlich ist es immer problematisch, auf eine abstrakte Frage mit einem

https://doi.org/10.1515/9783111614243-012

konkreten Beispiel zu antworten, doch kann es gerade bei komplizierteren Regelungen Anwendungsbereich und Systematik entscheidend verdeutlichen und vereinfachen.

Schwieriger sind diejenigen abstrakten Problemstellungen, in denen es nicht um ein bestimmtes lehrbuchartiges Kapitel geht, sondern um einen prinzipiellen Gesichtspunkt der Rechtsordnung. So kann etwa die Frage sein, was man unter Akzessorietät im Zivilrecht versteht. Dann sollten die verschiedenen Institute der Reihe nach je nach Grad der Akzessorietät erörtert werden. Man kann etwa davon ausgehen, dass es sich um die Abhängigkeit des Sicherungsrechts vom zu sichernden Recht handelt und von daher die einzelnen Ausprägungen darstellen. Hier kann man der Reihe nach Bürgschaft, Vormerkung, Pfandrecht und Hypothek erörtern. Man sollte sich dann möglichst nur auf diejenige gesetzliche Vorschrift konzentrieren, welche besonderer Ausdruck der Akzessorietät ist, beim Pfandrecht an beweglichen Sachen etwa §§ 1250, 1252 BGB oder bei der Hypothek § 1138 BGB. Dies wurde bereits weiter oben bei den Prüfungsgesprächen ausführlich behandelt. Weitere Prüfungsthemen wären etwa das Abstraktionsprinzip, der Sukzessionsschutz oder das erbrechtliche Prinzip der Universalsukzession.

Die dritte Erscheinungsform eines solchen Prüfungsthemas ist die Verbindung eines konkreten Falles mit einer abstrakten Frage. In einem solchen Fall verhält es sich nicht selten so, dass die abstrakte Frage nicht einfach nur ein unverbindlicher Annex des Falles ist, sondern dass sie gewissermaßen einen Gesichtspunkt oder ein Prinzip zur Geltung bringt, das auch im Fall schon inhaltlich angedeutet oder angelegt ist. Wenn es sich so verhält – und das lässt sich oft vergleichsweise schnell erkennen –, dann sollte man die abstrakte Frage durchaus als Hilfestellung begreifen, weil sich hier möglicherweise ein rechtlicher Gesichtspunkt angedeutet findet, der in den konkret zu prüfenden Anspruchsgrundlagen des zuvor gestellten Falles ebenfalls für die Lösung wesentlich ist.

So verhält es sich etwa in dem anschließend dargestellten Beispielsfall 1 eines Kurzvortrags, indem die Zusatzfrage lautet: „Welche Vorschriften kommen bei der Leistung an einen Nichtberechtigten zur Geltung?".[379] Wie sich nämlich gleich zeigen wird, kommt es in der Lösung des Falles entscheidend darauf an, zu erkennen, dass hier an einen Nichtberechtigten geleistet wird, den der Leistende für den Berechtigten gehalten hat. Wenn man sich dies einmal verdeutlicht hat – notfalls auch über die abstrakte Frage –, dann wird klar, dass man verschiedene Vorschriften in Betracht ziehen muss, auf deliktsrechtlicher Ebene vor allem § 851 BGB, bereicherungsrechtlich den zentralen § 816 Abs. 2 BGB sowie § 362 Abs. 2 BGB in Verbindung mit § 185 BGB. Man kann dann über die konkrete Lösung des Falles

---

379 Dazu *Petersen*, Die Leistung an den Nichtberechtigten, Jura 2010, 281.

hinaus auch noch die § 893 BGB und § 2367 BGB mit ihrem jeweiligen Wirkungsmechanismus darstellen. Wichtig ist, dass man herausstellt, dass in all diesen Fällen der Bereicherungsausgleich über § 816 Abs. 2 BGB vollzogen wird. In einer solchen Prüfung kann man mitunter auf zwei verschiedenen Arten verfahren: Entweder man löst den Fall vergleichsweise ausführlich, also etwa unter Einbeziehung von dreiviertel der zur Verfügung stehenden Sprechzeit, das heißt in etwa sieben bis acht Minuten durch und behandelt dann nunmehr stichpunktartig die abstrakte Frage, die ja durchaus auch eine ganze Prüfung ausmachen könnte. Das ist dann ratsam, wenn man bei der vergleichsweise kurzen Beantwortung der abstrakten Frage gleichsam nach oben verweisen möchte, wie man das in dem nachfolgend zu behandelnden Fall tun kann.

Die andere Möglichkeit besteht darin, den Fall zunächst vergleichsweise kurz, also stichwortartig zu lösen und einen etwa gleich langen Teil, also etwa fünf Minuten auf die Beantwortung der abstrakten Frage zu verwenden. Dabei kann man dann gegebenenfalls – jedenfalls wenn ein Zusammenhang mit dem Fall besteht – erneut auf Einzelheiten des Falles eingehen. Der Nachteil dieses Verfahrens besteht darin, dass dies nachgeschoben wirken kann und den Eindruck erweckt, man sei zu einer strukturierten Prüfung nicht in der Lage. In jedem Fall sollte man nach Länge des Falles abschätzen, wie die Binnenproportionen der Prüfung angelegt sind. Ist der Sachverhalt vergleichsweise komplex, so ist die abstrakte Frage vielleicht nur noch eine Zusatzfrage, von der erwartet wird, dass man sie in wenig mehr als einer Minute beantworten kann.

Ist der Fall dagegen vergleichsweise eindimensional und die Frage von prinzipieller Bedeutung, dann kann man ihr auch durchaus die Hälfte oder mehr der zur Verfügung stehenden Vortragszeit widmen. Im Folgenden soll ein Beispiel dieser Mischform dargestellt werden, wobei man sich nicht dadurch einschüchtern lassen darf, dass die Lösung vergleichsweise detailliert und komplex ist. So ist es häufig auch in der Examensprüfung, weil die Prüfer eben unverbindliche Hinweise zur Lösung erhalten, die keinen konkreten Erwartungshorizont markieren, sondern einen gewissen Vertretbarkeitsspielraum darstellen, ohne dass verlangt werden kann, dass alle rechtlichen Gesichtspunkte – zumal in dieser Ausführlichkeit – wirklich behandelt werden.

III. Beispiele für einen Fall-Kurzvortrag

Kurzvortragsfall 1

1. Aufgabe

S beschädigt beim Zurücksetzen seines Kfz auf einem öffentlichen Parkplatz leicht fahrlässig den rechten Außenspiegel des daneben geparkten Wagens. Dessen Besitzer B stellt ihn zur Rede. Um Verwicklungen zu vermeiden, zahlt S ihm 100,– Euro bar, weil er ihn für den Eigentümer hält. Eigentümer des beschädigten Kfz ist jedoch V, der den Wagen seinem Sohn B geliehen hat. B behält die an ihn gezahlten 100,– Euro, obwohl er weiß, dass diese eigentlich für seinen Vater bestimmt sind.

Welche Ansprüche hat V gegen S und B?

Zusatzfrage: Welche Vorschriften kommen bei der Leistung an einen Nichtberechtigten zur Geltung?[380]

2. Unverbindliche Lösungshinweise zum Fall

A) Ansprüche des V gegen S

I. Einem Anspruch aus **§ 823 Abs. 1 BGB**, der tatbestandlich erfüllt ist, steht § 851 BGB entgegen, weil S mit befreiender Wirkung an B leistete. Der Wagen des V ist eine bewegliche Sache; B ist unmittelbarer Besitzer (selbst wenn B als Besitzdiener anzusehen wäre, soll § 851 BGB eingreifen) und S ist gutgläubig. Eine Befreiung nach §§ 362 Abs. 2, 185 Abs. 1 BGB scheidet dagegen mangels (konkludenter) Einwilligung des V aus.

Soweit zunächst mit den Ansprüchen aus § 7 Abs. 1 StVG begonnen wird, ist dies ebenso vertretbar. Hierbei ist dann nur zu beachten, dass die Prüfung des § 851 BGB bereits in diesen integriert werden müsste.

II. Ein Anspruch aus **§ 823 Abs. 2 BGB in Verbindung mit § 1 Abs. 2 StVO** scheidet aus. § 1 Abs. 2 StVO ist ein Schutzgesetz im Sinne des § 823 Abs. 2 BGB, jedoch findet § 851 BGB auch hier Anwendung.

---

380 Ausformulierte Lösung der Zusatzfrage, die in dieser Form natürlich nicht einmal annäherungsweise von den Kandidaten erwartet werden kann, bei *Petersen,* Die Leistung an den Nichtberechtigten, Jura 2010, 281. Es wäre ausreichend, wenn § 816 Abs. 2 BGB erläutert und dabei der im Ausgangsfall zur Geltung kommende § 851 BGB exemplarisch herausgestellt würde. Zusätzlich könnte die Verweisung auf § 185 BGB in § 362 Abs. 2 BGB verdeutlicht werden; dazu näher in dem zuletzt zitierten Aufsatz.

https://doi.org/10.1515/9783111614243-013

III. In Betracht kommt schließlich ein Anspruch aus **§ 7 Abs. 1 StVG**. S ist Halter des Kfz. Umstritten ist, ob vorliegend eine Beschädigung „bei Betrieb" eines Kfz passierte: Nach der maschinentechnischen Auffassung müssen die Motorkräfte des Fahrzeugs wirken, was hier zu bejahen ist. Aber auch die verkehrstechnische Auffassung würde bei der Fahrt auf einem öffentlichen Parkplatz nicht anders entscheiden. Ein Streitentscheid ist daher nicht erforderlich. § 7 StVG ist (auch im Übrigen) tatbestandlich erfüllt. Gleichwohl ist dieser Anspruch entsprechend § 851 BGB ausgeschlossen. Für die Anwendung dieser Vorschrift im StVG hilft zwar nicht § 16 StVG, da dieser in erster Linie die Möglichkeit des Rückgriffs auf Ansprüche außerhalb des StVG regelt. Der Sinn und Zweck des Gesetzes, im Straßenverkehr eine weitergehende Haftung zu statuieren, spricht gleichwohl nicht dagegen, die Regelung des § 851 BGB auch hier anzuwenden. Vielmehr enthalten die §§ 7, 18 StVG für Art und Umfang der Ersatzleistung keine abschließende Sonderregelung.[381] Das durch § 851 BGB geschützte Interesse des Ersatzpflichtigen, vor Doppelzahlungen bewahrt zu werden, besteht unabhängig davon, aus welchen Vorschriften sich seine Ersatzpflicht ergibt und damit auch im Anwendungsbereich des StVG.

IV. Auch die Voraussetzungen eines Anspruchs aus **§ 18 Abs. 1 S. 1 StVG** liegen vor, insbesondere kann S dem Anspruch kein fehlendes Verschulden entgegenhalten. Eine Ersatzpflicht gegenüber V steht jedoch wiederum § 851 BGB entgegen.

B) Ansprüche des V gegen B
I. Anspruch aus **§ 285 Abs. 1 BGB** in Verbindung mit **§ 604 Abs. 1 BGB**

§ 285 Abs. 1 BGB gilt zwar nicht nur wortlautgemäß bei vollständiger „Unmöglichkeit", sondern auch, wenn wegen einer Beschädigung des geschuldeten Gegenstandes die Herausgabe nur teilweise unmöglich wird. Allerdings erfordert § 285 BGB Identität zwischen dem Gegenstand, dessen Leistung unmöglich geworden ist, und dem Gegenstand, für den der Schuldner einen Ersatz erlangt hat. Nach herrschender Auffassung fehlt grds. die Identität zwischen der Gebrauchs-(rück)überlassung an einer Sache und dem Gegenstand, für den der Schuldner (hier: B) das commodum erhält, da dies das Eigentum und nicht die bloße Gebrauchsmöglichkeit ist.[382]

Dieser Anspruch wäre im Kurzvortrag am ehesten verzichtbar, zumal da der Anspruch aus einem Leihvertrag mit allen sich daraus ergebenden Folgerungen im Leistungsstörungsrecht nicht gerade auf der Hand liegt. Weil die in diesem Fall zentralen Ansprüche aus den gesetzlichen Schuldverhältnissen hier nicht von dem Anspruch aus Vertrag abhängen, wäre es angesichts der im Kurzvortrag geringen

---

381 Vgl. Staudinger/*Vieweg/Lorz* (2023), § 849 Rn. 5, § 851 Rn. 5.
382 BGHZ 25, 1, 9 f.; BGHZ 46, 260, 264; MüKoBGB/*Emmerich*, 9. Auflage 2022, § 285 Rn. 25 m.w.N.

zur Verfügung stehenden Zeit wohl zudem vertretbar, wenn zunächst die ersichtlich im Mittelpunkt stehenden Ansprüche aus Delikts- und Bereicherungsrecht darge-stellt würden und nur ergänzend darauf hingewiesen würde, dass auch ein Anspruch aus Vertrag in Betracht käme.

II. Anspruch aus § 280 Abs. 1 in Verbindung mit §§ 241 Abs. 2, 598 ff. BGB

Wenn B die vereinnahmten 100,– Euro nicht unverzüglich an V weiterleitete (Tatfrage), kann man wohl von einer zu vertretenden (Neben-) Pflichtverletzung aus dem Leihvertrag ausgehen. Dann besteht ein solcher Anspruch (a.A. vertretbar).

III. Anspruch aus **§§ 989, 990 BGB** scheidet mangels Vindikationslage aus: Die Leihe stellt nach herrschender wenngleich bestrittener Auffassung ein Recht zum Besitz nach § 986 BGB dar.

IV. Ansprüche aus **angemaßter Eigengeschäftsführung** bestehen:

1. Ein Anspruch aus §§ 687 Abs. 2, 678 BGB liegt vor, da die Geltendmachung des Anspruchs ein Geschäft des Geschädigten V ist und B dies auch positiv weiß (a.A. vertretbar, wenn man die Kenntnis des B von seiner Unzustän-digkeit verneint; insoweit ist der Fall unklar).

2. §§ 687 Abs. 2, 681 S. 2, 667 BGB sind aus denselben Gründen zu bejahen.

V. Anspruch aus § 823 Abs. 1 BGB

Die Forderung stellt nach herrschender Auffassung kein sonstiges Recht dar, wohingegen nach anderer Ansicht jedenfalls ein Eingriff in die Forderungszu-ständigkeit möglich sein soll.[383]

Wenn man die Forderung als sonstiges Recht begreift, besteht auch ein solcher Anspruch; nach der Gegenmeinung besteht dafür kein Bedürfnis, da sich ein An-spruch grundsätzlich aus § 816 Abs. 2 BGB ergibt (dazu sogleich).

VI. Ein Anspruch aus **§ 816 Abs. 2 BGB** liegt vor: B ist ungeachtet des § 851 BGB Nichtberechtigter bzgl. der Einziehung des Anspruchs. Die Leistung des S an B ist V gegenüber wegen § 851 BGB auch wirksam. Für eine Entreicherung des B ist nichts ersichtlich.

3. Unverbindliche Lösungshinweise zur Zusatzfrage

Nach § 362 Abs. 1 BGB erlischt das Schuldverhältnis, wenn die geschuldete Leistung *an den Gläubiger* bewirkt wird.[384] Empfangszuständig und mithin berechtigt

---

383 Ausführliche Nachweise auch zum Folgenden bei *Petersen*, Allgemeines Schuldrecht, 12. Auflage 2025, Rn. 3 ff.

384 Dazu, insbesondere zu den diesbezüglichen Erfüllungstheorien, die hier nicht näher be-handelt werden müssen, und ihren bereicherungsrechtlichen Folgefragen *Beck*, Die Zuord-nungsbestimmung im Rahmen der Leistung, 2008.

ist also grundsätzlich der Gläubiger.[385] Wird an einen Dritten zum Zwecke der Erfüllung geleistet, so findet nach § 362 Abs. 2 BGB die Vorschrift des § 185 BGB Anwendung. Erteilt der Gläubiger dem Dritten im Wege der Einwilligung eine sogenannte Empfangsermächtigung,[386] so führt die Leistung an den Dritten ebenfalls zur Erfüllung. Anders als es der Wortlaut des § 185 Abs. 1 BGB nahelegt, nimmt der Dritte die Leistung dann als Berechtigter entgegen.[387]

Ist der Dritte dagegen nicht zur Entgegennahme der Leistung berechtigt, spricht man von der Leistung an einen Nichtberechtigten. Die Schlüsselnorm einer solchen Leistung ist § 816 Abs. 2 BGB:[388] Wird an einen Nichtberechtigten eine Leistung bewirkt, die dem Berechtigten gegenüber wirksam ist, so ist der Nichtberechtigte dem Berechtigten zur Herausgabe des Geleisteten verpflichtet.

Diese Darstellung vom Normalfall (Leistung an den Berechtigten) zum regelungsbedürftigen Ausnahmefall (Leistung an den Nichtberechtigten) bietet sich hier – wie so oft, aber immer in der gebotenen Kürze – als Einleitung bei der Beantwortung der Zusatzfrage an. In der juristischen Fallprüfung ist jedoch der Ausnahmefall oftmals die Regel. Das Zusteuern auf die Schlüsselnorm und die Zitierung des Gesetzeswortlautes ermöglichen dem Kandidaten im Folgenden die strukturierte Erörterung der Tatbestandsmerkmale.

Die Leistung an den Dritten muss dem Gläubiger gegenüber wirksam sein. Nach dem eingangs dargestellten Grundsatz befreit die Leistung an einen Dritten den Schuldner grundsätzlich aber nicht. Er ist daher nach wie vor dem Gläubiger verpflichtet und muss sich wegen der vergeblich erbrachten Leistung an den Dritten halten. Doch kann es für den Gläubiger sinnvoll sein, auf eine Inanspruchnahme des Schuldners zu verzichten und direkt gegen den Dritten vorzugehen. Dazu kann er der schon erbrachten Leistung nachträglich zur Wirksamkeit verhelfen.[389] Das geschieht gemäß §§ 362 Abs. 2, 185 Abs. 2 S. 1 BGB durch Genehmigung. Anders als bei der im Voraus erklärten Empfangsermächtigung handelt der Dritte trotz der rückwirkenden (§ 184 Abs. 1 BGB) Genehmigung als Nichtberechtigter, so dass der Gläubiger gemäß § 816 Abs. 2 BGB gegen den Dritten vorgehen kann. Da die Genehmigung auch gegenüber dem Dritten erklärt werden

---

385 Zur Empfangszuständigkeit des Minderjährigen *Petersen*, Der Minderjährige im Schuld- und Sachenrecht, Jura 2003, 399.

386 *Medicus/Lorenz*, Schuldrecht I. Allgemeiner Teil, 22. Auflage 2021, § 21 Rn. 4 – zu den Unterschieden von Empfangs- und Einziehungsermächtigung *Larenz*, Schuldrecht I, 14. Auflage 1987, § 34 V c, S. 597 ff.

387 Vgl. MüKoBGB/*Schwab*, 9. Auflage 2024, § 816 Rn. 26 f.

388 Zur systematischen Stellung im Verhältnis zu § 816 Abs. 1 BGB MüKoBGB/*Schwab*, 9. Auflage 2024, § 816 Rn. 74.

389 *Larenz/Canaris*, Schuldrecht II/2, 13. Auflage 1994, § 69 II 3 d; BGHZ 85, 267, 272 f.

kann (§ 182 Abs. 1 BGB), wird sie häufig konkludent mit der gerichtlichen Geltendmachung des Herausgabeanspruchs gegen den Dritten einhergehen.[390]

Der Anwendungsbereich des § 816 Abs. 2 BGB ist jedoch nicht auf Fälle des § 185 Abs. 2 S. 1 BGB beschränkt. Die Wirksamkeit der Leistung gegenüber dem Gläubiger kann sich daneben auch aus den im Folgenden zu behandelnden Vorschriften ergeben. Sie führen dazu, dass der Dritte die Leistung zwar nicht vom Schuldner verlangen, der Schuldner sie aber mit befreiender Wirkung an den Dritten erbringen kann.

Damit hat der Kandidat zunächst den Anwendungsbereich des § 816 Abs. 2 BGB dargestellt und kann nun bis zum Ablauf seiner Vortragszeit die schuldnerschützenden Vorschriften erörtern. Die Reihenfolge sollte sich dabei an ihrer Häufigkeit in der Fallbearbeitung orientieren. Daher muss auf die vergleichsweise selten vorkommenden §§ 370, 566c, 793 Abs. 1 S. 2, 808, 1056 Abs. 1 und 2135 BGB nicht näher eingegangen werden.

Der praktisch wichtigste Fall der befreienden Leistung findet sich im Abtretungsrecht.[391] Es sind die schuldnerschützenden Vorschriften der §§ 407 ff. BGB, deren prüfungsrelevanteste § 407 Abs. 1 BGB darstellt.

Der neue Gläubiger muss nach § 407 Abs. 1 BGB eine Leistung, die der Schuldner nach der Abtretung an den bisherigen Gläubiger bewirkt, gegen sich gelten lassen, es sei denn, dass der Schuldner die Abtretung bei der Leistung kennt.[392] Unter den Voraussetzungen des § 354a Abs. 1 HGB kann der Schuldner sogar nach Kenntnis von der Abtretung mit befreiender Wirkung an den bisherigen Gläubiger leisten.[393] Die befreiende Wirkung der Leistung bedeutet zugleich, dass die Forderung des Neugläubigers erlischt.[394] Eine ergänzende Regelung enthält § 408 Abs. 1 BGB für den Fall der Mehrfachabtretung: Wird eine abgetretene Forderung von dem bisherigen Gläubiger nochmals an einen Dritten abgetreten, so geht diese Abtretung nach dem Prioritätsprinzip ins Leere. Auch ein gutgläubiger Forderungserwerb ist grundsätzlich ausgeschlossen (vgl. aber § 405 BGB). Leistet der Schuldner gleichwohl an den Dritten, findet zu seinen Gunsten § 407 BGB entsprechende Anwendung. Das ist folgerichtig, weil der nichtberechtigte Dritte als Scheingläubiger dem Abtretenden gleichsteht.[395]

---

390 BGH NJW 1986, 2430.
391 Dazu *Coester-Waltjen*, Die Abtretung, Jura 2003, 23.
392 Zur Kenntnis BGHZ 131, 274.
393 *Saar*, Zur Rechtsstellung des Schuldners nach § 354a Satz 2 HGB, ZIP 1999, 988, 992; *Petersen*, Rechtsgeschäftliche Abtretungsverbote im Handelsrecht, Jura 2005, 680, 681.
394 *Fikentscher/Heinemann*, Schuldrecht, 12. Auflage 2022, Rn. 730.
395 MüKoBGB/*Kieninger*, 9. Auflage 2022, § 408 Rn. 1.

Eine oft übersehene Regelung in diesem Zusammenhang enthält § 851 BGB. Leistet der wegen der Entziehung oder Beschädigung einer beweglichen Sache zum Schadensersatz Verpflichtete den Ersatz an denjenigen, in dessen Besitz sich die Sache befunden hat, so wird er nach § 851 BGB durch die Leistung auch dann befreit, wenn ein Dritter Eigentümer der Sache war oder ein sonstiges Recht an der Sache hatte, es sei denn, dass ihm das Recht des Dritten bekannt oder infolge grober Fahrlässigkeit unbekannt war. Die Vorschrift hat einen elementaren Gerechtigkeitsgehalt. Fährt also jemand etwa mit einem geliehenen oder geleasten Auto,[396] das durch Fremdverschulden beschädigt wird, und zahlt der Unfallverursacher gutgläubig an ihn, so kann er sich gegenüber dem Anspruch des Eigentümers aus § 823 Abs. 1 BGB auf die befreiende Wirkung nach § 851 BGB berufen. Der Bereicherungsausgleich wird wiederum durch § 816 Abs. 2 BGB verwirklicht: Der Entleiher bzw. Leasingnehmer ist als Nichtberechtigter dem Eigentümer zur Herausgabe des Geleisteten verpflichtet.

Der Verweis auf § 851 BGB darf keinesfalls fehlen. Wie oben dargestellt kann der Kandidat hier sehr schön verdeutlichen, dass er die Zusatzfrage im Kontext des Vortragsfalls versteht.

Im Sachenrecht sind die §§ 892 f. BGB zu nennen. Zugunsten desjenigen, der ein Recht an einem Grundstück oder ein Recht an einem solchen Recht durch Rechtsgeschäft erwirbt, gilt nach § 892 Abs. 1 S. 1 BGB der Inhalt des Grundbuchs als richtig, es sei denn, dass ein Widerspruch gegen die Richtigkeit eingetragen oder die Unrichtigkeit dem Erwerber bekannt ist.[397] Diese Vorschrift ist gemäß § 893 BGB insbesondere dann entsprechend anzuwenden, wenn an denjenigen, für welchen ein Recht im Grundbuch eingetragen ist, aufgrund dieses Rechts eine Leistung bewirkt wird.[398] Ohne eingetragenen Widerspruch oder Wissen des Leistenden um die Nichtberechtigung gilt der Eingetragene als wahrer Berechtigter,[399] wenn nur das Recht, auf das geleistet wird, besteht.

Diese Ausführungen verdeutlichten bereits die wesentlichen Normen und Regelungsmechanismen zu der gestellten Frage. Im Bereich des Sachenrechts könnten noch § 1155 S. 1 und § 1156 S. 1 BGB mit ihren jeweiligen Querbezügen zu bereits genannten Vorschriften erläutert werden (zu § 1156 BGB siehe bereits oben S. 107 f.). Dies wird man allerdings nur von sehr guten Bearbeitern und bei noch ausreichender Zeit erwarten können.

---

396 KG VersR 1976, 1160.
397 Instruktiv zum Grundbuch als Rechtsscheinträger *Medicus*, Besitz, Grundbuch und Erbschein als Rechtsscheinträger, Jura 2001, 294.
398 Siehe dazu auch *K. Schreiber*, Gutgläubiger Vormerkungserwerb, Jura 1994, 493.
399 RGZ 116, 177.

Innerhalb des Erbrechts ist § 2367 BGB wichtig.[400] Danach findet die Vorschrift des § 2366 BGB insbesondere dann entsprechende Anwendung, wenn an denjenigen, der in einem Erbschein als Erbe bezeichnet ist, aufgrund eines zur Erbschaft gehörenden Rechts eine Leistung bewirkt wird. Wenn also ein Nachlassschuldner an den durch Erbschein Legitimierten gutgläubig zahlt, um seine Forderung zu tilgen, wird er frei, weil er nach § 2367 BGB so gestellt wird, als habe er an den Erben selbst gezahlt.[401] Dieser hat gegen den Scheinerben den Anspruch aus § 816 Abs. 2 BGB auf Herausgabe des Gezahlten.

---

400 Dazu *Medicus*, Besitz, Grundbuch und Erbschein als Rechtsscheinträger, Jura 2001, 294, 298 f.
401 *Medicus/Petersen*, Bürgerliches Recht, 29. Auflage 2023, Rn. 572.

202 ─── III. Beispiele für einen Fall-Kurzvortrag

Kurzvortragsfall 2

1. Aufgabe

Die Witwe W ist Mieterin einer Fünfzimmerwohnung im Haus des E. Ein Zimmer bewohnt sie selbst; die übrigen vermietet sie, mit ihren Möbeln ausgestattet, an Studierende. Infolge ihrer aufwendigen Lebensführung zahlt W jedoch die Miete an E nicht. Als ein Mietrückstand von 4.800,– Euro erreicht ist, erwirkt E gegen W ein rechtskräftiges und vollstreckbares Räumungsurteil. Als W daraufhin nicht freiwillig auszieht, nutzt E eine urlaubsbedingte Abwesenheit der W, räumt ihr Zimmer, zu dem er einen Zweitschlüssel besitzt, und schafft die Habe der W in einen Schuppen auf seinem Grundstück. Die Möbel in den vier untervermieteten Zimmern behält er dagegen wegen des Mietrückstandes zurück. Die Studierenden bleiben wohnen und zahlen den mit W als Untermiete vereinbarten Betrag hinfort an E.

Sechs Monate später klagt W gegen E auf Wiedereinräumung. Jedenfalls verlangt sie die Herausgabe der in den vier Studierendenzimmern befindlichen Möbel. Sie trägt vor, E erziele deshalb, weil er die Zimmer mit ihren Möbeln vermietet habe, je Zimmer und Monat um 200,– Euro höhere Mieteinnahmen. Diesen Betrag müsse E ihr vergüten. Sie rechne hiermit gegen die Forderung auf die rückständige Miete auf. E bestreitet die um 200,– Euro pro Zimmer höheren Mieteinnahmen nicht.

1. Welche Rechte hat W gegen E?
2. Ändert sich etwas, wenn W die Aufrechnung nicht erklärt hätte?

2. Unverbindliche Lösungshinweise zur Frage 1

A) Ansprüche auf Wiedereinräumung des Besitzes
I. Anspruch aus § 861 Abs. 1 BGB

W könnte gegen E einen Anspruch aus § 861 Abs. 1 BGB haben.

1. W müsste der Besitz durch verbotene Eigenmacht im Sinne des § 858 Abs. 1 BGB entzogen worden sein. Durch die eigenmächtige Räumung des Zimmers hat E der Besitzerin W (§ 854 Abs. 1 BGB) gegen ihren Willen den Besitz ent-

---

Anmerkung: Zuerst erschienen in JA 1999, 292. Die Lösungshinweise entsprechen einer Examensklausur und sind daher zu Lernzwecken sehr ausführlich gehalten, wie es allerdings auch bei den Aktenvorträgen der Prüfungsämter mitunter der Fall ist, um den Vertretbarkeitsspielraum zugunsten der Kandidaten zu erweitern. In der Kürze der Vorbereitungs- und Sprechzeit kann natürlich auch für bessere Noten nur ein Bruchteil der folgenden Ausführungen erwartet werden.

zogen. Trotz des rechtskräftigen Räumungstitels ist die Besitzentziehung auch nicht gesetzlich gestattet. Die Besitzentziehungshandlung ist objektiv rechtswidrig, da es nicht ausreicht, dass die durch den Eingriff geschaffene Besitzlage gerechtfertigt ist, sondern es muss gerade der Eingriff, d.h. das eigenmächtige Handeln gerechtfertigt sein. Eine derartige Selbsthilfe ist hier nicht gerechtfertigt, da die Voraussetzungen der §§ 227 ff. BGB nicht vorliegen. Der Anspruch ist also entstanden.

2. Der Anspruch könnte aber nach § 864 BGB erloschen sein.

a) Ein Erlöschen nach § 864 Abs. 1 BGB kommt nicht in Betracht, weil W nach sechs Monaten, also binnen eines Jahres, geklagt hat.

b) Der Anspruch könnte aber nach § 864 Abs. 2 BGB erloschen sein. § 864 Abs. 2 BGB setzt voraus, dass nach der Verübung der verbotenen Eigenmacht durch rechtskräftiges Urteil festgestellt wird, dass dem Täter ein Recht an der Sache zusteht, vermöge dessen er die Herstellung eines seiner Handlungsweise entsprechenden Besitzstandes verlangen kann.

Problematisch ist hier allerdings, dass E das rechtskräftige Räumungsurteil nicht *nach*, sondern *vor* Verübung der verbotenen Eigenmacht erlangt hat und somit die vom Gesetz vorausgesetzte Reihenfolge nicht eingehalten ist. Ob auch in diesem Fall der Anspruch aus § 861 BGB nach § 864 Abs. 2 BGB ausgeschlossen ist, ist umstritten:

aa) Die im Schrifttum überwiegende Ansicht[402] hält am Wortlaut des § 864 Abs. 2 BGB fest. Das gesamte Besitzschutzrecht sei von der Zielsetzung geprägt, eine eigenmächtige Realisierung von Rechten zu untersagen. Lege man § 864 Abs. 2 BGB über den Wortlaut hinaus weit aus, so ermuntere das zur Selbstvollstreckung.[403] Das Verbot der Eigenmacht richte sich gerade dagegen, dass ein Recht außerhalb des Vollstreckungsverfahrens gewaltsam geltend gemacht wird. Je größer die Gewissheit der Existenz dieses Rechts – etwa infolge eines rechtskräftigen Urteils – sei, desto lockerer sei die Versuchung, es auf eigene Faust durchzusetzen. Im Übrigen könnten sich die Umstände seit der Rechtskraft der Entscheidung so verändert haben, dass die eigenmächtig hergestellte Besitzlage auch im Ergebnis unerträglich wäre.[404] Der Anspruch wäre danach nicht entsprechend § 864 Abs. 2 BGB erloschen, und ihm würde im Übrigen auch nicht die Arglisteinrede entgegenstehen („dolo facit, qui petit, quod statim redditurus est"), da diese im Besitzschutzrecht der gleichen Einschränkung unterliege: Die Regelung der §§ 863, 864 BGB präkludiere die Arglist-

402 *Heck*, Grundriss des Sachenrechts, 1930, § 14, 6c; *Wolff/Raiser*, Sachenrecht, 10. Bearbeitung 1957, § 19 Fn. 16; *Lopau*, JuS 1980, 501, 504.
403 *Harms*, Sachenrecht, WuV, 3. Auflage 1979, S. 92.
404 Staudinger/*Gutzeit* (2018), § 864 Rn. 11.

einrede, weil petitorische Einwendungen gegen die possessorischen Ansprüche nur im engen Rahmen der §§ 863, 864 BGB erhoben werden dürften.[405]

bb) Demgegenüber legt vor allem die Rechtsprechung,[406] aber auch ein Teil der Literatur[407] § 864 Abs. 2 BGB erweiternd aus. Danach muss der hier gegebene Fall ebenso behandelt werden wie der im Gesetz ausdrücklich vorgesehene. Wenn der Täter schon bei Begehung der Eigenmacht ein rechtskräftiges Urteil hatte, aufgrund dessen er dem Gegner den Besitz, dessen Wiedereinräumung der letztere aufgrund der Eigenmacht verlangen könnte, alsbald mit Hilfe des Gerichtsvollziehers seinerseits wieder entziehen dürfte, so bestehe kein Grund, dem Täter die Berufung auf dieses Urteil zu versagen. Der Grund des Ausschlusses der petitorischen Einreden gegenüber dem Besitzanspruch stehe nicht entgegen. Dieser solle nur verhindern, dass dem von der Rechtsordnung anerkannten Anspruch aus Besitzverletzung Einreden entgegengehalten werden, welche die schnelle Erledigung des Besitzanspruchs hinhalten würden; nur auf solche Einreden sei der Grundsatz gerichtet, nicht dagegen auch auf Einreden, die schon durch vollstreckbares Urteil abgesichert seien.[408]

Zudem wird angeführt, dass es unverständlich wäre, wenn das Gesetz dem Eigentümer die Berufung auf das zu seinen Gunsten ergangene Urteil zwar gestatten wollte, sofern er sich den Besitz der Sache vorher eigenmächtig verschafft hat, diese Berufung hingegen versage, falls die Eigenmacht dem Urteil nachfolgt.[409]

c) Die Ansicht der Rechtsprechung verdient Zustimmung. Die endgültige Klärung der petitorischen Rechtslage lässt jedwedes schutzwürdige Interesse des Anspruchstellers an der provisorischen Restitution des ursprünglichen Besitzstandes entfallen. Der befürchtete Anreiz zur Selbstvollstreckung darf nicht überbewertet werden. Sieht man von etwaigen strafrechtlichen Konsequenzen der Selbstvollstreckung ab, so ist dieser Weg schon wegen der dem Besitzer verbleibenden Gewaltrechte aus § 859 BGB so riskant, dass derjenige, der sich schon die Mühe gemacht hat, ein rechtskräftiges Urteil zu erstreiten, lieber den Gerichtsvollzieher mit der Durchsetzung beauftragen wird.[410]

3. Ergebnis: Demnach ist der Anspruch aus § 861 BGB entsprechend § 864 Abs. 2 BGB erloschen.

---

405 *Lopau,* Der Rechtsschutz des Besitzes, JuS 1980, 501, 504.

406 RGZ 107, 258; LG Hannover, NdsRpfl 1948, 55.

407 RGRK-*Kregel,* 12. Auflage 1979, § 864 BGB, Rn. 3; Westermann/*Gursky,* Sachenrecht, 8. Auflage 2011, § 23 II 6.

408 RGZ 107, 258, 259.

409 RGZ 107, 258, 261.

410 Westermann/*Gursky,* Sachenrecht, 8. Auflage 2011, § 23 II 6.

Hinweis: Ein anderes Ergebnis ist selbstverständlich vertretbar; entscheidend ist, dass § 864 Abs. 2 BGB gefunden und – wenn auch nicht in dieser Ausführlichkeit – sorgfältig geprüft wird.

II. Ansprüche aus § 823 BGB

1. W könnte gegen E einen Anspruch aus § 823 Abs. 1 BGB haben. Die Wiedereinräumung des Besitzes könnte sich dann infolge der nach § 249 Abs. 1 BGB geschuldeten Naturalrestitution ergeben. Voraussetzung dafür ist die Verletzung eines der von § 823 Abs. 1 BGB geschützten Rechtsgüter. Zu denken ist hier an den berechtigten Besitz als sonstiges Recht im Sinne von § 823 Abs. 1 BGB. Dieser war der W jedoch wegen des rechtskräftigen Räumungsurteils nicht mehr zugewiesen.

2. In Betracht kommt ein Anspruch nach § 823 Abs. 2 BGB in Verbindung mit § 858 BGB. Ob § 858 Abs. 1 BGB ein Schutzgesetz darstellt, wird unterschiedlich beurteilt.[411] Teilweise wird angenommen, § 858 BGB schütze in erster Linie den Rechtsfrieden und keine Individualinteressen.[412] Die Rechtsprechung[413] und die h.L.[414] halten § 858 Abs. 1 BGB dagegen für ein Schutzgesetz.

Die Frage kann hier letztlich auf sich beruhen. Denn auch wenn man § 858 Abs. 1 BGB als Schutzgesetz im Sinne des § 823 Abs. 2 BGB ansieht, kommt man im vorliegenden Fall zu dem Ergebnis, dass W keine Wiedereinräumung beanspruchen kann. Zwar hat E ausweislich des oben unter 1. Gesagten verbotene Eigenmacht begangen. Indes muss sich auch hier § 864 Abs. 2 BGB zumindest dem Sinne nach durchsetzen. Schließlich wird danach die grundsätzlich sanktionierte Eigenmacht gleichsam kassiert, wenn trotz verbotener Eigenmacht durch rechtskräftiges Urteil festgestellt ist, dass dem Täter ein dingliches Recht zusteht, kraft dessen er, wie es hier der Fall ist, die Herstellung eines seiner Handlungsweise entsprechenden Besitzzustandes verlangen kann.

III. Ansprüche aus § 1007 Abs. 1 BGB oder § 1007 Abs. 2 BGB

scheiden aus, weil es sich nicht um eine bewegliche Sache handelt.

---

411 Überblick hierzu bei *Medicus/Petersen*, Bürgerliches Recht, 29. Auflage 2023, Rn. 621, die selbst skeptisch sind.
412 *Medicus*, Besitzschutz durch Ansprüche auf Schadensersatz, AcP 165 (1965), 115, 137, 149.
413 BGHZ 20, 169, 171; 114, 305, 314.
414 *Larenz/Canaris*, Schuldrecht II/2, 13. A. 1994, § 77 III 1 c; *Wieser*, Der Schadensersatzanspruch des Besitzers aus § 823 BGB, JuS 1970, 557, 559.

B) Ansprüche auf Herausgabe der Möbel
I. Anspruch aus § 985 BGB

1. W könnte gegen E einen Anspruch aus § 985 BGB haben. Sie ist weiterhin Eigentümerin der Möbel. E, der in das Untermietverhältnis zwischen der W und den Studierenden eingetreten ist, ist allerdings nur mittelbarer Besitzer (§ 868 BGB); es fragt sich somit, was der Eigentümer vom mittelbaren Besitzer verlangen kann. Diese Frage wird unterschiedlich beantwortet.

a) Teilweise wird angenommen, dass der Eigentümer in diesem Fall lediglich die Abtretung des Herausgabeanspruchs gegen den Unterbesitzer beanspruchen kann.[415] Für die Vollstreckung kommt es danach auf § 894 ZPO an.

b) Demgegenüber geht die h.M. zu Recht davon aus, dass der Eigentümer auch vom mittelbaren Besitzer die Sache selbst herausverlangen kann.[416] Das hat den entscheidenden Vorteil, dass der Gläubiger so unabhängig vom Fortbestand des Besitzmittlungsverhältnisses vollstrecken kann: Besteht es noch, so kann sich der Eigentümer den Herausgabeanspruch des Schuldners E gemäß § 886 ZPO überweisen lassen. Ist es hingegen durch Rückgabe an den Schuldner erloschen, so kann der Gläubiger ganz normal nach §§ 883, 885 ZPO (Erwirkung der Herausgabe von Sachen durch den Gerichtsvollzieher) vorgehen.

c) Der Anspruch der W gegen E auf Herausgabe nach § 985 BGB ist also entstanden.

2. E könnte aber ein Recht zum Besitz (§ 986 BGB) zustehen, das sich aus einem Vermieterpfandrecht (§ 562 Abs. 1 S. 1 BGB) ergeben könnte.

a) Ein solches Vermieterpfandrecht ist hier auch tatsächlich entstanden, da W mit E einen Mietvertrag geschlossen hat und aus dem Mietverhältnis noch offene Verbindlichkeiten aus § 535 Abs. 2 BGB in Höhe von 4.800,– Euro bestanden, so dass E insoweit ein Vermieterpfandrecht nach § 562 Abs. 1 S. 1 BGB zusteht. Die untervermieteten Möbel sind auch pfändbar im Sinne des § 811 ZPO, so dass auch § 562 Abs. 1 S. 2 BGB nicht eingreift. Das Vermieterpfandrecht ist auch nicht nach § 562a BGB erloschen.

b) Es könnte allerdings dadurch erloschen sein, dass die zugrundeliegende Forderung nicht mehr besteht. Da das Vermieterpfandrecht ein gesetzliches Pfandrecht ist, finden gemäß § 1257 BGB die Vorschriften über das rechtsgeschäftlich bestellte Pfandrecht entsprechende Anwendung.[417] Nach § 1252 BGB erlischt das Pfandrecht mit der Forderung, für die es besteht.

---

415 So noch *Baur/Stürner,* Sachenrecht, 17. Auflage 1999, § 11 C I 2.
416 *Medicus/Petersen,* Bürgerliches Recht, 29. Auflage 2023, Rn. 448.
417 Näher dazu *Habersack,* Sachenrecht, 10. Auflage 2024, Rn. 183, 193 f.

Es fragt sich also, ob die Mietforderung des E als zugrundeliegende Forderung erloschen ist.

In Betracht kommt hier die von W erklärte (§ 388 S. 1 BGB) Aufrechnung (§ 387 BGB), infolge derer die Mietforderung nach § 389 BGB erloschen sein könnte. Voraussetzung dafür ist allerdings, dass der W ihrerseits gegen E ein aufrechenbarer Gegenanspruch zustand. Ein solcher könnte sich unter folgenden Gesichtspunkten ergeben:

aa) In Betracht kommt zunächst ein Anspruch unter dem Gesichtspunkt der Geschäftsführung ohne Auftrag. E durfte die Möbel als Pfandgläubiger nur zurückbehalten (§ 562 BGB) und verwahren (§§ 1215, 1257 BGB). Wie sich im Umkehrschluss aus §§ 1213, 1214, 1257 BGB ergibt, durfte er sie mangels Vereinbarung eines Nutzungspfands jedoch nicht weitervermieten. Die Weitervermietung stellt sich deshalb als objektiv fremdes Geschäft dar. Soweit E das Geschäft als fremdes führte, folgt der Herausgabeanspruch der W aus §§ 681 S. 2, 667 BGB.[418] Nichts anderes gilt nach §§ 687 Abs. 2, 681 S. 2, 667 BGB, wenn E das Geschäft in angemaßter Eigengeschäftsführung bewusst als eigenes betrieben haben sollte. Das ist indessen zweifelhaft, da E zwar bekannt war, dass die Möbel der W gehörten, hingegen wird er nicht positiv gewusst haben, dass ihn sein Vermieterpfandrecht nicht ohne weiteres zur Weiternutzung berechtigt hat. Somit scheiden Ansprüche aus Geschäftsführung ohne Auftrag nach § 687 Abs. 1 BGB aus, da E irrtümlich davon ausging, aufgrund des Pfandrechts auch zur Vermietung berechtigt zu sein.

Hinweis: Eine a.A. erscheint hier gut vertretbar. Im zugrundeliegenden Fall[419] hatte die W behauptet, dass E seine Nichtberechtigung kannte: „Trifft das zu, so ist der Beklagte auch nach §§ 681, 667 BGB verpflichtet, das aus der Geschäftsführung Erlangte herauszugeben".[420]

---

418 Soweit man die Geschäftsführung als unberechtigt ansieht, ist umstritten, ob der Geschäftsherr diese nach § 684 S. 2 BGB genehmigen muss, um den Anspruch aus §§ 681 S. 2, 667 BGB geltend machen zu können (so *Medicus/Petersen*, Bürgerliches Recht, 29. Auflage 2023, Rn. 432; *Fikentscher/Heinemann*, Schuldrecht, 12. Auflage 2022, Rn. 1260, 1281; *Henssler*, Grundfälle zu den Anspruchsgrundlagen im Recht der Geschäftsführung ohne Auftrag, JuS 1991, 924, 927; a. A. BGH NJW 1984, 1461, NJW-RR 1990, 109, 110; *Beuthien*, Die unberechtigte Geschäftsführung ohne Auftrag im bürgerlich-rechtlichen Anspruchssystem, Festschrift für Söllner, 2000, S. 125; *Röthel*, Rechtsfolgen der Geschäftsführung ohne Auftrag, Jura 2012, 598, 600 f.). In dem Anspruchsbegehren der W dürfte jedoch eine konkludente Genehmigung der unberechtigten Geschäftsführung ohne Auftrag zu sehen sein.
419 RGZ 105, 408.
420 RGZ 105, 408, 410.

bb) Zwar handelt es sich bei den Mieteinnahmen um Nutzungen (mittelbare Sachfrüchte, §§ 99 Abs. 3, 100 BGB), doch steht einem aufrechenbaren Gegenanspruch aus §§ 987 ff. BGB auf Nutzungsersatz bezüglich der untervermieteten Möbel das die Vindikationslage ausschließende ursprüngliche Besitzrecht des E gemäß §§ 986, 562 Abs. 1 S. 1 BGB entgegen. Auf den „nicht so berechtigten" Besitzer finden die §§ 987 ff. BGB keine Anwendung.

cc) W könnte aber zudem einen Gegenanspruch aus Bereicherungsrecht haben. § 816 Abs. 1 S. 1 BGB scheidet aus, weil die Weitervermietung keine Verfügung darstellt. In Betracht kommt aber § 812 Abs. 1 S. 1 Alt. 2 BGB. Voraussetzung hierfür ist ein Eingriff in den Zuweisungsgehalt fremden Rechts;[421] auf die Rechtswidrigkeit des Eingriffs kommt es nach heutiger bereicherungsrechtlicher Dogmatik[422] nicht mehr an. Ein Eingriff in den Zuweisungsgehalt fremden Rechts liegt hier in der Nutzung durch E: Er durfte die Möbel zurückbehalten (vgl. § 562 Abs. 1 S. 1 BGB), aber nicht nutzen und weitervermieten (§§ 1213 Abs. 1, 1257 BGB), vielmehr war dieses Recht nur der W zugewiesen. Das hat zur Folge, dass er die für die Möbel erzielten Mieteinnahmen als erlangtes Etwas im Sinne des § 812 Abs. 1 S. 1 Alt. 2 BGB herauszugeben hat, und sonach der W aus Bereicherungsrecht ein aufrechenbarer Gegenanspruch zusteht. Bezogen auf ein halbes Jahr sind das bei vier Zimmern, die jeweils einen Mehrerlös von monatlich 200,– Euro erbrachten, genau 4.800,– Euro. Das entspricht exakt der Höhe der rückständigen Miete.

c) Da beide Forderungen Geldschulden und mithin gleichartig (§ 387 BGB) sind, ist die zugrundeliegende Mietforderung im Wege der Aufrechnung vollumfänglich erloschen. Damit ist aber gemäß §§ 1252, 1257 BGB auch das Vermieterpfandrecht erloschen. Es liegt folglich kein Recht zum Besitz mehr vor, so dass das Herausgabeverlangen bezüglich der Möbel aus § 985 BGB gerechtfertigt ist.

II. Anspruch aus § 861 Abs. 1 BGB

Ein Anspruch aus § 861 Abs. 1 BGB scheidet aus, da sich E die Möbel nicht im Wege der verbotenen Eigenmacht (§ 858 Abs. 1 BGB) verschaffte. Soweit es sich um Eigenmacht handelte, war diese jedenfalls nicht verboten, § 562b BGB.

---

421 Siehe ausführlich dazu *Buck-Heeb*, Besonderes Schuldrecht 2 – Gesetzliche Schuldverhältnisse, 9. Auflage 2024, Rn. 649 ff.; *Looschelders*, Schuldrecht Besonderer Teil, 19. Auflage 2024, § 55 Rn. 6 ff.; NK-BGB/*von Sachsen Gessaphe*, 4. Auflage 2021, § 812 Rn. 80 ff.
422 *Medicus/Petersen*, Bürgerliches Recht, 29. Auflage 2023, Rn. 704 ff. m.w.N.

III. Ansprüche aus § 1007 BGB

1. W könnte weiterhin einen Anspruch aus § 1007 Abs. 1 BGB gegen E haben. Indessen war E beim Besitzerwerb nicht bösgläubig.
2. Ein Anspruch aus § 1007 Abs. 2 BGB scheitert daran, dass die Sache weder gestohlen worden noch abhanden gekommen oder verloren gegangen ist.

IV. Anspruch aus § 1223 Abs. 1 BGB

W könnte noch ein Anspruch aus §§ 1223 Abs. 1, 1257 BGB zustehen. Danach ist der Pfandgläubiger – auch eines gesetzlichen Pfandrechts, § 1257 BGB – verpflichtet, das Pfand nach dem Erlöschen des Pfandrechts dem Verpfänder zurückzugeben. Hier ist das Pfandrecht, wie oben gesehen, erloschen, so dass der W auch ein Anspruch aus § 1223 Abs. 1 BGB zusteht.

Hinweis: § 1223 BGB dürften wohl die wenigsten Bearbeiter erkennen. Schon das Finden dieser Vorschrift verdient Anerkennung.

3. Unverbindliche Lösungshinweise zur Frage 2

I. Hätte W die Aufrechnung nicht erklärt, so käme eine Anrechnung kraft Gesetzes in Betracht, die nach §§ 1214 Abs. 2, 1257 BGB möglich wäre. Zu prüfen ist daher, ob auch ohne Aufrechnungserklärung das wegen § 1257 BGB einem rechtsgeschäftlichen Pfandrecht gleich zu behandelnde Vermieterpfandrecht gleichsam von selbst erlischt. Das beurteilt sich nach Maßgabe der §§ 1204 ff. BGB.

In Betracht kommt § 1213 BGB, wonach ein Pfandrecht auch in der Weise bestellt werden kann, dass der Pfandgläubiger berechtigt ist, die Nutzungen zu ziehen. Ist das der Fall, so unterliegt der Pfandgläubiger nach § 1214 Abs. 1 BGB bestimmten Pflichten. Die Pointe liegt aber in § 1214 Abs. 2 BGB. Danach wird der Reinertrag der Nutzungen auf die geschuldete Leistung angerechnet. Hier erfolgt also eine Anrechnung kraft Gesetzes, ohne dass eine Aufrechnungserklärung seitens der W erforderlich wäre.

II. Problematisch ist indessen, dass § 1214 Abs. 2 BGB sich seiner systematischen Stellung nach nur auf § 1214 Abs. 1 BGB bezieht, der von einem nutzungsberechtigten Pfandgläubiger ausgeht, während im vorliegenden Fall der E zur Nutzung gerade nicht berechtigt war. Nach einhelliger Ansicht wurde früher dennoch eine analoge Anwendung des § 1214 Abs. 2 BGB mittels eines argumentum a fortiori bejaht: Wenn schon beim berechtigten Pfandgläubiger der Reinertrag der Nutzungen auf die geschuldete Leistung angerechnet wird, so muss dies erst recht gelten, wenn der Pfandgläubiger Nutzungen zieht, ohne sich auf eine vertragsmäßige Berechtigung dazu berufen zu können.[423]

Dem ist der BGH inzwischen mit der Begründung entgegengetreten, dass ein Pfandrecht, das dem Berechtigten eine Befriedigung auch aus Nutzungen des Pfands ermöglichen soll, nach § 1213 BGB zwingend einer Abrede bedarf.[424] Ansonsten würde die unberechtigte Weitervermietung dazu führen, dass der Pfandgläubiger für seine Mietforderungen eine größere Sicherheit erhielte, als ihm vertraglich eingeräumt ist. Für eine Analogie fehlt es danach an der erforderlichen Regelungslücke. Das bedeutet jedoch nur, dass eine Anrechnung nach § 1214 Abs. 2 BGB gegen den Willen des Pfandschuldners nicht möglich ist. Dagegen ist anerkannt, dass der Pfandschuldner die gesetzeswidrige Fruchtziehung nachträglich genehmigen kann, mit der Folge, dass § 1214 Abs. 2 BGB unmittelbar Anwendung findet.[425] Im Herausgabeverlangen der W lässt sich eine solche konkludente Genehmigung der unberechtigten Weitervermietung erblicken.

Im Ergebnis ändert sich also auch ohne eine ausdrücklich erklärte Aufrechnung nichts.

Hinweis: Da die Diskussion um den Erst-Recht-Schluss schwer zu sehen ist, wurde diese Frage bewusst ans Ende des Kurzvortrages gelegt, so dass sich besonders gute Bearbeiter noch einmal profilieren können. Sie war freilich der wesentliche Inhalt der zugrundeliegenden Reichsgerichtsentscheidung[426] und des BGH.[427]

---

423 RGZ 105, 408, 409; BGH NJW 2007, 216 Rn. 23; vgl. auch noch MüKoBGB/*Damrau*, 6. Auflage 2013, § 1214 Rn. 6.
424 BGH NJW 2014, 3570 Rn. 17.
425 RGZ 105, 408, 409; BGH NJW 2014, 3570 Rn. 18.
426 RGZ 105, 408.
427 BGH NJW 2014, 3570.

Kurzvortragsfall 3

1. Aufgabe

Der gelernte Notarzt Dr. A geht an einem heißen Hochsommertag am See spazieren und sieht, wie O zu ertrinken droht. Kurzentschlossen geht er, ohne seine Kleidung abzulegen, ins Wasser, schwimmt zu O und rettet ihn vor dem Ertrinken. Den bewusstlosen O fährt er sogleich in seine nahegelegene Praxis, versorgt ihn notfallmäßig und rettet damit sein Leben.

A verlangt von O nunmehr 100,– Euro wegen seiner bei der Rettung unbrauchbar gewordenen Kleidung. Schließlich habe er diese „aufgeopfert". Außerdem verlangt er 80,– Euro Behandlungskosten, nachdem er gehört hat, dass O Privatpatient ist. O ist empört. Als Arzt habe A schließlich so handeln müssen, er hätte sich andernfalls ja womöglich sogar strafbar gemacht. Im Übrigen könne von Aufopferung gar keine Rede sein, allenfalls sei A ein Schaden entstanden, der aber nicht ersatzfähig sei. Behandlungskosten zahle er erst recht nicht, es habe ja gar kein Behandlungsvertrag bestanden; außerdem heile A ja berufs- und gewerbsmäßig Patienten, sodass auch von daher von gleichwie gearteten Aufwendungen gar keine Rede sein könne.

O verlangt seinerseits von A Ersatz seines eigenen bei dem Rettungsversuch beschädigten Hemdes, welches A zerrissen habe. Auch dafür seien 100,– Euro erforderlich, sodass er insoweit aufrechne. A wendet zutreffend ein, das Aufreißen des Hemdes sei zur Rettung des O zwingend erforderlich gewesen.

Hat A gegen O einen unverminderten Anspruch in Höhe von 180,– Euro?

2. Unverbindliche Lösungshinweise zum Fall

A) Anspruch auf Aufwendungsersatz aus §§ 683, 670, 677 BGB auf Zahlung von 180,– Euro

A könnte gegen O einen Anspruch auf Aufwendungsersatz gemäß §§ 683, 670, 677 BGB aus berechtigter Geschäftsführung ohne Auftrag haben. Voraussetzung dafür ist zunächst eine Geschäftsführung. Geschäftsführung kann alles sein, was auch Inhalt eines Rechtsgeschäfts sein könnte und ist weit auszulegen.[428] Von daher bestehen keine Zweifel daran, dass die Rettungsmaßnahmen des A eine Geschäftsführung darstellen.

---

[428] MüKoBGB/*Schäfer*, 9. Auflage 2023, § 677 Rn. 39; *Brox/Walker*, Besonderes Schuldrecht, 48 Auflage 2024, § 36 Rn. 2.

Voraussetzung ist weiter das Vorliegen eines objektiv fremden Geschäfts, weil dann von der Rechtsprechung der Fremdgeschäftsführungswille vermutet wird.[429] Ein objektiv fremdes Geschäft liegt vor, wenn die Maßnahme ihrem äußeren Erscheinungsbild nach dem Rechts- und Zuständigkeitskreis eines anderen zugehört. Die Rettung einer fremden Person genügt dem an sich ohne Weiteres. Fraglich ist jedoch, ob hier nicht lediglich ein sogenanntes auch-fremdes Geschäft vorliegt, weil den A auch eine eigene Verpflichtung traf.[430] Er hätte sich nämlich, wenn er in Kenntnis der Notlage des O nicht gehandelt hätte, zumindest der unterlassenen Hilfeleistung gemäß § 323c StGB schuldig gemacht. Daher lag lediglich ein auch-fremdes Geschäft vor.

Ob beim auch-fremden Geschäft der Fremdgeschäftsführungswille ebenfalls vermutet wird, ist umstritten.[431] Die wohl herrschende Meinung lehnt dies mit dem Argument ab, dass sich in derartigen Fällen der Geschäftsführer nicht dem Willen des Geschäftsherrn unterordnet. Gerade diese Form der reinen Fremdnützigkeit sei aber typisch für das Recht der Geschäftsführung ohne Auftrag und rechtfertige es, dass der Fremdgeschäftsführungswille vermutet werde. Auch drohe ansonsten eine allzu große Ausweitung und Ausuferung der Geschäftsführung ohne Auftrag.

Die Rechtsprechung nimmt jedoch auch beim auch-fremden Geschäft den Fremdgeschäftsführungswillen an. Auch sei die Interessenlage letztlich keine andere. So wird auch hier der Fremdgeschäftsführungswille vermutet.

Hier können natürlich beide Ansichten mit entsprechender Begründung vertreten werden.

Die Rettung des O entsprach auch seinem wohlverstandenen Interesse. Ob hierbei der wirkliche Wille vorrangig ist – dafür spricht die Privatautonomie –, der mutmaßliche oder eben das Interesse, wird zwar mitunter uneinheitlich beantwortet,[432] kann hier jedoch dahinstehen, da nach allen in Betracht kommenden Ansichten davon auszugehen ist, dass die Rettung sowohl seinem wirklichen als auch seinem mutmaßlichen Willen und seinem Interesse entsprochen hätte.

Fraglich ist, ob und inwieweit A Aufwendungsersatz von O in Höhe der geltend gemachten 180,– Euro verlangen kann. Aufwendungen sind freiwillige Vermögensopfer. Im Hinblick auf die beschädigte Kleidung handelt es sich jedoch eher um Schäden, also unfreiwillige Vermögensopfer. Ob und inwieweit unfreiwillige Ver-

---

429 BGHZ 98, 235, 240; BGH NJW 2012, 1648, 1650.
430 Vgl. auch *Looschelders*, Schuldrecht Besonderer Teil, 19. Auflage 2024, § 43 Rn. 4 ff.
431 Zum Streitstand im Einzelnen *Medicus/Petersen*, Bürgerliches Recht, 29. Auflage 2023, Rn. 411 ff.
432 Siehe näher zum Ganzen *Looschelders*, Schuldrecht Besonderer Teil, 19. Auflage 2024, § 43 Rn. 20 ff.; *Medicus/Petersen*, Bürgerliches Recht, 29. Auflage 2023, Rn. 422 ff.

mögensopfer von §§ 683, 670 BGB umfasst sind, ist umstritten.[433] Durchgesetzt hat sich die Auffassung, dass zumindest risikotypische Folgeschäden ersetzt verlangt werden können. Diese liegen hier in Gestalt der beschädigten Kleidung vor. Für diesen Ersatz risikonaher Folgeschäden spricht auch die Wertung des § 716 Abs. 1 BGB, der im dort genannten Spezialfall bestimmte Aufwendungen und Schäden gleichsetzt.

Das erst genannte Argument sollten die Bearbeiter kennen – Schäden sind keine freiwilligen Vermögensopfer –, die Wertung des § 716 Abs. 1 BGB dürften dagegen nur die Besten sehen. Das verdient ausdrücklich Anerkennung.

Damit sind die 100,– Euro für die Kleidungskosten des A ersatzfähig. Fraglich ist wie es sich mit den 80,– Euro für die Behandlungskosten verhält. Da in Folge der Bewusstlosigkeit des O kein Behandlungsvertrag zustande kommen konnte, kommt entsprechend dem bisher Gesagten auch insoweit nur ein Aufwendungsersatzanspruch aus §§ 683, 670, 677 BGB in Betracht. Fraglich ist jedoch, ob auch insoweit Aufwendungen vorliegen, also freiwillige Vermögensopfer. Das kann man hier zwar annehmen, doch fragt sich aus einem anderen Grund, ob dies dem Aufwendungsbegriff unterfällt. Immerhin ist die Heilung und Behandlung von Patienten in der Tat Teil der beruflichen Betätigung des A, wie O zu bedenken gibt, jedoch hilft A die Wertung des § 1877 Abs. 3 BGB, sodass auch insoweit ein Anspruch besteht.[434]

Hier können die Bearbeiter mit guten Gründen anders argumentieren, es wäre jedoch schön und verdiente – ebenso wie soeben zu § 716 Abs. 1 BGB – ganz besondere Anerkennung, wenn die Wertung des § 1877 Abs. 3 BGB bekannt wäre.

Entstanden ist demnach ein Anspruch des A gegen O auf Zahlung von insgesamt 180,– Euro.

B) Gegenansprüche wegen der Beschädigung des Hemdes des O

Der Anspruch könnte jedoch in Höhe von 100,– Euro durch Aufrechnung nach § 389 BGB erloschen sein. Voraussetzung dafür ist neben der hier vorliegenden Aufrechnungserklärung (§ 388 BGB) das Bestehen einer entsprechenden Gegenforderung. Eine solche Gegenforderung des O gegen A könnte sich aus § 823 Abs. 1 BGB ergeben. Indem A beim Rettungsversuch das Hemd des O beschädigt hat, hat er fremdes Eigentum verletzt und damit den Tatbestand des § 823 Abs. 1 BGB verwirklicht.

Fraglich ist jedoch, ob dies widerrechtlich erfolgte. Als Rechtfertigungsgrund kommt A nämlich die berechtigte Geschäftsführung ohne Auftrag zugute. Somit war

---

433 Zum Folgenden grundlegend Canaris, RdA 1966, 41, 44. Vgl. MüKoBGB/*Schäfer*, 9. Auflage 2023, § 683 Rn. 41 ff.; Staudinger/*Bergmann* (2020), § 683 Rn. 62 ff.
434 Vertiefend Staudinger/*Bergmann* (2020), § 683 Rn. 58 ff.; MüKoBGB/*Schäfer*, 9. Auflage 2023, § 683 Rn. 36 ff.

die Beschädigung des Hemdes des O nicht widerrechtlich im Sinne des § 823 Abs. 1 BGB. Damit hat er keinen aufrechenbaren Gegenanspruch, sodass der Anspruch des A gegen O unvermindert auf Zahlung von 180,– Euro besteht.

In Betracht käme auch ein Anspruch auf Schadensersatz gemäß §§ 677, 280 Abs. 1 BGB. Die GoA gemäß § 677 BGB ist ein gesetzliches Schuldverhältnis im Sinne von § 280 BGB. Fraglich ist jedoch bereits die Pflichtverletzung. Zwar besteht eine Schuldnerpflicht: auch bei einer Rettungsaktion hat der Rettende (hier: Schuldner) die Rechtsgüter (hier Eigentum) des zu Rettenden zu achten. Indem A das Hemd beschädigt hat, könnte er diese Schutzpflicht verletzt haben. Jedoch war hier das Aufreißen des Hemdes zwingend zur Rettung erforderlich, so dass wohl schon keine Pflicht verletzt wurde. Wenn es nicht rechtswidrig ist, dann ist es auch nicht pflichtwidrig.[435]

Spätestens das Vertretenmüssen wird man jedoch aufgrund der Erforderlichkeit zur Rettung verneinen müssen. Anders könnte jedoch zu entscheiden sein, wenn die Zerstörung nicht zwingend erforderlich gewesen wäre zur Rettung: dann käme es auf die Frage an, ob A gemäß § 680 BGB privilegiert wäre. Dies wird für die Fälle des professionellen Tätigwerden, insbesondere im Zusammenspiel mit Ersatz der Behandlungskosten nach § 1877 Abs. 3 BGB überwiegend verneint.[436]

---

[435] So auch *Looschelders*, Schuldrecht Allgemeiner Teil, 22. Auflage 2024, § 24 Rn. 7; Erman/*Ulber*, 17. Auflage 2023, § 280 Rn. 38.

[436] Vgl. die Nachweise bei Erman/*Dornis*, 17. Auflage 2023, § 680 Rn. 2.

IV. Beispiel für einen Themen-Kurzvortrag

1. Aufgabe

Stellen Sie das Besitzrecht des BGB dar. Gehen Sie dabei auf folgende Gesichtspunkte ein:
1. Besitzer und Besitzdiener
2. Erwerb und Beendigung des Besitzes
3. Mittelbarer Besitz
4. Besitzstörungsanspruch
5. Nebenbesitz
6. Bösgläubigkeit des Besitzdieners im EBV

2. Unverbindliche Lösungshinweise zum Thema

Hinweise zur Bearbeitung

Die nachfolgenden Hinweise sind in Aufsatzform gehalten und daher ersichtlich viel zu ausführlich für eine in der Kürze der Zeit vorzutragende Lösung.[437] Die sechs Fragen können ansatzweise Punktzahlen in Dreierschritten abbilden. Wer nur einen Bruchteil des Folgenden anspricht, kann bereits mit zweistelligen Punktzahlen rechnen.

1. Besitzer und Besitzdiener

Für das Verständnis des Besitzrechts konstitutiv ist die Unterscheidung zwischen Besitzer und Besitzdiener. Mit ihr soll daher begonnen werden.

a) Der Besitzer
Das BGB definiert den Besitz nicht. Beschreibt man ihn,[438] so kann man den Besitz am besten als ein Verhältnis tatsächlicher Gewalt über die Sache ansehen.[439] Der

---

437 Zuerst erschienen in Jura 2002, 160, 163 ff.

438 Anders als die h.L. entscheidet *Ernst*, Eigenbesitz und Mobiliarerwerb, 1992, S. 33, vom Ausgangspunkt seiner Definition: „Besitzer ist, wer possessorisch geschützt ist"; hierzu näher *Wilhelm*, Sachenrecht, 5. Auflage 2016, Rn. 435 Fußnote 885.

https://doi.org/10.1515/9783111614243-014

Besitz ist geeignet, dingliche Rechte an der Sache publik zu machen (Publizitäts-funktion),[440] wie sich insbesondere an § 1006 BGB zeigt. Zudem gilt er neben Grundbuch und Erbschein als Rechtsscheinträger, wobei genau genommen nicht der Besitz selbst Rechtsscheinträger ist, sondern vielmehr die darin verwirklichte Besitzverschaffungsmacht des Veräußerers.[441]

Besitz ist aber noch mehr, er ist auch willensgetragene Sachherrschaft.[442] Aus den Regelungen der §§ 867 und 872 BGB folgt, dass es zur Besitzbegründung eines entsprechenden Willens bedarf.[443] Dabei genügt ein genereller Besitzwille, der nicht auf den Besitzerwerb an bestimmten Sachen gerichtet sein muss.[444]

Wie schwierig die Klassifizierung als Besitzer beim generellen Besitzwillen im Einzelfall sein kann, zeigt die Entscheidung des Bundesgerichtshofs zum gefundenen Tausendmarkschein.[445] Ein Kunde hatte einen solchen zwischen unter einem Regal stehenden Waren entdeckt und beim Filialleiter abgegeben, der dies vorschriftsgemäß in ein Fundbuch eintrug und den Schein in die Kasse legte. Der Kunde konnte nach Fundrecht (§ 973 BGB) nur Eigentümer geworden sein, wenn er den Schein im Rechtssinne gefunden hat. Das setzt nach § 965 Abs. 1 BGB eine verlorene Sache voraus. Verloren sind Sachen aber nur, wenn sie besitzlos sind. Es fragt sich also, ob der im Großmarkt herumliegende Geldschein besitzlos war. Der BGH hat dies mit der Begründung abgelehnt, dass der Geldschein bei der Entdeckung durch den Kunden nicht nur in der Sachherrschaft des Supermarkts lag, sondern diese auch von generellem Sachherrschaftswillen getragen war.[446] Diese Form der generalisierten Sachherrschaft reiche aus.[447] Da der Schein somit im Besitz des Supermarkts stand, handelte es sich nicht um eine verlorene Sache, die der Kunde hätte finden können. Aus denselben Gründen scheidet ein Anspruch aus

---

439 *Schreiber,* Sachenrecht, 8. Auflage 2022, Rn. 28 f., mit Nachweisen zur Gegenmeinung.

440 Zu ihr *Schreiber,* 8. Auflage 2022, Rn. 35; *Habersack,* Sachenrecht, 10. Auflage 2024, Rn. 18, 39, 147 ff.

441 *J. Hager,* Verkehrsschutz durch redlichen Erwerb, 1990, S. 239 ff.; zustimmend *Medicus/Petersen,* Bürgerliches Recht, 29. Auflage 2023, Rn. 543 Fn. 28; siehe auch *Habersack,* Sachenrecht, 10. Auflage 2024, Rn. 147.

442 *Baur/Stürner,* Sachenrecht, 18. Auflage 2009, § 7 B II 2. Diese Kurzformel geht der Sache nach zurück auf *Savigny,* Das Recht des Besitzes, 1801.

443 RGZ 106, 135, 136; RG JW 1925, 784; BGHZ 27, 360, 362; BGHZ 101, 186, 187; a.A. freilich *Heck,* Grundriss des Sachenrechts, 1930, § 10, 4.

444 BGHZ 8, 130, 131; *Wolff/Raiser,* Sachenrecht, 10. Bearbeitung 1957, § 10 III., 1.

445 BGHZ 101, 186.

446 An dieser Stelle können sich im Übrigen je nachdem, in welcher gesellschaftsrechtlichen Form der Supermarkt organisiert ist, Fragen des Organbesitzes stellen (etwa wenn der Supermarkt zu einer AG gehört); zu ihnen näher oben im Anhang zum 10. Prüfungsgespräch.

447 BGHZ 101, 186, 188 ff.; skeptisch *Wilhelm,* Sachenrecht, 7. Auflage 2021, Rn. 473.

Verwahrungsvertrag aus, da hierfür nach § 688 BGB die Übergabe der Sache durch den Kunden an den Filialleiter erforderlich ist. Die Übergabe als Besitzverschaffung ist aber schon begrifflich nicht möglich, wenn der Schein bereits im Besitz des Supermarkts ist.[448]

b) Der Besitzdiener

Im Unterschied zu § 854 Abs. 1 BGB ist der Besitzdiener nach der unmissverständlichen Aussage des § 855 BGB a.E. nicht Besitzer.[449] Der Besitzdiener hat zwar die tatsächliche Gewalt über die Sache inne, besitzt sie aber nicht im Rechtssinne. Besitzdiener ist, wer in einem sozialen, also nicht lediglich wirtschaftlichen,[450] Abhängigkeitsverhältnis zum Besitzer steht und in dessen Haushalt oder Erwerbsgeschäft im weitesten Sinne die tatsächliche Gewalt über die Sache ausübt.[451]

Der Unterschied zwischen Besitzer und Besitzdiener zeigt sich im vom Bundesgerichtshof entschiedenen Platzanweiserin-Fall,[452] der dem eben behandelten Fall ähnelt, jedoch einen signifikanten Unterschied aufweist: Dort hatte kein Kunde, sondern eben eine Platzanweiserin einen im Kino liegengebliebenen Brillantring entdeckt. Ungeachtet der Klärung der Frage, ob der Kino-Inhaber zum Zeitpunkt des vermeintlichen Fundes Besitzer war, wurde er es spätestens in dem Augenblick, als die Platzanweiserin den Ring an sich nahm.

Da die Platzanweiserin in einem sozialen und wirtschaftlichen Abhängigkeitsverhältnis zum Kino-Inhaber stand, war sie nur Besitzdienerin. Darüber hinaus war sie vertraglich zum Durchsuchen des Kinosaales und zur Ablieferung von Fundstücken bei der Geschäftsleitung verpflichtet, so dass sich ihr Abhängigkeitsverhältnis auch auf den Fund erstreckte. Damit hat sie aber durch die Ansichnahme des Ringes die tatsächliche Gewalt an dieser Sache für den Kino-Inhaber ausgeübt, so dass nach § 855 BGB nur dieser Besitzer und damit zugleich Finder im Sinne des § 965 BGB wurde. Im Übrigen wäre auch ein etwaiger Wille der Platzanweiserin, für sich selbst zu erwerben, unbeachtlich, weil es nur darauf ankommt, ob der Besitzdiener aufgrund des Abhängigkeitsverhältnisses handelt. Mithin hielt sich der Vorgang im Rahmen des Besitzdienerverhältnisses.

---

448 *Dubischar,* Fundbesitz im Selbstbedienungsmarkt, JuS 1989, 703, 704.
449 Zum Sonderproblem der Bösgläubigkeit des Besitzdieners im Rahmen des § 990 BGB siehe sogleich unter 6.
450 BGHZ 27, 360, 363; auch eine schuldrechtliche Aufbewahrungspflicht reicht nicht aus; vgl. BGH DB 1956, 963.
451 *Enders* klassifiziert den Begriff des Besitzdieners in seiner gleichlautenden Dissertation von 1991 methodologisch als Typusbegriff.
452 BGHZ 8, 130.

2. Erwerb und Beendigung des Besitzes

Der Besitz wird regelmäßig durch nach außen erkennbare tatsächliche Sachherr-schaft erworben. Zweifelhaft ist, ob der Besitz eine gewisse Dauer des Herr-schaftsverhältnisses über die Sache voraussetzt. Die frühere Rechtsprechung[453] und ein bedeutender Teil der Lehre[454] bejahen dies. Eine trennscharfe Abgrenzung – insbesondere im Hinblick auf den erforderlichen Zeitraum[455] – lässt sich mit dem Kriterium der Dauer indes nicht erreichen, zumal sich durchaus kurzfristige Sachbeziehungen vorstellen lassen, deren Schutzwürdigkeit außer Zweifel steht.[456] Vorübergehende physische Einwirkungsmöglichkeiten auf die Sache sollten zu-mindest dann besitzbegründend wirken können, wenn die Sache entweder bislang besitzlos war oder die Möglichkeit seitens des bisherigen Besitzers, auf die Sache einzuwirken, aufgehoben wird.[457]

Eine in der Fallbearbeitung oft übersehene Möglichkeit des Besitzerwerbs vollzieht sich nach § 854 Abs. 2 BGB. Danach genügt die Einigung des bisherigen Besitzers und des Erwerbers zum Besitzerwerb, wenn der Erwerber in der Lage ist, die Gewalt über die Sache auszuüben. Paradigmatisch ist die Veräußerung von im Wald gelagerten Holz, also einer Sache, die an sich jedermann frei zugänglich ist. Man spricht daher im Fall des § 854 Abs. 2 BGB von „offenem Besitz".[458] § 854 Abs. 2 BGB ist häufig beim Merkmal Übergabe im Sinne des § 929 S. 1 BGB zu prüfen. Da man darunter den Verlust jeglichen Besitzes auf Seiten des Veräußerers und die Erlangung irgendeiner Form von Besitz auf der Erwerberseite versteht, kommt als solcher eben auch der offene Besitz im Sinne des § 854 Abs. 2 BGB in Betracht. Die danach erforderliche Einigung ist nach Rechtsprechung[459] und h.M.[460] rechtsge-schäftlicher Natur, so dass für sie die §§ 104 ff. BGB gelten.

---

453 RGZ 75, 221, 223; 92, 265, 268.

454 *Baur/Stürner*, Sachenrecht, 18. Auflage 2009, § 7 Rn. 7; *Müller*, Sachenrecht, 4. Auflage 1997, Rn. 84 f.

455 Darauf aufmerksam macht *Heck*, Grundriss des Sachenrechts, 1930, § 6 sub 5.

456 Vgl. nur Westermann/*Gursky*, Sachenrecht, 8. Auflage 2011, § 8 II 7.

457 So treffend *Schreiber*, Sachenrecht, 8. Auflage 2022, Rn. 44.

458 Vgl. *Schreiber*, Sachenrecht, 8. Auflage 2022, Rn. 55.

459 BGHZ 16, 259, 263.

460 *Baur/Stürner*, Sachenrecht, 18. Auflage 2009, § 7 Rn. 22; *Müller*, Sachenrecht, 4. Auflage 1997, Rn. 111; allerdings mit der Einschränkung, dass die Sache nach erfolgter Anfechtung trotz § 142 Abs. 1 BGB gleichwohl nicht abhanden gekommen (vgl. § 935 Abs. 1 BGB) sein soll; vgl. hierzu Westermann/*Gursky*, Sachenrecht, 8. Auflage 2011, § 12 III 2.; a.A. *Schreiber*, Sachenrecht, 8. Auf-lage 2022, Rn. 56 (Einigung ist nur tatsächliches Einverständnis); *Joost*, Gedächtnisschrift für D. Schultz, 1987, S. 171, 174; kritisch dazu *Ernst*, Eigenbesitz und Mobiliarerwerb, 1992, S. 161.

Beendet wird der Besitz nach § 856 Abs. 1 BGB durch den Verlust der tatsächlichen Sachherrschaft, geschehe dies freiwillig oder unfreiwillig; im letzteren Fall liegt freilich ein Abhandenkommen im Sinne des § 935 Abs. 1 BGB vor. Das kann insbesondere im Fall der widerrechtlichen Drohung nach § 123 Abs. 1 Alt. 2 BGB der Fall sein, die zumindest[461] dann zu unfreiwilligem Besitzverlust führt, wenn sie von einigem Gewicht ist und welcher der Besitzer vernünftigerweise allein durch Hingabe der Sache begegnen kann.[462]

3. Mittelbarer Besitz

War soeben von normativen Erweiterungen des Besitzes die Rede, so wird der mittelbare Besitz gerne als „vergeistigte Sachherrschaft" bezeichnet.[463] Das faktische Element tritt hier zurück und wird dadurch kompensiert, dass der unmittelbare Besitzer den mittelbaren gleichsam als „Oberbesitzer" anerkennt.[464] Demgemäß ist nicht entscheidend, dass das zwischen beiden bestehende Besitzmittlungsverhältnis rechtlich wirksam ist,[465] als vielmehr, dass das Besitzmittlungsverhältnis ernstlich gewollt ist[466] und der unmittelbare Besitzer den mittelbaren als solchen anerkennt, etwa indem er seinen Weisungen Folge leistet.[467] Das gilt zumal dann, wenn die wirkliche Rechtslage und das Verhalten der Parteien auseinanderfallen, wie es etwa bei der Mietzahlung an den Scheinerben der Fall sein kann.[468]

---

461 Weitergehend *Baur/Stürner*, Sachenrecht, 18. Auflage 2009, § 7 Rz. 28, § 52 Rn. 43: widerrechtliche Drohung schließt regelmäßig die Freiwilligkeit aus.
462 Vgl. *Schreiber*, Sachenrecht, 8. Auflage 2022, Rn. 60.
463 Erman/*Elzer*, 17. Auflage 2023, § 868 Rn. 1. *Wendt*, Der mittelbare Besitz des bürgerlichen Gesetzbuches, AcP 87 (1897), 40, 49, sieht darin eine fingierte Sachherrschaft, doch dürfte dies nur ein Streit um Worte sein.
464 Nur eine Interessenverschmelzung, aber keine echte Sachherrschaft erblicken im mittelbaren Besitz *Müller-Erzbach*, Das Recht des Besitzes: aus der vom Gesetz vorausgesetzten Interessen- und Herrschaftslage entwickelt, AcP 142 (1936), 5, 37 ff.; *Wieling*, Voraussetzungen, Übertragung und Schutz des mittelbaren Besitzes, AcP 184 (1984), 439.
465 A.A. wohl noch das RG; vgl. RGZ 86, 262, 265 (fehlende Vertretungsmacht); 98, 131, 134 (mangelnde Geschäftsfähigkeit des Oberbesitzers); BGH NJW 1955, 499 stellt nur auf den Willen des Besitzmittlers ab, ohne sich mit der Rechtsprechung des Reichsgerichts auseinanderzusetzen.
466 MüKoBGB/*Schäfer*, 9. Auflage 2023, § 868 Rn. 15; Staudinger/*Gutzeit* (2018), § 868 Rn. 16; Erman/*Elzer*, 17. Auflage 2023, § 868 Rn. 5; *Wieling*, Voraussetzungen, Übertragung und Schutz des mittelbaren Besitzes, AcP 184 (1984), 439, 441 f.; sowie aus der Rechtsprechung KG OLGZ 18, 140.
467 *Lopau*, Der Rechtsschutz des Besitzes, JuS 1980, 501, 502.
468 So bspw. Erman/*Werner*, 10. Auflage 2000, § 868 Rn. 9; enger *Wolff/Raiser*, Sachenrecht, 10. Bearbeitung 1957, § 8 I. 3.

Das Besitzmittlungsverhältnis muss aber stets dem Spezialitätsprinzip entsprechen und sich auf bestimmte Sachen und nicht lediglich einen wertmäßig
bestimmten Anteil an einer Sachgesamtheit beziehen.[469] Es muss darüber hinaus
als solches ausreichend bestimmt („konkret") sein, indem es die Rechte und
Pflichten hinsichtlich der Nutzung und Verwaltung hinreichend klar zum Ausdruck bringt,[470] was freilich auch stillschweigend geschehen kann.[471] So ist etwa die
Vereinbarung eines Eigentumsvorbehalts hinreichend konkret.[472] Bei der Sicherungsübereignung muss der Sicherungsvertrag allerdings die Pflichten des Siche-
rungsnehmers konkretisieren, so dass insbesondere festgelegt ist, dass der Sicherungsnehmer die Sache zur Befriedigung wegen der gesicherten Forderung
herauszugeben und im Übrigen mit ihr entsprechend dem Sicherungszweck zu
verfahren hat.[473]

Voraussetzung für den mittelbaren Besitz ist ferner, dass der Oberbesitzer
einen – sei es auch bedingten und nicht notwendigerweise fälligen – Herausgabeanspruch gegen den Besitzmittler hat.[474] Ohne den Herausgabeanspruch könnte
nämlich der mittelbare Besitzer seine Sachherrschaft nicht durchsetzen.[475] Woraus
sich dieser Herausgabeanspruch ergibt, ist nicht entscheidend. So muss er nicht
unbedingt aus dem Rechtsverhältnis resultieren, das die Beteiligten selbst für das
Besitzmittlungsverhältnis halten.[476] Er kann daher durchaus auch aus einem gesetzlichen Schuldverhältnis, etwa aus ungerechtfertigter Bereicherung oder Geschäftsführung ohne Auftrag (insbesondere aus §§ 681 S. 2, 667 BGB) herrühren
oder aus § 985 BGB begründet sein.[477] Nicht hinreichend ist dagegen das bloße, d. h.
ohne Vereinbarung eines Verwaltungs- oder Nutzungsverhältnis gegebene Ver-
sprechen, die Sache herauszugeben, weil dies nicht mehr als ein abstraktes Besitzkonstitut wäre.[478]

§ 869 BGB stellt den mittelbaren Besitzer im Hinblick auf den Besitzschutz
weitgehend gleich. Anders als in § 860 BGB für den Besitzdiener ist nicht gesetzlich

---

469 RGZ 52, 385, 390.
470 RGZ 49, 170; 54, 396; *Baur/Stürner*, Sachenrecht, 18. Auflage 2009, § 51 Rn. 22.
471 RG HRR 1933 Nr. 1186.
472 BGHZ 10, 69, 71.
473 RG JW 1929, 2149; BGH NJW 1979, 2308 f.
474 BGHZ 10, 81, 87; Erman/*Elzer*, 17. Auflage 2023, § 868 Rn. 8 ff.; skeptisch *Planck/Brodmann*,
§ 868 Rn. 3, *Wieling*, Voraussetzungen, Übertragung und Schutz des mittelbaren Besitzes, AcP 184
(1984), 439, 445 ff.
475 RG Gruchot 47 (1903), 203; RGZ 132, 183, 186; Staudinger/*Gutzeit* (2018), § 868 Rn. 23.
476 Westermann/*Gursky*, Sachenrecht, 8. Auflage 2011, § 16 5.c), § 17 6. a.E.; *Baur/Stürner*, Sachenrecht, 18. Auflage 2009, § 7 Rn. 44.
477 Vgl. Staudinger/*Gutzeit* (2018), § 868 Rn. 23.
478 Staudinger/*Gutzeit* (2018), § 868 Rn. 20.

geregelt, ob dem mittelbaren Besitzer auch die Gewaltrechte des § 859 BGB zustehen. Ertappt also etwa der Verleiher den Dieb auf frischer Tat, so stellt sich die Frage, ob er gegen ihn nach § 859 BGB vorgehen kann. Das lässt sich nicht mit einem Umkehrschluss aus § 869 BGB verneinen.[479] Ebenso gut könnte man sagen, dass § 859 BGB nur ganz allgemein vom Besitzer spricht und also auch den mittelbaren meint.[480] Richtigerweise wird man dem mittelbaren Besitzer zumindest für die Restituierung der Besitzverhältnisse, d.h. zur Rückführung der Sache an den Besitzmittler, die Befugnisse aus § 859 BGB zuerkennen müssen.[481]

Die Übertragung des mittelbaren Besitzes durch Rechtsgeschäft ermöglicht § 870 BGB, indem der bisherige mittelbare Besitzer seinen Herausgabeanspruch an den Erwerber abtritt, § 398 BGB. Die Übertragung des mittelbaren Besitzes auf diese Weise dient häufig der Übertragung des Eigentums nach § 931 BGB.[482]

4. Der Besitzstörungsanspruch

Der Anspruch aus § 862 BGB auf Beseitigung der Besitzstörung gehört ebenso wie § 861 BGB zu den possessorischen Ansprüchen,[483] so dass der Schutz hier wie dort auch nur vorläufig wirkt,[484] und schützt ebenso wie dieser auch den mittelbaren Besitzer, § 869 BGB. Er ist kein Schadensersatzanspruch und demgemäß auch nicht auf eine Geldentschädigung,[485] sondern nur auf die Herstellung des vor der Störung bestehenden Zustandes (§ 862 Abs. 1 S. 1 BGB) bzw. die Unterlassung der Besitzstörung (§ 862 Abs. 1 S. 2 BGB) gerichtet. Anspruchsgegner ist der jeweilige Handlungs- oder Zustandsstörer. Im Übrigen sind die Voraussetzungen dieselben wie bei § 861 BGB.

Auf der Rechtsfolgenseite gelten für den Beseitigungsanspruch ebenso wie bei § 1004 BGB[486] Besonderheiten. Da der Anspruch nämlich kein Verschulden voraussetzt, muss der Anspruchsumfang zur Vermeidung von Wertungswidersprüchen mit den §§ 823 ff. BGB enger gefasst sein, als es nach den §§ 249 ff. BGB der Fall wäre. Geschuldet ist demnach nicht unbedingt Naturalrestitution gemäß § 249

---

479 So auch *Lopau*, Der Rechtsschutz des Besitzes, JuS 1980, 501, 503.
480 Gegen eine Anwendung des § 859 BGB auf den nur mittelbaren Besitzer RGRK-*Kregel*, 12. Auflage 1979, § 869 Rn. 1.
481 In diese Richtung *Lopau*, Der Rechtsschutz des Besitzes, JuS 1980, 501, 504.
482 *Schreiber*, Sachenrecht, 8. Auflage 2022, Rn. 73.
483 Vgl. auch *Schreiber*, Possessorischer und petitorischer Besitzschutz, Jura 1993, 440, 441.
484 *Medicus/Petersen*, Bürgerliches Recht, 29. Auflage 2023, Rn. 438.
485 BGH WM 1976, 1056.
486 Dazu *Larenz/Canaris*, Schuldrecht II/2, 13. Auflage 1994, § 86.

Abs. 1 BGB, und auch der Anspruch auf Geldersatz entsprechend § 251 Abs. 1 BGB bei Unmöglichkeit naturaler Beseitigung ist ausgeschlossen.[487] Richtigerweise kann der Berechtigte nur den *actus contrarius*, also die Umkehr der konkreten Störung verlangen,[488] nicht aber den Zustand, der jetzt ohne das störende Ereignis bestehen würde.

5. Der Nebenbesitz

Eine nicht ausdrücklich geregelte Ausprägung des Besitzes stellt der sogenannte Nebenbesitz dar,[489] von dem denn auch zweifelhaft und umstritten ist, ob es ihn überhaupt gibt.[490] Die Frage stellt sich bei der Auslegung des § 934 BGB, der den gutgläubigen Erwerb im Falle der Abtretung des Herausgabeanspruchs nach § 931 BGB regelt. Dabei geht es vor allem um die Frage, unter welchen Voraussetzungen mittelbarer Besitz im Rahmen des § 934 BGB vorliegt. Es sind vor allem zwei Entscheidungen, die unter dem Stichwort „Nebenbesitz" Bekanntheit erlangt haben.

a) Der Zuckerfall des Reichsgerichts

Das Reichsgericht hatte folgenden Fall zu entscheiden:[491] E verkauft dem V Zucker unter Eigentumsvorbehalt, der bei einem Lagerhalter eingelagert wird. V, der sich bereits vor vollständiger Kaufpreiszahlung als Eigentümer geriert, veräußert den Zucker an den gutgläubigen K durch Abtretung seines vorgeblichen Herausgabeanspruchs gegen den Lagerhalter, der ihm daraufhin einen Namenslagerschein ausstellt, andererseits aber auch dem E bestätigt, dass er den Zucker für ihn verwahre.

Das Reichsgericht hat hier einen Eigentumserwerb des K nach §§ 931, 934 Alt. 2 BGB mit der Begründung angenommen, dass er den erforderlichen mittelbaren Besitz durch die Anerkennung des Lagerhalters als solcher erlangt habe. Dass

---

487 *Medicus*, Besitzschutz durch Ansprüche auf Schadensersatz, AcP 165 (1965), 115, 116.
488 Das Kriterium hat *F. Baur*, Der Beseitigungsanspruch nach § 1004 BGB, AcP 160 (1961), 465, 487, zu § 1004 BGB entwickelt; zustimmend bezüglich § 862 BGB *Medicus*, Besitzschutz durch Ansprüche auf Schadensersatz, AcP 165 (1965), 115, 116 mit Fn. 3.
Anmerkung: Zuerst erschienen in Jura 2002, 255, 261 f.

489 Eingehend dazu *Medicus*, Gedanken zum Nebenbesitz, Festschrift für H. Hübner, 1984, S. 611 ff.
490 Ablehnend etwa *Tiedtke*, Gutgläubiger Erwerb, 1985, S. 18 („Nebenbesitz ist ein Widerspruch in sich").
491 RGZ 135, 75; vgl. auch RGZ 138, 265.

dieser ein Doppelspiel zu Lasten des Eigentümers betrieben hatte, schadete dem Eigentumserwerb also nach Auffassung des Reichsgerichts nicht.[492]

b) Der Fräsmaschinenfall des Bundesgerichtshofs

Umstrittener noch ist die Richtigkeit einer Entscheidung des Bundesgerichtshofs,[493] der folgender Sachverhalt zugrunde lag: V verkauft und liefert dem K eine Fräsmaschine unter Eigentumsvorbehalt. K nimmt vor vollständiger Zahlung des Kaufpreises ein Darlehen bei seiner Bank auf und übereignet ihr die Fräsmaschine zur Sicherheit, wobei zugleich ein Besitzkonstitut vereinbart wird. Die Bank tritt daraufhin die Rechte aus der Sicherungsübereignung an D ab, der nun mit V über das Eigentum streitet.

Der Bundesgerichtshof hat hier die Voraussetzungen des § 934 Alt. 1 BGB als gegeben angesehen und somit einen Eigentumserwerb des D angenommen. Die Bank habe qua Besitzkonstitut mittelbaren Besitz erlangt und ihren Herausgabeanspruch an D abgetreten.

c) Kritik

Im Schrifttum sind beide Urteile auf massive Kritik gestoßen.[494] Beiden Fällen ist gemeinsam, dass ursprünglich Berechtigter und Erwerber als Nebenbesitzer zueinander stehen; als solche sind sie aber besitzrechtlich gleich nah und gleich fern von der Sache weg. Das aber kann nach Ansicht der h.M. nicht zum Eigentumserwerb ausreichen, weil die §§ 932 ff. BGB verlangen, dass der Erwerber besitzrechtlich näher an die Sache heranrückt als der ehedem Berechtigte.[495] Das ist

---

492 Ein ähnliches Beispiel für zwiespältiges Verhalten eines Lagerhalters betrifft BGH WM 1979, 771, 773; dazu *Tiedtke*, Die Übereignung eingelagerter Ware bei Ausstellung eines Lagerscheins, WM 1979, 1142, 1144; vgl. auch *Gursky*, Die neuere höchstrichterliche Rechtsprechung zum Mobiliarsachenrecht, JZ 1984, 604 f.; ablehnend *Medicus*, Gedanken zum Nebenbesitz, Festschrift für H. Hübner, 1984, S. 611, 621.

493 BGHZ 50, 45.

494 *Medicus*, Gedanken zum Nebenbesitz, Festschrift für H. Hübner, 1984, S. 611 ff.; *Picker*, Mittelbarer Besitz, Nebenbesitz und Eigentumsvermutung in ihrer Bedeutung für den Gutglaubenserwerb, AcP 1988 (188), 511 ff.; *Wolff/Raiser*, Sachenrecht, 10. Bearbeitung 1957, § 69 Fn. 22; *Wieling*, Sachenrecht, 2. Auflage 2006, Band 1, § 6 III 3 b; *Habersack*, Sachenrecht, 10. Auflage 2024, Rn. 167 f. Dort auch instruktiv zum andernfalls drohenden Wertungswiderspruch zwischen § 933 BGB und § 934 BGB; vgl. andererseits aber auch *Tiedtke*, Erwerb beweglicher und unbeweglicher Sachen kraft guten Glaubens, Jura 1983, 460, 465 ff.

495 *Medicus/Petersen*, Bürgerliches Recht, 29. Auflage 2023, Rn. 561, unter Verweis auf *Wacke*, Das Besitzkonstitut als Übergabesurrogat, 1968, S. 54 ff.

zutreffend, denn das Bestandsinteresse muss in diesem Fall dem Erwerbsinteresse vorgehen.[496]

6. Die Bösgläubigkeit des Besitzdieners im EBV

§ 990 BGB geht von der Bösgläubigkeit des Besitzers beim Besitzerwerb[497] aus. Mitunter ist aber nur der Besitzdiener bösgläubig und der Besitzer selbst redlich. Dann stellt sich die Frage, ob die Unredlichkeit des Besitzdieners dem Besitzer zugerechnet werden kann. § 278 BGB ist in Ermangelung einer Sonderverbindung zwischen Eigentümer und Erwerber unanwendbar.[498] § 166 Abs. 1 BGB passt zumindest nicht direkt, weil es nicht um die rechtlichen Folgen einer Willenserklärung geht. Der Bundesgerichtshof hat die Vorschrift aber analog angewendet[499] und dabei Gefolgschaft von Seiten des Schrifttums gefunden.[500] Vorzugswürdig ist die Gegenansicht, die sich auf § 831 BGB beruft, der ebenso wie § 990 BGB einen „deliktsrechtlich gestreckten Tatbestand"[501] betrifft und auch deshalb näher liegt als § 166 BGB, weil die §§ 989 ff. BGB nicht zuletzt deliktsrechtliche Sonderregeln darstellen[502] und § 831 BGB damit in einem engeren Sachzusammenhang zur vorliegenden Frage steht. Entscheidend für diese Ansicht spricht ein ansonsten drohender Wertungswiderspruch: Wenn vor dem Erwerb der Sache durch den Gehilfen nur nach § 831 BGB mit der Exkulpationsmöglichkeit nach § 831 Abs. 1 S. 2 BGB gehaftet wird, dann kann nach Besitzerwerb nicht strenger, nämlich ohne

---

496 Zur wertungsjuristischen Analyse der Entscheidungen *Petersen*, Von der Interessenjurisprudenz zur Wertungsjurisprudenz, 2001, S. 77, 80.

497 Gleichgestellt wird vom BGH der Fall, dass Fremdbesitz im Nachhinein in Eigenbesitz umgewandelt wird (BGHZ 31, 129, 133). Das ist sachgerecht, weil der Besitzer seinem Besitz dann „einen neuen Charakter geben will" (so prägnant MüKoBGB/*Raff*, 9. Auflage 2023, § 990 Rn. 15) und ihm mithin eine erneute Vergewisserung über sein Besitzrecht zumutbar ist.

498 BGHZ 16, 259, 262; siehe auch *S. Lorenz*, Mala fides superveniens im Eigentümer-Besitzer-Verhältnis und Wissenszurechnung von Hilfspersonen, JZ 1994, 549, 550 m.w.N.

499 BGHZ 32, 53; 41, 17, 21, 22; zuvor hat der BGH etwas unentschieden „den in §§ 166, 831 BGB enthaltenen Rechtsgedanken" herangezogen; vgl. BGHZ 16, 259, 262.

500 Vgl. nur die Anmerkung von *L. Raiser*, JZ 1961, 26; *Richardi*, Die Wissensvertretung, AcP 1969 (169), 385, 393; *Limbach*, Geschäfte eines Edelmanns, JuS 1983, 291, 293; *S. Lorenz*, Mala fides superveniens im Eigentümer-Besitzer-Verhältnis und Wissenszurechnung von Hilfspersonen, JZ 1994, 550, 551.

501 So *Baur/Stürner*, Sachenrecht, 18. Auflage 2009, § 5 II 1 c bb; kritisch zum Ganzen MüKoBGB/*Raff*, 9. Auflage 2023, § 990 Rn. 23 ff.

502 *Medicus/Petersen*, Bürgerliches Recht, 29. Auflage 2023, Rn. 581; a.A. MüKoBGB/*Raff*, 9. Auflage 2023, § 990 Rn. 25.

Exkulpationsmöglichkeit, für eine Schädigung gehaftet werden müssen.[503] Denn den §§ 987 ff. BGB liegt die Wertung zugrunde, dass der besitzende Schädiger gegenüber dem nichtbesitzenden tendenziell privilegiert wird.[504]

---

503 Das Argument geht zurück auf *H. Westermann*, Sachenrecht, 5. Auflage 1966, § 14 3.; in der Nachfolge wurde die Ansicht freilich aufgegeben von Westermann/*Gursky*, 8. Auflage 2011, § 13 3.
504 *Medicus/Petersen*, Bürgerliches Recht, 29. Auflage 2023, Rn. 581.

Teil IV: **Der Verbesserungsversuch**

I. Allgemeine Hinweise

Die Ausbildungsordnungen der Bundesländer gewähren auch nach bestandener erster juristischer Staatsprüfung unter bestimmten Voraussetzungen einen Versuch zur Notenverbesserung.[505]

1. Praktische Probleme

Die Kandidatinnen und Kandidaten stehen dann ungeachtet des zwischenzeitlichen Examenserfolges vor der schwierigen Entscheidung, ob sie den gesamten Examensstoff wiederholen wollen oder mit lediglich punktueller Vorbereitung die Verbesserungsmöglichkeit in Anspruch nehmen. Wegen der knapp bemessenen Zeit – häufig durch Warten auf einen Referendariatsplatz überbrückt – scheidet die Wiederholung des insbesondere gesamten zivilrechtlichen Examensstoffs häufig aus. Die Erfahrungen haben jedoch gezeigt, dass es mitunter gar nicht unbedingt Wissensdefizite sind, die das angestrebte verbesserte Examensergebnis vereiteln, sondern häufig methodische Unzulänglichkeiten im Bereich der Subsumtion.

2. Verbesserung der Prüfungsmethode

Daher soll im Folgenden die Überlegung angestellt werden, ob diese mögliche Grundlagenungewissheit durch Verdeutlichung des sogenannten inneren Systems der Privatrechtsordnung behoben werden kann. Einige der nachfolgenden Beispiele greifen daher bewusst auf Ergebnisse zurück, die im Rahmen der Prüfungsgespräche ermittelt wurden, andere behandeln beispielhaft Konstellationen, in denen die erforderliche Widerspruchsfreiheit des juristischen Gutachtens zum Problem werden kann, weil diesbezügliche Fehler im Rahmen der Benotung erfahrungsgemäß gravierend zu Buche schlagen. Auf diese – durchaus juristisch anspruchsvolle – Weise lässt sich möglicherweise durch eine kurzfristige, aber methodisch intensive Vergegenwärtigung des im Examen prinzipiell Bedeutsamen in vergleichsweise kurzer Zeit die Prüfungstechnik strukturell verbessern, ohne dass der gesamte Prüfungsstoff wiederholt werden muss.

---

[505] Siehe zu einer Bilanz seit Einführung der Notenverbesserung *Kilian*, JuS 2016, 669.

https://doi.org/10.1515/9783111614243-015

3. Sinnhaftigkeit des Anspruchsaufbaus

Der Anspruchsaufbau, insbesondere die Verwirklichung des Grundsatzes der Anspruchskonkurrenz, wird vereinzelt als unpraktisch erachtet. Diese Kritik ist auch seitens der universitären Lehre aufgegriffen worden, die in den vergangenen Jahrzehnten geltend gemacht habe, dass das Prüfen von gegensätzlichen Ansprüchen dem praktischen Leben nicht hinlänglich gerecht werde. Man muss sich jedoch vergegenwärtigen, dass gerade die an Anspruchsgrundlagen orientierte gutachtliche Prüfung von Fällen ein wesentlicher Fortschritt gegenüber einer Prüfungsmethode ist, die Rechtsprobleme nur abstrakt darstellt.[506] Gerade das Denken in „Anspruch und Einwendung als Rückgrat einer zivilrechtlichen Lehrmethode"[507] ist daher sinnvoll und zur angemessenen Vorbereitung auf die Praxis unumgänglich.[508]

4. Inneres und äußeres System

Im Folgenden soll dargestellt werden, dass die Prüfung nach Anspruchsgrundlagen das zur Geltung bringt und die Abbildung dessen ist, was *Philipp Heck* als das „innere System" der Rechtsordnung bezeichnet hat.[509] Da Anspruchsgrundlage und Anspruchsaufbau miteinander zusammenhängen, rechtfertigt es sich, von einer einzelnen Abbildung zu sprechen und nicht von mehreren Abbildungen. *Heck* unterscheidet vom äußeren System, das die nach außen hervortretende gesetzgeberische Ordnung und Reihenfolge der Vorschriften bildet, ein inneres System, das

---

Anmerkung: Zu Ausbildungszwecken überarbeitete, gekürzte und aktualisierte Fassung des ursprünglich unter dem Titel „Anspruchsgrundlage und Anspruchsaufbau als Abbildung des inneren Systems der Privatrechtsordnung" in der zweiten Festschrift für Dieter Medicus, 2009, S. 295–309 erschienenen Beitrags.

506 *Canaris*, Festschrift für Medicus, 1999, S. 25, 27: „Sonst erhalten wir Juristen, die zwar schöne rechtliche Essays schreiben und gefällig über juristische Probleme parlieren können, vielleicht auch mit juristischem Bildungsgut zu prunken verstehen, den praktischen und damit den eigentlichen Aufgaben des Juristen aber ohne das nötige Rüstzeug gegenüberstehen (...)."
507 *Medicus*, AcP 174 (1974), 313. Lesenswert auch *Leenen*, Anspruchsaufbau und Gesetz: Wie die Methodik der Fallbearbeitung hilft, das Gesetz leichter zu verstehen, Jura 2011, 723.
508 *Petersen*, Jura 2008, 180 ff.; 422 ff.
509 *Heck*, Begriffsbildung und Interessenjurisprudenz, 1932, §§ 13–15, S. 139 ff., 142 f.; zum inneren und äußeren System des Anspruchsaufbaus siehe auch *Schapp*, Grundlagen des bürgerlichen Rechts, 2. Auflage 1996, Rn. 70.

die Einheit und Folgerichtigkeit der Rechtsordnung aufdeckt.[510] Gerade die Herausarbeitung dieses inneren Systems ist ein besonderes Verdienst, das allein schon ihn zu einem „zivilrechtlichen Entdecker" macht, auch wenn er in einer Sammlung unter diesem Titel leider keinen Platz gefunden hat.[511]

5. Vergleich mit der Sprache

Wollte man die Jurisprudenz mit einer Sprache vergleichen, so wäre das innere System gleichsam die Grammatik. Ohne ihre Beherrschung und mit einer rein auf das äußere System fixierten Arbeitsweise könnte man sie schwerlich erlernen und erst recht nicht sprechen. Die Beobachtung, dass es Kandidaten gibt, die sehr viel wissen, aber in der Fallbearbeitung gleichwohl nur mäßigen Erfolg haben, hängt vielleicht auch damit zusammen: Sie kennen haufenweise Vokabeln, wissen diese aber ohne eine ordnende Grammatik nicht in den systematischen Zusammenhang zu bringen und können sich damit dem Leser gegenüber nicht recht verständlich machen.

---

510 *Canaris*, Systemdenken und Systembegriff in der Jurisprudenz, 2. Auflage 1983, S. 35 und passim. Siehe auch *F. Bydlinski*, Festschrift für Canaris, 2007, Bd. II, S. 1017.
511 *Hoeren* (Hrsg.), Zivilrechtliche Entdecker, 2001.

II. Praktische Beispiele

Methodenlehre hat sich immer am praktischen Fall zu bewähren;[512] niemand hat das besser gewusst als *Philipp Heck*, der nicht nur in seinen theoretischen Abhandlungen,[513] sondern gerade auch in seinen beiden großen Werken zum Schuld-[514] und Sachenrecht[515] gleichsam auf Schritt und Tritt die von ihm begründete Interessenjurisprudenz erläuterte und auf die Probe stellte.[516] Daher sollen im Folgenden konkrete Beispiele belegen, wie das innere System durch den Anspruchsaufbau zur Geltung gebracht wird.[517]

1. Erbenbesitz

Am Anfang soll ein vergleichsweise triviales Beispiel aus dem Recht des Besitzes stehen,[518] der das dritte Buch einleitet und damit dem äußeren System nach einen prominenten Standort aufweist.[519] Zum besseren Verständnis des inneren Systems soll die gesetzliche Regelung zum Erbenbesitz in den Mittelpunkt gestellt werden. Der Erbenbesitz ist in § 857 BGB geregelt, in dem es lapidar heißt, dass der Besitz auf den Erben übergeht. Die Bedeutung dieser Vorschrift erschließt sich nur im Hinblick auf § 935 Abs. 1 BGB. Gäbe es die Vorschrift nämlich nicht, so könnte der vermeintliche Erbe zum Nachlass gehörende Sachen veräußern und der Erwerber sie gutgläubig erwerben.

Der Anspruch aus § 2018 BGB würde dem Erben nicht weiterhelfen, weil der gutgläubige Erwerber die Sache nicht auf Grund eines ihm nicht zustehenden Erbrechts aus der Erbschaft erlangt hat.[520] § 857 BGB ordnet den Besitz deshalb

---

512 Vorbildhaft *Canaris*, Festschrift für Medicus, 1999, S. 25 ff.

513 *Heck*, AcP 112 (1914), 1 ff.; *ders.*, Das Problem der Rechtsgewinnung, 1912; *ders.*, Begriffsbildung und Interessenjurisprudenz, 1932.

514 *Heck*, Grundriss des Schuldrechts, 1929.

515 *Heck*, Grundriss des Sachenrechts, 1930.

516 Näher *Petersen*, Von der Interessenjurisprudenz zur Wertungsjurisprudenz, 2001, passim.

517 Eine andere Frage ist, wie sich die Entwicklung des inneren Systems selbst zur Interessenjurisprudenz verhält; dazu *Canaris*, Systemdenken und Systembegriff in der Jurisprudenz, 2. Auflage 1983, S. 35; *Kretschmar*, Über die Methode der Rechtswissenschaft, 1914, S. 39 ff.; *ders.*, Grundfragen der Privatrechtsmethodik, JherJb. 67 (1917), 233 ff., 271 ff.

518 Grundlegend dazu *Medicus*, AcP 165 (1965), 115; *Ernst*, Eigenbesitz und Mobiliarerwerb, 1992.

519 Siehe dazu auch oben den Anhang zum 8. Prüfungsgespräch.

520 Treffend zum Anspruchsaufbau diesbezüglich *Medicus*, AcP 174 (1974), 313, 319: „Wohl niemand wird auf die Idee kommen, etwa die gesetzliche Erbfolgeanordnung und die Verfügungen von Todes wegen als Hilfsnormen für § 2018 BGB darzustellen".

https://doi.org/10.1515/9783111614243-016

dem Erben zu, weil dieser womöglich nicht sofort vom Erbfall erfährt und in der Zwischenzeit besonders gegen Verfügungen über den Nachlass gefährdet ist. Die Sache kommt damit dem Erben im Sinne des § 935 Abs. 1 BGB auch dadurch abhanden, dass er den Erbenbesitz unfreiwillig verliert. § 857 BGB ist daher stets im Zusammenhang mit § 935 Abs. 1 BGB zu lesen.[521] Es handelt sich hierbei im Sinne der Einteilung von *Medicus* nicht um Hauptnormen, sondern um Hilfsnormen, die zur Prüfung der eigentlichen Anspruchsnormen erforderlich sind.[522]

Der Erbenbesitz veranschaulicht das innere System dergestalt, dass jeweils gesetzgeberische Basiswertungen in ihrem Zusammenspiel zum Tragen kommen und ineinander greifen: die sublimierte Form des Erbenbesitzes, bei dem es keine tatsächliche Sachherrschaft (§ 854 Abs. 1 BGB) gibt, die aber zum Schutz des Erben unerlässlich ist, um in Folge der Universalsukzession (§ 1922 BGB) die Möglichkeit des Abhandenkommens (§ 935 Abs. 1 BGB) zu begründen. Der Schutz des Erben durch Anwendung des § 935 BGB ist sogar geradezu der hauptsächliche Zweck von § 857 BGB.[523] Hieran zeigt sich im Übrigen, dass die Auslegung aus dem inneren System nichts anderes ist, als eine Ausprägung der teleologischen Auslegung.[524] Anders als nach dem äußeren System zu vermuten, sind es indes weniger die jeweiligen Anfangsvorschriften des Sachen- bzw. Erbrechts, die hier den Anknüpfungspunkt für die Anspruchsprüfung bilden, sondern dieser liegt in § 935 Abs. 1 BGB, dessen Bezug zu § 857 BGB das innere System abbildet.

2. Verschuldenszurechnung im Verbandsrecht

Wie schon beim Besitz, wo der Blick dem äußeren System nach auf den Anfang des dritten Buchs gelenkt wurde, geht es im Folgenden um den Beginn des ersten Buchs des BGB.[525] Die Problematik offenbart freilich unmittelbar, dass es dem inneren System nach um das Verhältnis des Allgemeinen Teils zum Allgemeinen und Besonderen Schuldrecht geht. Im Vereinsrecht – und darüber hinaus mit Bedeutung für das Aktien- und GmbH-Recht – ist umstritten, ob im Rahmen der vertraglichen bzw. quasivertraglichen Haftung die Zurechnung nach § 31 BGB oder nach § 278 BGB zu erfolgen hat.[526] Entsprechend seiner Stellung im äußeren System scheint

---

521 *Petersen*, Jura 2002, 160, 163.
522 *Medicus*, AcP 174 (1974), 313, 316.
523 *Medicus/Petersen*, Grundwissen zum Bürgerlichen Recht, 13. Auflage 2024, § 18 Rn. 17.
524 *Canaris*, Systemdenken und Systembegriff in der Jurisprudenz, 2. Auflage 1983, S. 92 Fn. 23.
525 Siehe zum Verbandsrecht bereits oben das 10. Prüfungsgespräch.
526 *Medicus/Petersen*, Allgemeiner Teil des BGB, 12. Auflage 2024, Rn. 1134 ff.

alles für § 31 BGB zu sprechen, der auch von der Rechtsprechung[527] und herrschenden Lehre herangezogen wird.[528] Eine Mindermeinung wendet § 31 BGB
demgegenüber nur im Rahmen der deliktischen Zurechnung an, also etwa beim
konkurrierenden Anspruch aus § 823 Abs. 1 BGB, und bemisst die Zurechnung im
vertraglichen und quasivertraglichen Bereich nach § 278 BGB.[529]

a) § 31 BGB versus § 278 BGB im quasivertraglichen Bereich

Da § 31 BGB auf die Aktiengesellschaft entsprechend angewendet wird, ist etwa der
vom Bundesgerichtshof entschiedene Fall beispielhaft, in dem der frühere Sprecher und Vorstand der Deutschen Bank Rolf Breuer durch eine Äußerung eine
empfindliche Loyalitätspflichtverletzung gegenüber dem Kreditkunden Leo Kirch
begangen hatte.[530] Der Bundesgerichtshof rechnete im Rahmen des vertraglichen
Anspruchs Kirchs gegen die Deutsche Bank das für den Anspruch aus § 280 Abs. 1
BGB erforderliche Verschulden Breuers der Bank entsprechend § 31 BGB zu.[531]
Vorzugswürdig erscheint demgegenüber die dem inneren System der Haftungs-
zurechnungsvorschriften entsprechende Heranziehung des § 278 BGB,[532] der ja
auch sonst die nächstliegende Zurechnungsregelung für einen Anspruch aus § 280
Abs. 1 BGB darstellt.

Danach hat der Schuldner – hier also im Hinblick auf die Loyalitätspflichten
gegenüber dem Kreditnehmer die Deutsche Bank – insbesondere ein Verschulden
seines gesetzlichen Vertreters in gleichem Umfang zu vertreten wie eigenes Verschulden. Vertreter der Aktiengesellschaft ist aber nach § 78 Abs. 1 AktG gerade der
Vorstand. Es handelt sich hierbei freilich weniger um einen Fall der gesetzlichen als
vielmehr der organschaftlichen Vertretungsmacht.[533] Gleichwohl entspricht die

---

527 BGHZ 109, 330.
528 Statt vieler *K. Schmidt*, Gesellschaftsrecht, 4. Auflage 2002, § 10 IV 2.
529 *Medicus/Petersen*, Bürgerliches Recht, 29. Auflage 2023, Rn. 779 ff.; *dies.*, Allgemeiner Teil des
BGB, 12. Auflage 2024, Rn. 1135; *Petersen*, Jura 2002, 683, 684.
530 Näher zu dieser Pflicht im Zusammenhang mit dem Bankgeheimnis *Petersen*, Das Bankgeheimnis zwischen Individualschutz und Institutionsschutz, 2005, S. 11 ff. und passim.
531 BGHZ 166, 88.
532 *Petersen*, NJW 2003, 1570; *ders.*, BKR 2004, 47.
533 Eingehend und skeptisch zur organschaftlichen Stellvertretung *Beuthien*, NJW 1999, 1144 ff.,
der freilich anders als hier ein unmittelbares Eigenhandeln der juristischen Person zugrundelegt,
mit dem die Zurechnung entbehrlich würde; weiterführend *ders.*, NJW 2005, 855, zur systematischen Abstimmung der Vertretungsrechtsregelungen im Gesellschaftsrecht; ferner *ders.*, Festschrift für Zöllner, 1999, S. 87. Diese Aufsätze sind zugleich wichtige Beiträge vor dem Hintergrund

Heranziehung des § 278 BGB dem inneren System des Zivilrechts besser, zumal anders als bei § 31 BGB keine Analogie erforderlich ist.

Gerade bei anderen juristischen Personen als dem Verein, denen eine Zurechnungsvorschrift nach Art des § 31 BGB fehlt und der daher analog angewendet wird, wird man hier sogar sagen können, dass es bereits an einer Regelungslücke, also einer planwidrigen Unvollständigkeit,[534] fehlt, weil dieser Fall unmittelbar von § 278 BGB erfasst ist. Im vertraglichen Bereich erweist sich diese Regelung mithin als die universell passende und systemgerechte Zurechnungsnorm, die veranschaulicht, dass das innere System sogar Bürgerliches Recht und spezielles Verbandsrecht, hier in Gestalt des Aktienrechts, miteinander verbindet.

b) Grundlagenungewissheit zwischen Vertreter- und Organtheorie

Allerdings muss man sich im Klaren darüber sein, dass im Hintergrund der Streit zwischen der Vertretertheorie, nach der die juristische Person nur ein „ideales Ganzes" ist,[535] und der Organtheorie steht, wonach sie eine reale Verbandspersönlichkeit darstellt.[536] Diesen Streit wollte der Gesetzgeber des BGB nicht entscheiden und hat sich daher etwa für die „gewundene Formulierung"[537] des § 26 Abs. 1 S. 2 Hs. 2 BGB entschieden, wonach der Vorstand die Stellung eines gesetzlichen Vertreters hat, also nicht gesetzlicher Vertreter *ist*. Doch zeigt gerade auch diese Vorschrift, dass § 278 BGB, der auf den gesetzlichen Vertreter abstellt, im Vereinsrecht die passende Zurechnungsnorm im Rahmen des vertraglichen bzw. quasivertraglichen Anspruchs ist. Gerade hier begegnet man – mit *Beuthiens* Worten – einer „Grundlagenungewissheit des deutschen Gesellschaftsrechts", in dem „viele gesellschaftsrechtliche Grundbegriffe und stellenweise die Systematik des Gesellschaftsrechts in sich nicht mehr stimmig sind".[538] Wo aber das innere System von der (Gesellschaftsrechts-) Wissenschaft noch nicht hinlänglich entschlüsselt ist, kann von den Kandidaten erst recht nicht mehr erwartet werden, als dass sie idealerweise den jeweiligen Stand der Forschung im Gutachten abbilden.

---

des inneren systematischen Zusammenhangs zwischen Gesellschaftsrecht und Bürgerlichem Recht. Zur Theorie der Stellvertretung *Beuthien*, Festschrift für Medicus, 1999, S. 2 ff.

534 *Canaris*, Die Feststellung von Lücken im Gesetz, 1964, S. 17.

535 *Savigny*, System des heutigen Römischen Rechts, 1840, § 90, S. 282 f.

536 *Gierke*, Die Genossenschaftstheorie und deutsche Rechtsprechung, 1887, S. 603 ff.; 620 ff.; *ders.*, Deutsches Privatrecht, Band 1, 1899, § 67 I, S. 518 ff.

537 *Beuthien*, NJW 1999, 1142.

538 *Beuthien*, NJW 2005, 855.

3. Scheinbare Anspruchsgrundlagen

Wenn der Anspruchsaufbau das innere System abbilden soll, so lohnt es sich, einen Blick auf die Anspruchsgrundlagen zu werfen. Die Legaldefinition des Anspruchs in § 194 Abs. 1 BGB, wonach der Anspruch das Recht ist, von einem anderen ein Tun oder Unterlassen zu verlangen, hilft nur bedingt weiter, da der Abgleich seinerseits eine Subsumtion erfordert, im Rahmen derer Fehler unterlaufen können. So erweist sich mitunter, wie sogleich zu zeigen sein wird,[539] das sture Lernen, welche Vorschriften von der Rechtsprechung und herrschenden Lehre als Anspruchsgrundlagen angesehen werden, obwohl sie nicht so formuliert sind (vgl. § 194 Abs. 1 BGB), als einziger Ausweg – ein vom Standpunkt einer methodisch anspruchsvollen, nämlich mit wissenschaftlichem Anspruch ausgerichteten Jurisprudenz ein schwer zu begründender Befund,[540] zumal es erheblich mehr Anspruchsgrundlagen gibt, als man gemeinhin meint.[541]

a) Die Anspruchsgrundlage als Abbildung des inneren Systems

Nicht zuletzt die an der Anspruchsgrundlage ausgerichtete Prüfung bildet in besonders deutlicher Weise das innere System ab. Denn so wie dessen Entdeckung und Ausarbeitung eine herausragende Errungenschaft der Methodenlehre darstellt, ist die Prüfung von der Anspruchsgrundlage her der wirkungsvolle Unterschied zu einer chronologisch-assoziativen Würdigung des Falles.[542] Dass sich eine historische Prüfung grundsätzlich verbietet und nur ausnahmsweise im Rahmen eines Tatbestandsmerkmals, wie z.B. demjenigen des Eigentums bei § 985 BGB, angängig ist, gehört heute zu den Grundlehren,[543] erklärt sich aber nur aus dem buchstäblich wegweisenden Primat der Anspruchsgrundlage. Diese kann jedoch

---

539 Siehe dazu unter b) bb).
540 Lesenswert in diesem Zusammenhang *Ernst*, Gelehrtes Recht, Jurisprudenz aus der Sicht des Zivilrechtslehrers, in: Engel/Schön (Hrsg.), Das Proprium der Rechtswissenschaft, 2007, S. 3, 24 ff.
541 Man denke nur an die – allerdings vergleichsweise selten vorliegenden – §§ 102, 160, 231 BGB; vgl. *Petersen*, Jura 2002, 743, zu den Anspruchsgrundlagen allein im Allgemeinen Teil des BGB; dazu auch *Medicus*, AcP 174 (1974), 313, 317 f.
542 Dabei wird nicht übersehen, dass es durchaus wissenschaftlich und methodisch überaus anspruchsvolle Vermittlungsversuche zwischen Sachverhalt und Norm gibt, wie vor allem Wolfgang Fikentschers Lehre von der „Fallnorm" (*Fikentscher*, Methoden des Rechts, Band IV, 1977, Dogmatischer Teil, Kap. 31 VIII 1, S. 202 ff.).
543 Das ist nicht selbstverständlich; vgl. *Medicus*, AcP 174 (1974), 313, 317: „Während meiner eigenen Studienzeit (...) hat diese ‚logische' Methode noch in heftigem Streit mit der sog. ‚historischen' Aufbaumethode gelegen."

nur dann ihre zentrale Stellung behaupten, wenn sie gleichsam einen Schlüssel zum gesetzlichen System darstellt. Nimmt man nur das äußere System zum Maßstab, so gibt es in der Tat nur vergleichsweise wenige Anspruchsgrundlagen, die, wie etwa § 812 BGB oder § 823 BGB, im jeweiligen Titel ihrer Bedeutung für die Prüfung entsprechend gleich am Anfang stehen. Häufig finden sich indes gerade die wichtigsten Anspruchsgrundlagen, wie z.B. die §§ 179, 280 BGB, an anderen Stellen – von den komplizierten Verweisungen innerhalb der Geschäftsführung ohne Auftrag ganz zu schweigen. Wenn diese vorderhand verstreuten Regelungen der Schlüssel zur systematischen Fallprüfung sein sollen, so leuchtet es ein, dass sie dabei besonders das innere System abbilden.

b) Beispiele

Dass es auch und gerade bei der Anspruchsgrundlage um die Darstellung des inneren Systems geht, soll an zwei Beispielen veranschaulicht werden. Das eine Beispiel zeigt, welche Vorschrift keine Anspruchsgrundlage ist, obwohl sie so aussieht, das zweite behandelt eine vorgebliche Anspruchsgrundlage, die nicht danach aussieht und es nach der hier vertretenen Ansicht auch weder dem äußeren noch dem inneren System nach ist.

aa) § 31 BGB als Paradigma

Das erste Beispiel knüpft nicht von ungefähr an die bereits betrachtete Vorschrift des § 31 BGB an und illustriert, wie schwierig die Bestimmung der Anspruchsgrundlage mitunter sein kann. § 31 BGB ist selbst keine Anspruchsgrundlage, sondern setzt einen anderweitig begründeten Anspruch voraus,[544] in dessen Rahmen das allfällige Verschulden nach § 31 BGB zugerechnet werden kann. Betrachtet man indes den Wortlaut unvoreingenommen, so ist dies zumindest auf den ersten Blick weniger klar:[545] Nach § 31 BGB ist der Verein für einen Schaden verantwortlich, den der Vorstand, ein Mitglied des Vorstands oder ein anderer verfassungsmäßig berufener Vertreter durch eine in Ausübung der ihm zustehenden Verrichtungen begangene, zum Schadensersatz verpflichtende Handlung einem Dritten zufügt. Wenigstens der Beginn der Vorschrift, wonach der Verein für den Schaden verantwortlich ist, scheint für das Vorliegen einer Anspruchsgrundlage zu sprechen. Allerdings setzt der Wortlaut „eine der in Ausführung der ihm zustehenden Verrichtungen begangene, zum Schadensersatz verpflichtende Handlung"

---

544 BGHZ 99, 298.
545 In diesem Sinne auch *Medicus*, AcP 174 (1974), 313, 317.

voraus. Daraus lässt sich ersehen, dass es eine anderweitige Begründung des Anspruchs geben muss, so dass § 31 BGB nurmehr zur Begründung der Zurechnung herangezogen werden kann.

bb) § 1664 BGB als Anspruchsgrundlage?

Das zweite Beispiel zeigt eine Regelung, welche von der herrschenden Lehre und inzwischen ständigen Rechtsprechung als Anspruchsgrundlage bezeichnet wird, obwohl prima vista viel weniger dafür spricht als im Falle des § 31 BGB. Nach § 1664 BGB haben die Eltern bei der Ausübung der elterlichen Sorge dem Kind gegenüber nur für diejenige Sorgfalt einzustehen, die sie in eigenen Angelegenheiten anzuwenden pflegen. Obwohl diese Verweisung auf die diligentia quam in suis im Sinne des § 277 BGB nur den Haftungsmaßstab zu regeln scheint, versteht auch die –inzwischen wohl stetige – Rechtsprechung[546] § 1664 Abs. 1 BGB darüber hinaus im Einklang mit der herrschenden Lehre als eigene Anspruchsgrundlage.[547] Dabei kann sich diese Auffassung schwerlich auf den Wortlaut berufen.

Denn auch wenn die Eltern danach „für die Sorgfalt einzustehen haben", spricht das nicht entscheidend für das Vorliegen einer Anspruchsgrundlage, wie etwa der Vergleich zum soeben behandelten und ähnlich lautenden § 31 BGB zeigt, wonach „der Verein für den Schaden verantwortlich ist." Weder das eine noch das andere genügt der Legaldefinition des Anspruchs in § 194 BGB. Auch der vom äußeren System ausgehende § 1664 Abs. 2 BGB, wonach beide Eltern als Gesamtschuldner haften, wenn sie für einen Schaden verantwortlich sind, spricht nicht entscheidend dafür, da auch diese Regelung – ebenso wie § 31 BGB – einen anderweitig, nicht notwendigerweise in Absatz 1, begründeten Anspruch voraussetzt und in systematischer Hinsicht eher § 840 Abs. 1 BGB entspricht.

Eine vertretbare Lösung ergibt sich indes auch hier aus dem inneren System. Dafür ist freilich ein Blick auf das historische Verständnis der Anspruchsgrundlagen aufschlussreich. Dass eine den Haftungsmaßstab regelnde Vorschrift wie § 1664 BGB als Anspruchsgrundlage gedeutet wird, ist nicht neu. Das Reichsgericht hat in seiner frühen Rechtsprechung zum BGB sogar § 276 BGB als Anspruchsgrundlage herangezogen.[548] Heutzutage würde man das niemandem in der Fallbearbeitung nachsehen.

---

546 BGH VersR 2021, 452 Rn. 8; OLG Hamm NJW 2025, 977 Rn. 48 ff.; BFHE 6, 55, 57; OLG Düsseldorf FamRZ 1992, 1097; OLG Köln FamRZ 1997, 1351; OLG Hamm NJW 1993, 542; AG Nordhorn FamRZ 2002, 341.
547 *Dölle*, Familienrecht, Band 2, 1965, § 92 I 5; Grüneberg/*Götz*, 84. Auflage 2025, § 1664 Rn. 1; Hau/Poseck/*Veit*, 73. Edition 2025, § 1664 Rn. 1 f.; MüKoBGB/*P. Huber*, 9. Auflage 2024, § 1664 Rn. 1.
548 RGZ 52, 18, 19.

Nichts anderes galt und gilt jedoch mutatis mutandis für § 1664 BGB. § 1664 BGB ist zusammen mit § 1618a BGB Ausdruck eines gesetzlichen Schuldverhältnisses,[549] das zwischen Eltern und ihren Kindern besteht und dessen schuldhafte Verletzung nach Maßgabe des § 1664 Abs. 1 BGB in Verbindung mit § 277 BGB Ersatzansprüche nach sich ziehen kann.[550]

Die Anspruchsgrundlage könnte daher nach der hier vertretenen Auffassung eher § 280 Abs. 1 BGB sein, der ein Schuldverhältnis voraussetzt, das eben auch in einem gesetzlichen Schuldverhältnis bestehen kann.[551] Erst im Rahmen des nach § 280 Abs. 1 S. 2 BGB erforderlichen Vertretenmüssens kommt es dann auf den Haftungsmaßstab des § 1664 Abs. 1 BGB an.[552] Eine gewisse Bedeutung hat hier der historische Befund, dass ein Verständnis des § 1664 BGB als Anspruchsgrundlage strukturell der Einordnung des § 276 BGB als Anspruchsgrundlage entspricht und damit auf einen dogmatischen Rückschritt hinausläuft. Entscheidend ist demnach unabhängig vom äußeren System, also dem Standort im Familienrecht, die Verankerung im inneren System der gesetzlichen Schuldverhältnisse.

In der Fallbearbeitung empfiehlt es sich angesichts der höchstrichterlichen Entscheidungen, die § 1664 BGB als Anspruchsgrundlage heranziehen, ebenso zu verfahren. Jedoch könnte sich eine auch von der Benotung her gehobene Bearbeitung dadurch auszeichnen, dass man diese Problematik angesichts des widerstrebenden Wortlauts erörtert. Zugleich zeigt sich daran, dass die vorliegende Frage auch und gerade in der mündlichen Prüfung zum Gegenstand gemacht werden könnte. Anders als in der gutachterlichen Fallbearbeitung könnten dann in diesem Rahmen auch die genannten historischen Erwägungen – etwa im Hinblick auf die frühere Rechtsprechung des Reichsgerichts – angestellt werden.

4. Die Anspruchsprüfung als Ausdruck der Widerspruchsfreiheit der Privatrechtsordnung

Diese Beispiele zeigen zugleich, wie verhängnisvoll es sich auswirken kann, wenn die buchstäbliche Grundlagenarbeit unterbleibt und diese sich in mitunter er-

---

549 So schon *Gernhuber/Coester-Waltjen*, Lehrbuch des Familienrechts, 4. Auflage 1994, § 57 IV 6. Ähnlich für das Verlöbnis *Canaris*, AcP 165 (1965), 1.
550 *Petersen*, Jura 1998, 399; eingehend zum Verhältnis familienrechtlicher Vorschriften zum Schuldrecht *Coester-Waltjen*, Festschrift für Canaris, 2007, Bd. I, S. 131, dort auch zu § 1664 BGB.
551 Auch vor der Schuldrechtsreform war anerkannt, dass es eine positive Forderungsverletzung eines gesetzlichen Schuldverhältnisses geben konnte; siehe nur *Medicus*, Probleme um das Schuldverhältnis, 1987, S. 17; *Picker*, AcP 183 (1983), 369, 409.
552 Zu ihm *Medicus/Petersen*, Bürgerliches Recht, 29. Auflage 2023, Rn. 928 ff.

traglosen Streiterein um die Reichweite peripherer Tatbestandsmerkmale aufreibt, statt die dogmatische Einordnung zu ergründen und damit auch die für die Rechtsanwendung wegweisenden Fragen zu stellen.

a) Primat der dogmatischen Einordnung

Die Beantwortung dieser Fragen entschlüsselt das innere System in der Regel über den jeweiligen Anwendungsbereich hinaus, weil die dogmatische Einordnung selbst betroffen ist. Aus der richtigen dogmatischen Einordnung beantworten sich die weiter entfernt liegenden Fragen dann nicht selten von selbst. Dieses Dilemma der Lehre ähnelt im Übrigen strukturell demjenigen, in dem sich die Kandidaten mitunter in der Fallbearbeitung befinden. Es kommt gerade bei gut gestellten Aufgaben vor, dass ein- und derselbe Wertungsgesichtspunkt die ganze Arbeit durchzieht. Dann kann es passieren, dass man der Beantwortung einer Streitfrage zunächst aus dem Wege gehen oder sie zumindest dahinstehen lassen kann.

Wenn die Aufgabe jedoch gerade daraufhin ausgelegt ist, den betreffenden Wertungsgesichtspunkt zur Geltung zu bringen, so wird der Schatten, den diese Wertungsfrage wirft, mit jedem Mal größer und sie stellt sich womöglich am Ende in einer unvorhersehbar unbequemen Weise. Dann ist es nicht selten vorzugswürdig, die Frage gleich zu Beginn einmal für alle Mal zu behandeln und im Folgenden, was im Gutachten ja gestattet ist, nach oben zu verweisen. Dadurch kann man die einmal gefundene Wertung sogar in besonders klarer Weise zur Geltung bringen, indem man ihre innere Folgerichtigkeit im Rahmen der nachfolgend geprüften Anspruchsgrundlagen unterstreicht. Auf diese Weise wird das universitäre Gutachten selbst zum Spiegel der Widerspruchsfreiheit und inneren Folgerichtigkeit der Rechtsordnung.

b) Fuldaer Dombrand als Paradigma

Als Beispiel für das zuletzt Gesagte kann der berühmte Fuldaer Dombrandfall gelten,[553] bei dem ein Feuerwerker leicht fahrlässig das Dach des Doms zu Fulda entzündet hatte. Der baulastpflichtige Fiskus kam dafür auf und wollte gegen den Feuerwerker Rückgriff nehmen. Betrachtet man hier einmal nur die Ansprüche aus eigenem Recht, da eine Abtretung aus hier nicht näher interessierenden

---

553 RGZ 82, 206.

Gründen fehlgeschlagen war,[554] so kommen aus gesetzlichen Schuldverhältnissen Aufwendungsersatz aus berechtigter Geschäftsführung ohne Auftrag, ein Bereicherungsanspruch sowie ein Anspruch aus § 426 Abs. 1 BGB in Betracht.

aa) Geschäftsführung ohne Auftrag und Bereicherungsrecht

Entgegen der Ansicht des Reichsgerichts lässt sich ein Aufwendungsersatzanspruch aus §§ 683, 670, 677 BGB wohl nicht begründen.[555] Denn auch wenn man mit der Rechtsprechung ein auch-fremdes Geschäft genügen lässt[556] – den Fiskus traf ja kraft seiner Baulastpflicht auch eine eigene Pflicht –, so war die Geschäftsführung nur dann „im Interesse" des Feuerwerkers, wie es § 677 BGB verlangt, wenn dieser durch die Aufwendung endgültig frei wurde, also die Leistung durch den Fiskus als Dritten im Sinne des § 267 Abs. 1 S. 1 BGB auch ihm gegenüber Tilgungswirkung gemäß § 362 Abs. 1 BGB entfaltet hätte. Das ist jedoch nach Lage der Dinge sehr zweifelhaft, weil der Baulastpflichtige nicht als Dritter leisten, sondern nur eine eigene Verbindlichkeit erfüllen wollte.

Strukturell ähnlich liegt es bei einem Anspruch aus Leistungskondiktion, den das Reichsgericht annahm.[557] Denn dafür müsste der Feuerwerker etwas im Sinne des § 812 Abs. 1 S. 1 Alt. 1 BGB erlangt haben. In Betracht kommt jedoch nur die Befreiung von seiner Verbindlichkeit gegenüber dem Geschädigten, was ebenfalls ausscheidet, weil der baulastpflichtige Fiskus gegenüber dem Feuerwerker nicht leisten wollte, denn er hat sein Vermögen nicht zweckgerichtet vermehrt. Zweckgerichtet bedeutet *solvendi causa*, also zur Tilgung einer, sei es auch nur angenommenen, Verbindlichkeit. Den Fiskus traf aber gegenüber dem Feuerwerker keine eigene Verbindlichkeit und als Dritter wollte er auch keine fremde erfüllen. Außerdem würde dies darauf hinauslaufen, dass dem geschädigten Domkapitel kein deliktischer Anspruch, etwa aus § 823 Abs. 1 BGB, mehr gegen den Schädiger zustehen dürfte – ein schwerlich zu begründendes Ergebnis, da der Feuerwerker fremdes Eigentum fahrlässig beschädigt hat.

Was das Postulat der Widerspruchsfreiheit des Gutachtens als Abbild der Rechtsordnung betrifft, so sei angemerkt, dass man an dieser Stelle jedenfalls nicht einen Anspruch des Fiskus aus eigenem Recht unter dem Gesichtspunkt der Geschäftsführung ohne Auftrag oder des Bereicherungsrechts *und zugleich* einen Anspruch des Domkapitels aus abgetretenem Recht aus Delikt annehmen darf, weil

---

554 Näher *Wendlandt*, Jura 2004, 325.
555 *Selb*, Schadensbegriff und Regressmethoden, 1968, S. 31.
556 BGHZ 65, 354; näher dazu *Medicus*, Gesetzliche Schuldverhältnisse, 5. Auflage 2007, § 31 I, S. 175 ff.
557 RGZ 82, 206, 215; kritisch v. *Tuhr*, DJZ 1914, 334, 337.

damit das Gutachten widersprüchlich würde, denn beides kann nicht zugleich gegeben sein.[558]

bb) Wechselseitige Tilgungswirkung bei der Gesamtschuld

Die eigentliche Wertung bei den Ansprüchen aus eigenem Recht liegt aber weniger in der Geschäftsführung ohne Auftrag oder im Bereicherungsrecht, sondern bei der Gesamtschuld, also dem konkurrierenden Anspruch aus § 426 Abs. 1 S. 1 BGB.[559] Denn nur wenn aus Sicht des Domkapitels der baulastpflichtige Fiskus und der Feuerwerker Gesamtschuldner waren, steht dem Fiskus ein Rückgriffsanspruch aus § 426 Abs. 1 S. 1 BGB zu. Das ist jedoch deshalb zweifelhaft, weil die beiden Schuldner hier nicht gleichstufig hafteten. Gleichstufigkeit setzt nämlich eine wechselseitige Tilgungswirkung im Sinne des § 422 Abs. 1 Satz 1 BGB voraus, wonach die Erfüllung durch einen Gesamtschuldner auch für die übrigen Schuldner wirkt.

Hier würde zwar durch eine Leistung des Feuerwerkers auch der an sich baulastpflichtige Fiskus frei. Dagegen entfaltet die Zahlung des Fiskus, der lediglich nachrangig, gleichsam wie ein Versicherer nur ersatzweise haften sollte, keine Befreiungswirkung gegenüber dem Feuerwerker. Es liegt eben mangels Gleichstufigkeit keine echte, sondern nur eine unechte Gesamtschuld vor. Allerdings erklärt der Begriff der unechten Gesamtschuld, unter dem die Problematik in den Lehrbüchern teilweise diskutiert wird,[560] wenig, sondern beschreibt das Dilemma nur;[561] aus ihm kann man daher schwerlich Rechtsfolgen ziehen, ohne dem Verdikt der Begriffsjurisprudenz zu verfallen. Wertungsmäßiger Dreh- und Angelpunkt des Falles ist vielmehr die wechselseitige Tilgungswirkung, die sich beim konkurrierenden Anspruch aus Geschäftsführung ohne Auftrag beim Tatbestandsmerkmal „im Interesse" und beim Anspruch aus Leistungskondiktion bereits beim Erlangten manifestiert.

Das spricht dafür, diese gesetzgeberische Basiswertung möglichst früh offenzulegen, um hernach darauf verweisen zu können. Auch wenn es mitnichten zwingend ist, kann man etwa den Anspruch aus § 426 Abs. 1 S. 1 BGB vorziehen,[562] weil man dort die gesetzliche Wertung der wechselseitigen Tilgungswirkung als positiv-rechtlichen Anknüpfungspunkt und Ausdruck der Gleichstufigkeit am

---

558 Dieser Prüfungshinweis sei hier gestattet, vgl. *Medicus*, AcP 174 (1974), 313, 327 ff.

559 Zur Gesamtschuld mit Rücksicht auf den auch im Fuldaer Dombrandfall zentralen § 255 BGB *H. Roth*, Festschrift für Medicus, 1999, S. 495.

560 *Rabel*, Gesammelte Aufsätze I, 1965, S. 309, 312; *Wendlandt*, Jura 2004, 325, 326 m.w.N.

561 *Medicus/Lorenz*, Schuldrecht I, Allgemeiner Teil, 22. Auflage 2021, § 66 Rn. 8 ff.

562 *Petersen*, Allgemeines Schuldrecht, 12. Auflage 2025, Rn. 441 ff.

deutlichsten hervorheben kann.[563] Ebenso gut hätte man bereits im Rahmen der Prüfung der Geschäftsführung ohne Auftrag bei der Frage, ob die Zahlung des Fiskus gegenüber dem Feuerwerker Tilgungswirkung entfaltete und mithin in seinem Interesse war, die fehlende wechselseitige Tilgungswirkung im Sinne des § 422 BGB als entscheidende Wertung erörtern können.

c) Zwischenergebnis

Jedenfalls zeigt der Fall, dass der Anspruchsaufbau das innere System zur Geltung bringt. Denn gerade der Zusammenhang zwischen Gleichstufigkeit und Tilgungsgemeinschaft einerseits und die wertungsmäßige Abstimmung mit den gesetzlichen Schuldverhältnissen der Geschäftsführung ohne Auftrag und dem Bereicherungsrecht andererseits offenbart die Vorrangigkeit des inneren Systems gegenüber dem äußeren.[564] Die Prüfungsreihenfolge ergibt sich eben nicht zwingend daraus, dass die Gesamtschuld vor der Geschäftsführung ohne Auftrag und diese wiederum vor dem Bereicherungsrecht geregelt ist, sondern folgt anderen Gesetzmäßigkeiten, nämlich etwa dem Grundsatz, dass die berechtigte Geschäftsführung ohne Auftrag sinnvollerweise deshalb vor dem Bereicherungsrecht geprüft wird, weil sie einen Rechtsgrund, also einen Grund zum Behaltendürfen darstellen kann.[565]

Die Prüfung der Gesamtschuld kann hier deshalb vor beidem abgehandelt werden, weil dort die gesetzliche Wertung am stärksten zum Ausdruck kommt und bei den konkurrierenden Ansprüchen im Rahmen der jeweiligen Tatbestandsmerkmale diese Wertung aufgegriffen und akzentuiert werden kann. So bildet hier nicht nur der Anspruchsaufbau das innere System ab, sondern die Gutachtenmethode ist mit dem einschlägigen beispielhaften Zusammenspiel zwischen Ansprüchen aus eigenem und abgetretenem Recht zugleich Ausdruck und Beispiel der Widerspruchsfreiheit und Folgerichtigkeit der Privatrechtsordnung.

---

563 Aus dem frühen Schrifttum dazu v. *Tuhr*, DJZ 1914, 334 ff.

564 Zu diesem Rangverhältnis auch *Canaris*, Systemdenken und Systembegriff in der Jurisprudenz, 2. Auflage 1983, S. 90: „Wirklich durchschlagend sind solche Argumente erst dann, wenn zugleich die in der systematischen Stellung zum Ausdruck kommenden *Wertungen* herausgearbeitet werden, und dann handelt es sich in Wahrheit bereits um eine *Argumentation aus dem inneren System.*" Hervorhebungen auch dort.

565 *Medicus/Petersen*, Bürgerliches Recht, 29. Auflage 2023, Rn. 9 ff.

III. Folgerungen für den Verbesserungsversuch

Aus dem Bedachten folgt zunächst, dass gerade die Berücksichtigung der Anspruchskonkurrenz in der Anspruchsprüfung einen praktisch wichtigen Fingerzeig für die Abbildung des inneren Systems gibt. Die Prüfung der verschiedenen Anspruchsgrundlagen mit ihren unterschiedlich engen Voraussetzungen und Rechtsfolgen erlaubt Rückschlüsse auf das innere System des Privatrechts und seine Auslegung. So sind beispielsweise die Voraussetzungen der angemaßten Eigengeschäftsführung nach § 687 Abs. 2 BGB im Vergleich etwa zur Haftung aus dem Eigentümer-Besitzer-Verhältnis nach §§ 989, 990 BGB bewusst sehr eng, indem nur positive Kenntnis und nicht, wie beim Eigentümer-Besitzer-Verhältnis, lediglich grob fahrlässige Unkenntnis genügt, weil eben die Rechtsfolgen weiter reichen als im Eigentümer-Besitzer-Verhältnis und neben dem Schadensersatz aus § 678 BGB auch die Erlösherausgabe gemäß §§ 681 S. 2, 667 BGB gewährt wird.[566]

Das von *Philipp Heck* entdeckte innere System erweist sich nicht nur für die Geltendmachung der Widerspruchsfreiheit und inneren Folgerichtigkeit der Privatrechtsordnung als essentiell, sondern auch für die juristische Ausbildung. Denn ebenso wie die Widerspruchsfreiheit und Folgerichtigkeit der Rechtsordnung Maß und Leitlinie des universitären Gutachtens darstellt, ist die Widerspruchsfreiheit des universitären Gutachtens idealerweise Ausdruck der Widerspruchsfreiheit und inneren Folgerichtigkeit der Rechtsordnung selbst. Anspruchsaufbau und Gutachtenmethode bringen daher das innere System des Privatrechts zur Geltung und bilden es ab.

Niemand lasse sich durch die vorstehenden, teilweise abstrakten Erörterungen abschrecken. Entscheidend für den erfolgreichen Verbesserungsversuch ist vielmehr die Einsicht, dass gesetzlich weit entfernt voneinander angeordnete Vorschriften im Anspruchsaufbau häufig zusammenrücken, so dass die die Lernenden abschreckende Weiträumigkeit der Privatrechtsordnung – gleichsam das äußere System – durch Erkenntnis des inneren Systems zu einer Vereinfachung der Anspruchsprüfung führen kann. Auf diese Weise können die Ausarbeitungen durch geringfügige Verfeinerung der Prüfungsmethode möglicherweise auch ohne erneute Durcharbeitung des gesamten zivilrechtlichen Examensstoffs hoffentlich zu einer Verbesserung des Examensergebnisses führen.

---

[566] Vgl. auch *Petersen*, Jura 2006, 752.

https://doi.org/10.1515/9783111614243-017

www.ingramcontent.com/pod-product-compliance
Lightning Source LLC
Chambersburg PA
CBHW021526210326
41599CB00012B/1393